入門 中国思想史

井ノ口哲也

勁草書房

はじめに

本書は、中国思想史を初めて学ぼうとする人を読者として想定した大学や市民講座のための講義用テキストであり、一般読者向けの中国思想史の入門書である。夏王朝から中華人民共和国までの断代史という構成をとっており、中国各時代の思想を解説するものである。

本書が、従来の類書と異なる特徴は、以下の三つである。

一つは、従来の多くの類書が春秋・戦国時代から中国思想史の叙述を始めているのと異なり、本書が夏王朝から叙述を始める点である。従来の多くの類書が、夏・殷・西周から書き始めていないのは、この時期に目立った思想家がいないこと、思想として記すべきトピックに乏しいこと、春秋時代の老子・孔子の登場から叙述されてきたこと、などに原因がある。しかし、研究の進展により、夏・殷・西周についても一定程度のことが明らかになってきた。本書は、こうした事情をふまえて、中国思想史の叙述を夏王朝から始めるべきだと判断し、中国思想史の新しい描き方を試みるものである。

二つは、大学などの講義で無理なく教えられるよう、全十三章で構成されている点である。すなわち、一学期を十五週として、初回のガイダンスと最終回の学期末試験をのぞいた実質十三回、という計算である。通年の授業であれば、各章を伸縮自在に活用することもできる。この全十三章は、通史の十一章以外に、これからの戦国秦漢思想史を理解するうえで度外視できない出土資料研究の影響に関する一章と、中国で独自に発達してきた目録学に関する一章を特に設けている。この二章は、中国思想史を理解するために不可欠であるとともに、中国の古典を軸として設けた筆者の「古典形成の時代」「古典解釈の時代」「古典再評価の時代」という三つの時代を区分するメルクマールにもなっている。

三つは、従来の多くの類書が複数名の執筆者によって著されてきたのに対し、本書は一人の手によって夏王朝から中華人民共和国までの中国思想の通史が記されている、という点である（このことは「あとがき」で詳述する）。日本の各大学では、「中国哲学史」「中国文化論」「東洋思想入門」といった講義を一人の教員が担当することが少なくない。一人の手によって記されている本書により、半期または一年で中国思想の通史を講ずる際の一貫した視点を、講義担当者に共有していただけるのではないか、と考えている。

現代の中国を理解するためには、過去の中国を知る必要がある。本書を通じて、中国思想を通史として通観することにより、中国の様々なものの考え方を理解し、日本で生活する者にとって、中国とはどういう隣国なのか、ということについて考える機会としていただきたい。そうすることにより、昨今の様々なニュースに踊らされない、正確な中国理解につながることが期待されるからである。

本書を手にとってくださる方々の中国理解が深まることに少しでもお役に立つならば、筆者として、これに過ぎる喜びはない。

黒竜江省
哈尔濱
ハルピン
長春
吉林省
内蒙古自治区
瀋陽
遼寧省
烏魯木斉
ウルムチ
新疆ウイグル自治区
呼和浩特
フフホト
北京市
天津市
甘粛省
寧夏回族
自治区
銀川
石家庄
太原
河北省
山西省
陝西省
済南
山東省
青海省
西寧
蘭州
鄭州
江蘇省
西安
河南省
安徽省
合肥
南京
上海市
西蔵自治区
拉薩
ラサ
四川省
成都
重慶市
湖北省
武漢
杭州
浙江省
長沙
南昌
湖南省
江西省
福建省
福州
貴州省
貴陽
台湾
台北
昆明
広西チワン族
自治区
広東省
雲南省
広州
香港
澳門
南寧
海南省
海口

本書関連地図

入門　中国思想史

目次

目　次

第Ⅲ部　古典再評価の時代

第Ⅰ部　古典形成の時代

第一章　伝説から思想史へ――夏・殷・西周

夏《か》・殷《いん》・西周《せいしゅう》の時期を、思想史という形で表現するには、まだ機が熟していないのかもしれない。しかし、思想史の叙述という営為そのものが、当該分野のこれまでの研究成果や最新の研究動向を反映しているものであることを考えると、思想史という形での表現が未熟な段階であるにせよ、これまでの研究の経過やすでに明らかになったことを記しとどめておくことが、思想史という叙述に最も近いものである、と思われる。夏・殷・西周の時期を対象とする本章の叙述については、特にその傾向が強いものであることを、あらかじめ御了解いただきたい。

一　禹と夏王朝は実在したか

中国の正史《せいし》の劈頭《へきとう》を飾る『史記《しき》』には、冒頭に五帝本紀《ごていほんぎ》が置かれている。五帝とは、黄帝《こうてい》・顓頊《せんぎょく》・帝嚳《ていこく》・堯《ぎょう》・舜《しゅん》を指す。『史記』五帝本紀には、この五帝それぞれの事績が記され、帝位の継承はいずれも禅譲《ぜんじょう》（自らの後継者として徳のある者へ平和裏に帝位を譲ること）によって行われたことが記されている。

1　大禹陵

2　大禹陵の禹祠に立つ禹像

『史記』五帝本紀の次には、夏本紀《かほんぎ》が続く。『史記』夏本紀には、禹《う》の治水成功の事績や禹を始祖とする夏王朝《かおうちょう》の歴史が記されている。『史記』夏本紀によれば、禹は、黄帝の玄孫《やしゃご》であり、顓頊の孫にあたる。堯の時代に禹の父・鯀《こん》が成し遂げられなかった治水事業を舜の時代に受け継ぎ、治水を成功させた。その後、舜は禹を天に推薦して自らの後継者とし、禹は舜の没後に帝位につき、夏王朝を開いた。禹は会稽《かいけい》（今の浙江《せっこう》省）で没した。

すなわち、禹も禅譲によって舜から帝位を受け継いだとされ、実際、会稽には大禹陵《だいうりょう》という禹の墓が造営されていて、禹が祀られている。

本書は、禹をとりあげることから、中国思想史の叙述を始める。なぜ、『史記』にしたがって五帝から始めるのでなく、禹からなのか。それは、夏王朝の始祖とされる禹を手がかりにして、禹ばかりでなく五帝も、伝説上の存在であることを述べるためである。

長いあいだ信頼されてきた歴史記録が、史実をすべてありのままに伝えているかというと、必ずしもそうではない。これまで史実と信じられてきた『史記』の記述内容に対し、二十世紀になって、疑いの眼を向ける者が現れた。一九〇九年、白鳥庫吉《しらとりくらきち》（一八六五―一九四二）は、堯・舜・禹は「儒教の伝説」であって、儒家の理想を人格化したものである、とする学説を発表した。この学説は、いわゆる「堯舜禹抹殺論」として、学界に大きな衝撃を与えた。また、一九二三年、顧頡剛《こけつごう》（一八九三―一九八〇）は、自らの加上説（累層的《るいそうてき》中国古史《こし》観《かん》）に基づき、「大禹は虫である」と述べ、禹の実在を否定する論文を発表した（すなわち、「虫」が禹のモチーフとされた。この「虫」は単に昆虫を指すのでなく、動物の意味。ここではトカゲの類。「禹」字の中に「虫」字が含まれていることにも注意）。加上説（累層的中国古史観）とは、古史は累層的に古代の神話や伝説が変容して形成され、その形成過程では後から加わったものほど上にくるため、後代になればなるほど伝説上の古史の時間が長くなり、史実が風化し消滅してしまう、という歴史観である。顧頡剛の「大禹は虫である」という言い方は、禹が神話伝承に由来することを示すための言い方であり、当時、大センセーションを巻き起こした。

白鳥庫吉の見解と顧頡剛の見解は、別々に形成されたものである。遠く離れていても瞬時に連絡をやりとりできる現代とは異なり、この時期の中国は「瓜分《かぶん》」の危機に直面しており（第十二章の一を参照）、辛亥革命・中華民国の成立・日本による中国侵略の影響で、日中の学者が相互に研究上の意見を交換できる環境にはなかった。では、なぜ、二人は、同様の学説を別々に提出することができたのであろうか。実は、二人は、同じ人物の研究方法の影響を受けていた。それは、夏・殷・周の真実を追求しようとした『考信録《こうしんろく》』の著者である清代の崔《さい》述《じゅつ》（一七四〇―一八一六）の研究方法であった。二人の見解は、ともにこの崔述の研究方法に負うところが大きかったのである。

こうして、白鳥庫吉や顧頡剛によって、禹の実在が否定されたことにより、日本では、五帝や禹は神話伝説上の存在と見なされており、今なお夏王朝の実在に対する懐疑論も根強い。ところが、中国では、解放後における考古学の成果や出土資料研究によって、その様相に大きな変化が生じてきている。

3　白鳥庫吉

4　顧頡剛

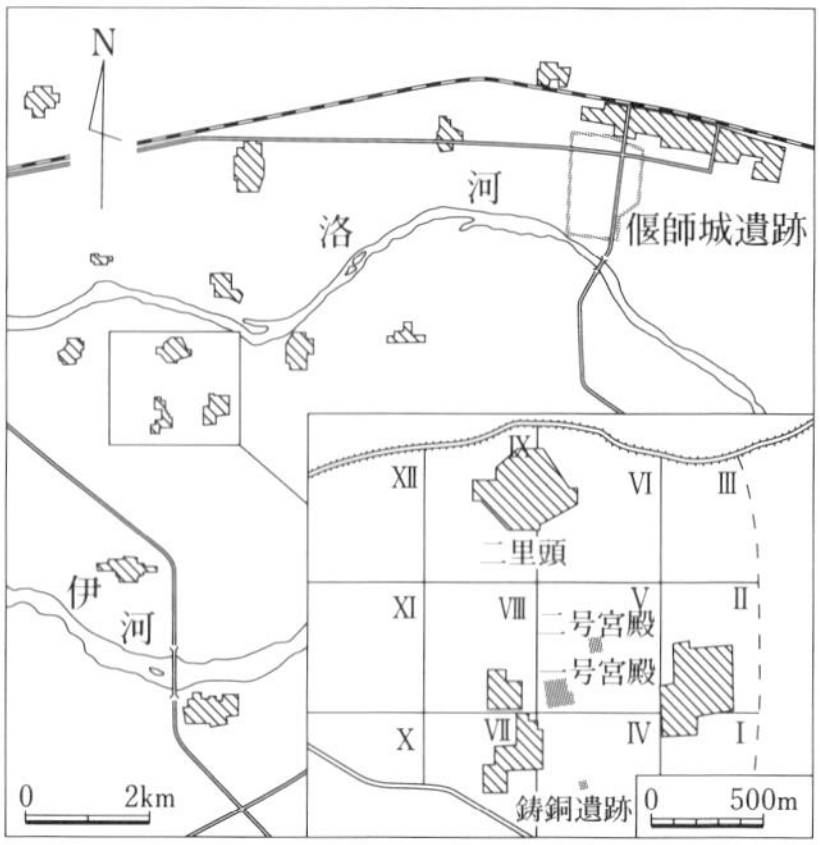

5　二里頭遺跡図

中国では、一九五九年に徐旭生《じょきょくせい》（一八八八—一九七六）が着目して本格的な発掘が開始された河南省偃師市《かなんしょうえんしし》の二里頭《にりとう》遺跡と、一九八三年に発見された偃師城《えんしじょう》遺跡（二里頭遺跡の東6キロメートル）を放射性炭素年代測定の方法で前十六世紀のものと推定することや、『竹書紀年《ちくしょきねん》』や『史記』夏本紀などの夏王朝に関する古典籍の記述によって、夏王朝の実在を確信している。今や、夏王朝より遡って堯・舜の時代の遺跡の発掘に焦点が向けられている。

実際、二里頭遺跡からは広大な宮殿址や青銅器・玉器などが見つかっており、この頃すでに宮殿儀礼や祭礼などの礼制が成立していたのではないか、との指摘がある。孔子（前五五一—前四七九）は、夏の礼について、

> 夏の礼についてわたしは話すことができるが、（その後裔の国である）杞《き》では証拠とするには不充分である。殷の礼についてわたしは話すことができるが、（その後裔の国である）宋では証拠とするには不充分である。記録と賢人が不充分だからである。もしそれらが充分であるならば、わたしはそれらを証拠とすることができる。
>
> （『論語』八佾《はちいつ》篇）

と述べている。孔子が生きていた当時でも、夏代・殷代のできごとはすでにかなり昔のことであり、孔子も嘆いたほど夏代・殷代の礼についてはよく分からなかったのである。しかし、近現代の発掘の成果によって、孔子のよく分からなかったことの一端が、今日知られるようになってきた。

夏王朝に関する古典籍の記述を裏付ける、もしくはそれを覆すに足る決定的な出土資料を欠くものの、殷に先立つ夏に相当する王朝や文化は存在したと言えよう。

二　復原される殷代文化

一八九九年、北京で「龍骨」というマラリアの薬が出回っていた。それらは、実は、現在の河南省《かなんしょう》安陽市《あんようし》小《しょう》屯村《とんそん》の農地から出土した亀甲《きっこう》・獣骨《じゅうこつ》であった。「龍骨」に文字が刻まれていることに気付いた劉鶚《りゅうがく》（一八五七―一九〇九）は、自らが身を寄せていた先の王懿栄《おういえい》（一八四五―一九〇〇）とともに「龍骨」の蒐集に努めた。王懿栄が八ヶ国連合軍の北京侵攻（第十章の八を参照）の際に自殺したあと、劉鶚は蒐集した「龍骨」群を羅振玉《らしんぎょく》（一八六六―一九四〇）に託し、羅振玉と弟子の王国維《おうこくい》（一八七七―一九二七）は「龍骨」に刻まれている文字が殷代の占いの文字（卜辞《ぼくじ》）であることをつきとめた。この王国維は、二重証拠法を提唱したことで有名である。二重証拠法とは、考古学的遺物と伝世の文献資料とを照らし合わせて古代史を復原する方法であり、この方法は実証的な研究方法として、甲骨や青銅器に残された文字の解読とそれに伴う殷周史の復原に大きく貢献し、今も有効な研究方法として支持されている。

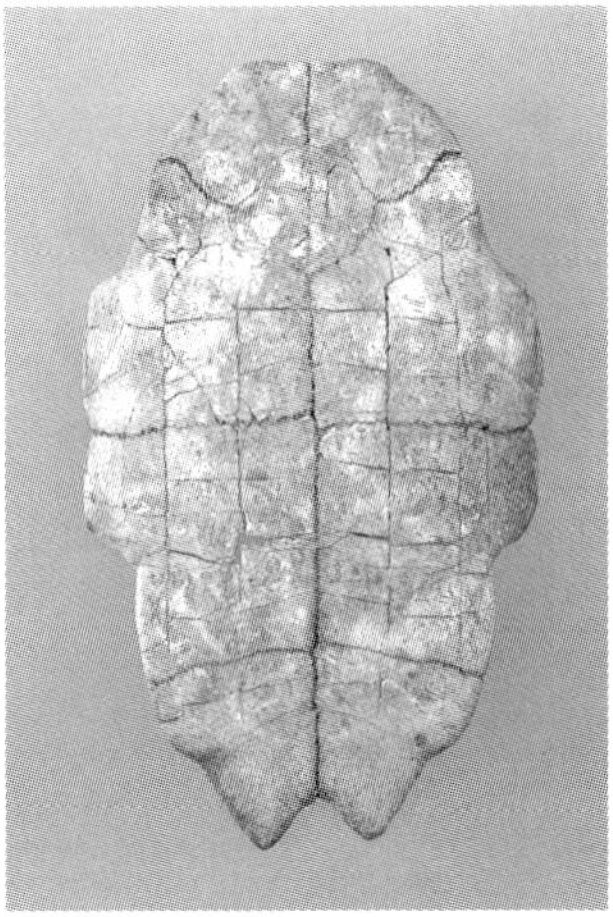
6　文字が刻まれた亀甲

亀甲・獣骨に刻まれた文字を甲骨文字《こうこつもじ》または甲骨文《こうこつぶん》という。中国で文字資料が確認されるのは、殷代の甲骨文からである。

羅振玉・王国維両者により、甲骨卜辞の綴合・解読の研究が進められ、羅振玉は『殷商貞卜文字考《いんしょうていぼくもじこう》』（一九一〇年）を著し、王国維は甲骨卜辞との対照によって『史記』殷本紀に見える殷王朝

7　内藤湖南

8　貝塚茂樹

9　郭沫若像（北京市・郭沫若紀念館）

の系図がほぼ正しいことを証明した（ちなみに、劉鶚が蒐集した甲骨については『鉄雲蔵亀《てつうんぞうき》』として図録が出版されている）。

一九一一年、辛亥革命・清朝滅亡（第十二章の一を参照）により、羅振玉と王国維は、京都帝国大学教授の内藤湖南《ないとうこなん》（一八六六―一九三四）を頼って甲骨資料とともに京都に亡命した。内藤も甲骨資料の価値を認めて研究し、論文を執筆した。甲骨資料が日本へもたらされたことにより、日本の中国学において新たな学問分野が生まれることになった。大阪の実業家が内藤の勧めで購入した四五六片の甲骨と朝日新聞社主が蒐集した羅振玉旧蔵の甲骨三千余片が京都大学人文科学研究所に寄贈され、貝塚茂樹《かいづかしげき》（一九〇四―一九八七）らの京都大学における甲骨学の形成に大きく寄与したのである。

一九二八年、中国では、李済《りさい》（一八九六―一九七九）・董作賓《とうさくひん》（一八九五―一九六三）らを中心に中央研究院歴史語言研究所が河南省安陽市小屯村で発掘を開始した。この発掘の結果、明らかとなったのが、殷王朝の遺構である殷墟《いんきょ》である。甲骨資料の発見とその後の研究、そして殷墟の遺構が明らかになったことで、殷王朝が確かに存在したことが確定的となったのである。

国共内戦や日中戦争の影響を受けながらも、文化大革命に至るまでの期間に、甲骨資料や殷代文化に関する系統的な研究が行われた。たとえば、南昌起義《なんしょうきぎ》に参加したカドで指名手配され、一九二八年に日本へ亡命した郭《かく》沫若《まつじゃく》（一八九二―一九七八）は、日本の文求堂《ぶんきゅうどう》から『卜辞通纂《ぼくじつうさん》』（一九三三年）・『殷契粋編《いんけいすいへん》』（一九三七年）を出版した。また、董作賓は、甲骨文の断代研究・暦法研究に従事し、『殷暦譜《いんれきふ》』（一九四五年）を世に問うた。そして、陳夢家《ちんぼうか》（一九一一―一九六六）は、殷墟の甲骨資料を研究した彼の代表作『殷墟卜辞綜述《いんきょぼくじそうじゅつ》』（一九五六年）を著した。

文化大革命終結後は、甲骨文研究の総合化が図られた。胡厚宣《ここうせん》（一九一一―一九九五）による『甲骨文合集《こうこつぶんがっしゅう》』（十三冊、一九七八年―一九八一年）がその代表である。また、日本でも、一九八六年までの甲骨文関係の著作をくまなく調査し、甲骨文の字釈を分類し配列した松丸道雄《まつまるみちお》・高嶋謙一《たかしまけんいち》『甲骨文字字釈綜覧《こうこつもじじしゃくそうらん》』（一九九四年）が刊行された。

甲骨文の解読・分析によって、たとえば、殷の王室が十干（甲・乙・丙・丁・戊・己・庚・辛・壬・癸）で区別される十の氏族から構成され、その十の氏族同士で婚姻していたこと、などが明らかになっている。しかし、殷代文化を復原する手がかりは、殷墟の甲骨資料だけではない。地域は異なるが、一九八六年に発見された三星堆《さんせいたい》遺跡もその一つである。この三星堆遺跡からは青銅器などが出土し、四川地域の殷代文化をうかがう遺跡として注目を集め、研究が進められている。

10　陳夢家

11　三星堆遺跡出土の青銅器

三　西周期の文化

（一）青銅器銘文（金文）

西周期は、甲骨文は次第に姿を消し、青銅器上の文字（金文、器と同時に鋳造される）が重要な文字資料となっている。金文は、宋代から研究されている形跡があるが、銘文の読解や青銅器の製作年代の決定、所在地域分布の調査な

12　逨盤

ど、現在でも研究上の課題が山積している。

そもそも、なぜ、金属上にわざわざ文字を残したのであろうか。それは、後世に永遠に記録を残すための手段であったと同時に、青銅器が王権を象徴するものだったからである。事実、青銅器銘文の内容は、歴代の周王や祖先の徳をたたえる顕彰、自らの多福の祈り、庶民を苦しめないようにとの戒め、一族の系図に関する記述、などである。たとえば、一九七六年に陝西《せんせい》省で出土した史《し》牆盤《しょうばん》には、西周の史官《しかん》・微氏《びし》一族の七世代の系図が記されている。また、二〇〇三年にやはり陝西省で出土した逨盤《らいばん》にも、周王朝に仕えた祖先の事績が記されている。史牆盤・逨盤によって、『史記』周本紀に見える王名・系譜が正しいことが明らかとなったのである。

（二）『詩』と『書』

『詩』と『書』は両書とも、のちに儒家の経書となるが、この当時に記された内容すなわちオリジナルの『詩』『書』の内容を正確に理解するには、『詩』『書』が儒家の経書であるという固定観念、そして後世の儒者の解釈というフィルターを外す必要がある。

儒家の経書であるということに捉われずに『詩』の内容を考察したのが、フランスのマルセル・グラネ（一八八四―一九四〇）である。彼は、社会学者デュルケム（一八五八―一九一七）と中国史学者シャヴァンヌ（一八六五―一九一八）に師事し、古代中国研究に社会学の理論を適用して、『詩』が農民の季節の祭礼で若い男女がうたった恋愛歌などの古代歌謡であることを突きとめた（『中国古代の祭礼と歌謡』、一九一九年）。これは、グラネの説も最初は相手にされなかったほど、『詩』が儒家の経書であるという固定観念から離れることができなかった同時期の中国や日本の知識人にはできなかったことである。

一方、『書』は、もともと周の史官による王者の言行の記録であった。『書』は、後世、古文テキストの出現やそれにまつわる偽作の問題の発生などで、オリジナルの姿の追究よりも真贋論争が優先されてしまった観がある。『詩』『書』ともに、西周期の金文と内容や文体を照合するとほぼ合致し、周代の祖先祭祀や「徳」の在り方などを考究するのに不可欠の資料である。

また、『逸周書《いつしゅうしょ》』も、殷代・西周期の記録を多く保存している資料として注目される。

(三) 祖先祭祀

われわれは、年に数回、先祖の墓参りをしたり、常日頃、仏壇などの祭壇に簡素な食事を供えたり手を合わせたりする。これらの行為は、亡くなった故人をおもい、死後の世界での幸せを願い、生きているわれわれの力になってくれるようお祈りをする、そういった行為であることは言うまでもないが、それのみに尽きない意味がある。殷代・西周期に即して述べれば二つの意味を見出だせる。

一つは、祖先祭祀を行うことによって、祭祀を行う者たちが自らの家系を強く意識する、ということである。特に為政者クラスのばあい、自らの家系の正統性を対外的に明示する必要があった。そのため、始祖にまでさかのぼって祖先祭祀を行う必要があった。

二つは、祖先祭祀には、子々孫々継続的に行うことで祖先に孝順をつくし一族の長期存続をねがう、という意味が込められている。祖先と子孫は血縁という排他的な紐帯（血族意識）によって結びついており、人は死後も食料を必要とするとされ、子孫は祖先に食料を供給しなければならなかった（逆に言えば、祖先に食料を供給できるのは子孫だけであった）。祭祀の対象である祖先は、死後に血族の流れに埋没するのではなく、その木主《ぼくしゅ》（仏教における位牌に相当するもの）に諡《おくりな》が記されたうえ、木主の配置位置や順序が決められていたため、子孫は祖先の一人一人を明確に識別したと思われる。子孫は、祖先各人の各事績が自らの血族の歴史を形成してきたことを、祖先祭祀を通じて確認していたのである。

祖先祭祀は、のちに『孝経《こうきょう》』として体系化される「孝」の思想につながるものである。もしも子孫を絶やすような事態に至れば、自らを含む祖先を祀る人がいないことになり、血族の歴史を絶つことになってしまう。これは、「不孝」とされるのである。すなわち、祖先祭祀の最大の目的は、子孫を絶やさないこと（「孝」）による一族の繁栄を願うことにあったのである。

第二章　掲げる理想、とびかう言説——春秋・戦国

一　『春秋』

のちに儒家の経書とされる『春秋《しゅんじゅう》』という書物がある。この『春秋』に記載されている時代を「春秋時代」と呼ぶ。『春秋』は、もともと魯国《ろこく》の史官による年代記で、魯の隠公《いんこう》元（前七二二）年から始まっている。しかし、その終わりは、テキストによって異なっている。

『春秋』には、後に作られた『春秋《しゅんじゅう》左《さ》氏《し》伝《でん》』『春秋《しゅんじゅう》公羊伝《くようでん》』『春秋《しゅんじゅう》穀梁伝《こくりょうでん》』という三種の解説がある。これを『春秋』三伝という。「伝」とは解説の意味である。『公羊伝』『穀梁伝』では『春秋』の本文は哀公《あいこう》十四（前四八一）年で終わり、『左氏伝』では『春秋』の本文は哀公十六（前四七九）年の孔子の死で終わっている。そして、『左氏伝』の伝文すなわち解説文に至っては、哀公二十七（前四六八）年まで続いているのである。

『左氏伝』は他の二伝より登場がおそく、内容や構成においても他の二伝と異なる点が多い。そのため、これまで、『左氏伝』のオリジナル性を疑う議論（偽作説や『史記』に基づいて作成されたという説）も展開されてきた。

『春秋』の内容は、国際関係（外交活動）、人の往来、天変地異、などで構成されている。このうち、国家間・君臣間・個人間で交わす約束事として「盟《めい》」を結ぶ儀式が執り行われていたことをとりあげておきたい。

「盟」とは、国家間・君臣間・個人間の相互の関係強化を主たる目的としている。実行すべき約束事をとりかわす事を「結盟《けつめい》」という。「結盟」の際には、載書《さいしょ》（誓いの言葉）を作り、犠牲の牛（羊とも）を殺し、同血の共有という意味で参盟者がその血を飲み（体に塗るという説もある）、載書を読み神に告げる。そして、地に掘った穴に載書と犠牲の牛（羊）を埋める。このような儀式を経て、相手と「盟」が結ばれるのである。「盟」資料の代表的なものとしては、『侯馬盟書《こうばめいしょ》』、『温県盟書《おんけんめいしょ》』などが伝わる。

「盟」に関連して、これ以降、心情的結合により内面から関係を強化する集団の「約」の遵守という問題が浮上する。「約」とは、相手と「約」束した一定の約束事を確実に実行させるために、相手の行動を制「約」する意味も含んでいる。「約」束の実行には、破られないための制「約」がともなっていることに注意しておきたい。

二　李耳と孔丘

（一）李耳《りじ》（老聃《ろうたん》）

老子とされる人物は、『史記』老子伝によると、姓は李、名は耳《じ》、字は聃《たん》である。聃は耳が長いという意味であり、おそらく名の耳と関係づけられている。老子とは号であるが、「老」を冠する理由は定かでない。「子」は、男子の尊称かつ先生という意味のことばであり、孔子・孟子・韓非子など諸子の「子」も同様の意味である。

『史記』老子伝によると、李耳は楚の苦《こ》県の人で、周の蔵書室の史官であったが、実在が疑われている。しかし、それによって、『老子』の思想内容の検討に大きな影響を及ぼすことは無い。『史記』老子伝に記された人物が実在していようといまいと、『老子』というまとまった書物に記された思想を研究対象とすればよいからである。

13　老子

言いかえれば、「老子の思想」ではなく「『老子』の思想」が重要なのである。その『老子』については、二〇二四年末の時点で、依拠すべきテキストが、少なくとも四種類確認されており、思想内容の検討には慎重を期する必要が生じている（これについては第四章の二の（三）で述べる）。

いま、長くスタンダード・テキストとされてきた王弼本《おうひつぼん》『老子』によって、その構成と思想の要点を簡単に述べておく。

『老子』は、全八十一章から成り、上篇《じょうへん》＝道経《どうけい》（第一章―第三十七章）と、下篇《かへん》＝徳経《とくけい》（第三十八章―第八十一章）に分けられる。その思想のポイントは、「無為《むい》」「自然《しぜん》」「道《みち》」、特に「自然」にある。

「無為」とは、他者に対して余計なはたらきかけをしないこと（逆に言えば、必要最低限のはたらきかけは行う、ということ）である。「自然」とは、他者の力を借りず、自身に内在する力でそうなること、という意味である。この時点での「自然」は「みずからしかり」と訓《よ》むのがふさわしい（「おのずからしかり」の意味が強くなってくるのは魏晋南北朝時代以降のことである）。漢代になると、「無為」と「自然」がくっついて「無為自然《むいしぜん》」という四字熟語ができあがるが、他者と必要以上にかかわることがなく、自身の力でそうなっているのであるから、「無為自然」という四字熟語によって『老子』思想が今日誤って説明されることが多いのは、ある程度理解できることではある。しかし、『老子』にはもともと「無為自然」という四字熟語は無かったことに注意しておきたい。重要な点としておさえておきたいのは、『老子』には、「無為」と「自然」の考え方から、自律的な運動で世界が成り立つとする自己完結の思想へと発展していく要素が含まれていた、ということである。

『老子』は「道」の哲学といわれるが、その「道」については、「自然」を模範としている（第二十五章「道はそれ自身でそうなる在り方を模範とする」）こと、そして、

道は一を生じ、一は二を生じ、二は三を生じ、三は万物を生じる。（第四十二章）

とあるように、「道」を根源とする生成論が語られていること、こうしたことから、「道」は、「自然」の在り方にしたがった、「万物」の根源である、と理解されている（ちなみに、「三」とは天・地・人（三才《さんさい》）、「二」とは天と地、「一」とは天地未分《みぶん》の状態、とされる）。万物の根源とされる「道」でさえも「自然」がベースとされていることからもわかるとおり、『老子』思想を一言で言うならば、それは「自然」の思想にほかならないのである。

（二）孔丘《こうきゅう》

孔子またはその弟子たちの事績について調べようとする際、まず目を通すのが、『論語』と『史記』であろう。『論語』には孔子と弟子とのやりとりや孔子による弟子に対する評価などが載せられ、『史記』には孔子の伝記である孔子世家《こうしせいか》と弟子たちの伝記の集成である仲尼弟子列伝《ちゅうじていしれつでん》が立てられており、通常、これらの資料に基づくことで、今日にいたる後世の様々な評価を経由しない、オリジナルに近い孔子またはその弟子たちの姿に肉薄できる、と考えられる（とはいうものの、『論語』と『史記』では成立年代に隔たりがあり、『史記』が『論語』の記述を襲っている例も見られる。加えて、『論語』や『史記』の原文に対する現代人の理解も、今日までの研究成果の蓄積に知らず知らず恩恵を受けているのであるが……）。

『史記』孔子世家によると、孔子は、姓は孔、名は丘、字は仲尼である。孔丘は魯に生まれ、成長した後、各国をさまよい政治活動を展開するが認められなかった。その間に多くの門弟を育てた。

『論語』は、漢代初期には成立し、前漢以降、権威あるものとして読まれた、孔丘及びその弟子の言説集である。『論語』の思想のポイントは、「仁《じん》」の提唱である。以下の二つの例で、「仁」の内容を確認しておこう。

15　老子と孔子の会見を描いた画像石の拓本(部分)

14　孔子像(重慶にて)

仁とは、困難なことを優先し利益を後回しにすることであり、これが仁だと言える。

（『論語』雍也《ようや》篇）

そもそも仁とは、自分が立場を得たいなら先に他者をそうさせ、自分が目的を達成したいなら先に他者をそうさせることである。

（『論語』雍也篇）

これらによれば、真っ先に私利私欲に走るのでなく、自分のためになることは後にする、それが「仁」である。

さて、孔子は「儒教」の祖とされるが、そもそも「儒」とは何であろうか。胡適《こてき》（一八九一―一九六二）は、もと殷の宗教集団を指すとし（「説儒」、一九三四年）、馮友蘭《ふゆうらん》（一八九五―一九九〇）は知識と学問を身につけ民間で教授する専門家であると解釈し（「原儒墨」、一九三五年）、白川静《しらかわしずか》（一九一〇―二〇〇六）は下層のシャーマンであるとした（『孔子伝《こうしでん》』、一九七二年）。すなわち、「儒」は本来、孔丘とその弟子たちを意味してはいなかったようである。孔子を「儒教」の祖とする見方は、後世の産物なのである。

(三) 李耳と孔丘の関係

『荘子《そうじ》』天運《てんうん》篇・『礼記《らいき》』曾子問《そうしもん》篇・『史記』老子伝などに、孔子が老子に「礼」を問うているくだりがある。これらはいずれもフィクションであり、後代の儒家―道家間の対抗意識の現われであり、道家が儒家よりも優位であることを示すために作られたものである（『史記』老子伝におけるこのフィクションが老子実在を疑う一つの材料となっている）。こうしたことが反映して、前頁の15のように、漢代の画像石の中にも、老子と孔子の会見を描いたものがある。

一方で、『老子』と『論語』には共通点がいくつかある。例えば、

手柄を自慢する者は功績が無に帰すものだし、能力を自慢する者はいつまでも長続きするものではない。

（『老子』第二十四章）

先生はこうおっしゃった。「君子《くんし》はゆったりとして得意になることはないが、小人《しょうじん》は得意になってしかもゆったりとしていない。」と。

（『論語』子路《しろ》篇）

は、いずれも驕らないことの大切さを説いているものである。また、

わたしには三つの宝があり、それらを保持している。一つは慈悲、二つは倹約、三つはわざわざ世の中の先頭に立つことをしないこと、である。慈悲の心があるからこそ勇敢でいられるし、倹約であるからこそそのお金を広く使うことができる（交際範囲を拡げることができる）し、わざわざ世の中の先頭に立つことをしないからこそ、万人の長《ちょう》になることができるのである。いま慈悲をすてて勇敢であれば、倹約をやめて交際範囲を拡げるならば、後ろを行くことをやめて先頭に立つならば、死ぬであろう。

（『老子』第六十七章）

先生はこうおっしゃった、「（戦車千台をしたがえる規模の）諸侯の国を導くには、つつしんで仕事をして信頼を得、費用を節約して人々を愛護し、民を使役するには農閑期にすることである。」と。

（『論語』学而《がくじ》篇）

は、ともに倹約に価値を認めるものである。これらは、たまたま一致しているのではなく、当時の知識人たちが共有したものの考え方あるいは時代思潮が、『老子』と『論語』において、それぞれの思想となって形を現したものである。

三　戦国時代の諸子百家

諸子《しょし》百家《ひゃっか》と呼ばれる知識人たちが各国の為政者に説いてまわったのは、国をいかに治め、さらにその先に天下をいかに統一させるか、という道理であった。

諸子の後学によって編まれた著作のうち、『荀子《じゅんし》』非十二子《ひじゅうにし》篇や『荘子』天下《てんか》篇は、当時の諸学派がどのような考えを主張していたか、その一端をうかがい知ることができるものである。前漢時代の『史記』太史公自序《たいしこうじじょ》に見える司馬談《しばたん》（？—前一一〇）の「六家之要指《りくかのようし》」が列挙する六家（陰陽家《いんようか》・儒家《じゅか》・墨家《ぼくか》・名家《めいか》・法家《ほうか》・道徳家《どうとくか》）や、後漢時代の『漢書《かんじょ》』藝文志《げいもんし》の九流十家《きゅうりゅうじゅっか》（儒家・道家・陰陽家・法家・名家・墨家・縦横家《しょうおうか》・雑家《ざっか》・農家《のうか》が九流、これに小説家《しょうせつか》を加えると十家）は、戦国時代の諸学派からの流れを示すものと言える。

ここでは、特に学派に分けることはせず、主な知識人の主張を見ていくことにしたい。

16　墨子像

（一）墨翟《ぼくてき》（前四九〇頃—前四〇三）

墨翟という人物については、過去の研究の中では、インド人説・アラブ人説まで飛び出したことがある。これは、『墨子《ぼくし》』に見える高度な知識が中国由来のものではない、とする見方からくるものであるが、墨翟は中国の人である。また、「墨」からの連想で、墨を使う大工であったとか、顔の色が黒かったとか、入れ墨をしていたなどの説も出されたが、よく分からない。

『墨子』の内容は、大きく次の三つに分けられよう。

①**「兼愛《けんあい》」で「非攻《ひこう》」**　「兼愛」とは、博愛を意味するのではなく、無差別愛のことである。墨翟は、差別することから争いが起こると考え、儒家の「仁」に基づく愛を「別愛」として批判した。「兼愛」では、お互いがお互いの利益を考えることになるため、これを「交利」という。また、「非攻」とは、単に非戦論・戦争反対主義のみをいうのではなく、他国と争わないで相手の立場を保障することである。

②**「非楽《ひがく》」で「節用《せつよう》」**　「非楽」とは、人々を悦楽にひたらせる歌舞音曲を否定するものである。「非楽」は、祭礼における歌舞音曲を省くことであるから、「節用」にもつながる。「節用」とは、費用の節約を意味するが、たとえば厚葬《こうそう》（手厚い葬儀）は否定され、「節葬」（薄葬）が重視された。「非楽」と「節用」は、礼・楽を重視する儒家への批判でもあり、無用の費用を去ることが天下の利益になる、とされたのである。

③**光学・力学・幾何学**　土木工事や冶金などの技術を身につけ、強固な結束により、墨家集団は自己防衛に備えていたとされる。

さらに、「堅白《けんぱく》」に関する議論（「堅い」と「白い」が同一物において両立するかという議論）が見られ、「別墨《べつぼく》（別派の墨家）」（『荘子』天下篇の語）は名家（論理学派）と論争を繰りひろげるなど、墨家は論理学にも長けていた。

（二）公孫龍《こうそんりゅう》（前三二〇頃―前二五〇）

公孫龍は、恵施《けいし》（前三七〇頃―前三一〇）らとともに、名家に分類される。ここでは、『公孫龍子《こうそんりゅうし》』白馬論《はくばろん》篇に見える有名な白馬非馬論《はくばひばろん》から、名と実の一致を目指した論理学の一端を紹介する。

「《白馬は馬でない》は、正しいか。」
「正しい。」
「何故か。」
「《馬》とは形に名付けたものであり、《白》とは色に名付けたものである。色に名付けることは、形に名付けることでない。よって《白馬は馬でない》という。」

一見、屁理屈・詭弁に思えるような話でも、周王朝の統治の形骸化からくる名と実の不一致という課題を前にして、名と実を一致させるためには、相手を論破する力を必要としたのである。

(三) 荘周《そうしゅう》（前三六九—前二八六）

荘周の後学の手になる『荘子』は、戦国後期から漢代初期にかけて徐々に書き加えられて成立した。内篇・外篇・雑篇に分かれており、三十三篇から成る。

その思想の要点は、『荘子』斉物論《せいぶつろん》篇に見られる万物斉同《ばんぶつせいどう》を説く点にある。これは、万物に差別を認めない無差別の境地であり、たとえば、美《び》と醜《しゅう》、有《ゆう》と無《む》、生《せい》と死《し》といった二元対立が無い世界観である。この窮極の境地にいる者が「真人《しんじん》」「至人《しじん》」という存在であり、万物と一体になる境地を獲得した理想的人間像とされる。

17　荘子

漢代以降、『荘子』は『老子』とセットにされて「老荘」と呼ばれることが多くなるが、『荘子』はもともと『老子』とは別の文脈において成立したことに注意し

18　孟子

ておきたい。（第三章の六を参照）「朝三暮四」「無用の用」「胡蝶の夢」など現代でもよく知られた故事の典拠としても『荘子』は有名である。

（四）孟軻《もうか》（前三七二―前二八九）

『孟子』は、門弟や各国の為政者との対話を含む孟軻の言説集で、孟子の後学が編纂したものである。王道政治を理想に掲げ、その思想の根幹をなす性善説《せいぜんせつ》と井田《せいでん》制《せい》を唱えた。性善説については、

孟先生は人の先天的な性質が善いことを述べ、それを言う時はきまって堯や舜の人格を引き合いに出す。

（『孟子』滕文公《とうぶんこう》篇上）

と述べられ、堯・舜を「性」の「善」なる理想的統治者像として挙げている。また、井田制については、

一里四方九百畝《ほ》の田土を井の字型に分け、中央の田を公田《こうでん》とし、八家族はいずれも（公田の周囲の）私田《しでん》百畝をもち、共同で公田を経営する。公田の仕事（耕作・収穫）を終えてから、私田の仕事（耕作・収穫）をする。

（『孟子』滕文公篇上）

と説明されている。これは、公田の収穫を税として納入し、各家族は私田の収穫で生活する、というものである（均分主義の理想的な考え方ではあるが、現実的に実施するのは困難である）。

このほか、「仁」「義」「礼」「智」の萌芽としての「四端《したん》」について、この四つの「心」（「惻隠《そくいん》之心」「羞悪《しゅうお》之心」

「辞譲《じじょう》之心」「是非《ぜひ》之心」）が無い者は「人に非《あら》ず」と言っている（公孫丑《こうそんちゅう》篇上）。また、のちに「五倫」と呼ばれる道徳を説き、人が安定した心境で道徳をわきまえるためには一定の収入（お金を得られる仕事）が必要であると主張した（「恒産《こうさん》なきものは恒心《こうしん》なし」の出典は『孟子』である）。

（五）荀況《じゅんきょう》（前三一三―前二三八）

荀況は趙《ちょう》に生まれたが、若い頃のことは知られていない。斉《せい》の威王《いおう》・宣王《せんおう》の時代（威王即位前三五七―宣王没前三〇一）に斉では優秀な学者を招き、稷門《しょくもん》（都城の南門）の下（＝稷下《しょっか》）に住まいを与え礼遇したが、荀況は五十歳で斉にやってきて、稷下で最長老として活躍した。

『荀子《じゅんし》』は、荀況自身の手になる文章や言行録が集められ、荀況の影響を受けた後学によって編纂された。その後、前漢末の劉向《りゅうきょう》（前七七―前六）が当時の三百二十二篇を整理して三十二篇とした。

『荀子』の思想は、礼と性悪説《せいあくせつ》に代表される。まず、『荀子』に説かれる「礼」の定義を見てみよう。

「礼」とは、身分の貴賤に等級があり、年齢の長幼に差別があり、経済的な貧富や社会的立場の軽重にバランスがある、ということである。

（『荀子』富国《ふこく》篇）

19　荀子

これによると、礼とは、等級・差別・順序を設けることによって人間関係を秩序づける社会規範である。見方をかえて言えば、平等主義のもとには「礼」は成立しないのである。では、他人との間に等級差をつけてまで、何のために「礼」を設けるのであろうか。それは、人間の「欲」の調整のためである。『荀子』では、「欲」を先天的に賦与されたものと肯定したうえで、「欲」を規制した社会秩序の形成を説いている。

次に、性悪説については、

人の先天的な性質は悪であり、それが善であるとされるのは後天的な人為の矯正によるものである。

（『荀子』性悪篇《せいあくへん》）

と述べている。これは、『孟子』の性善説への批判である。人はこの世に生まれおちた時点では「性」は「悪」であるが、「後天的な人為」すなわち教育によって「性」は「善」となる、との主張である。

このほか、『荀子』の「天人《てんじん》の分《ぶん》」の考え方については、第四章の二の（一）で述べる。

なお、韓非《かんぴ》（？―前二三三）と李斯《りし》（？―前二〇八）は荀況の門弟である。

（六）韓非

韓非の思想は、荀況の礼思想の影響も大きいが、法思想は「術《じゅつ》」を説く申不害《しんふがい》（前四〇〇頃―前三三七）、「法」を説く商鞅《しょうおう》（前三九〇頃―前三三八）、「勢《せい》（君主の権力）」を説く慎到《しんとう》（前三九〇頃―前三〇五）の影響を受けている。

このうち、「術」と「法」について、『韓非子《かんぴし》』定法《ていほう》篇の文章を見ておこう。

術とは、臣下の能力に応じて官職を授け、臣下の立てた名目に実績を追求し、生殺の権柄を手にし、群臣の能力をためすことであり、これは君主が握るものである。法とは、法令が役所で明示され、刑罰が民心に銘記され、賞は法をまもる者に与えられ、罰は法令をおかす者に加えられることで、これは臣下が模範とするものである。

ここには、刑名思想《けいめいしそう》が見られる。刑（形）とは実質、名とは名目であり、「形」「名」は論理学の用語である（〈二〉公孫龍を参照）。すなわち、『韓非子』は論理学の影響も受けている。ちなみに、この刑名思想は、のちに漢初の黄老思想の重要な要素となる（第三章の三を参照）。

また、『韓非子』は、解老篇《かいろう》と喩老篇《ゆろう》が、『老子』の解釈となっている。『史記』老子韓非列伝が、老子・荘子・申不害・韓非の各伝記で構成されている大きな理由は、この四者が『老子』思想によって括られている、という点にある。韓非・『韓非子』はふつう法家に分類されるが、『韓非子』の内容を分析すると、法家だけでは捉えられない多様な思想を吸収していることがわかるのである。

韓非は、秦王がその著作に感心したことを同門の李斯に嫉まれて罪に陥れられ、服毒自殺に追い込まれて生涯を閉じている。

〈七〉『呂氏春秋《りょししゅんじゅう》』

『呂氏春秋』は、秦の丞相《じょうしょう》の呂不韋《りょふい》（?—前二三五）とその賓客《ブレーン》によって前二四一年に成立した。諸学派の優れた点を広く取り入れてあり、戦国時代の最後を締め括る戦国思想集大成の書と言える。

第三章　国家統一のための政治思想——秦・前漢

一　秦の統一とそのほころび

前二二一年、秦は、戦国の七雄《しちゆう》（秦・斉・燕《えん》・楚・韓《かん》・魏《ぎ》・趙）の群雄割拠《ぐんゆうかっきょ》を平定しおえ、中央集権体制を樹立した。国家を統一するということは、それまで各国で使用されていた度量衡《どりょうこう》（長さや容積や重さを計る単位）・貨幣・車軌《しゃき》（馬車の両輪間の幅）・文字なども統一されることを意味した。秦帝国は、これ以降、約二千年にわたる帝国の基礎となった（皇帝の誕生）。

秦の始皇帝《しこうてい》（前二五九—前二一〇）の側近には、荀子の弟子の李斯が丞相としてひかえていた。この李斯の提案により、前二一三年、焚書《ふんしょ》がおこなわれた。民間に所蔵され、あるいは流通している『詩』『書』を始めとするあらゆる書籍が焚書の対象となったが、「医薬・卜筮《ぼくぜい》（占い）・種樹《しゅじゅ》（農業）の書」（『史記』秦始皇本紀《しんしこうほんぎ》）は焼かれずに残った。焚書は、漢代以降の思想史に深刻な影響をもたらすことになる。

翌年の前二一二年、「真人」（神仙《しんせん》）になろうとして不死の仙薬《せんやく》をもとめた始皇帝が、姿を消した方士《ほうし》に逆上し、

20　秦の始皇帝の権力を象徴する兵馬俑坑

都の咸陽《かんよう》の学習者（儒者）に訊問《じんもん》し、有無を言わさず逮捕者四六〇名余りを生き埋めにした。これが坑儒《こうじゅ》（「儒《じゅ》を坑《あなうめ》にす」とよめる）である。

二　焚書の影響

秦帝国は、わずか十五年でその命脈を絶ってしまった。しかし、文化破壊行為ともいうべき焚書がもたらした影響は、漢代以降、顕著になってくる。

秦に代わって漢が支配する時代となり、やがて、挟書律《きょうしょのりつ》（民間人の蔵書を禁止する命令）が解除された。すると、壁の中に塗り込められていた書籍——当時の書籍の一般的な形態は木簡《もっかん》・竹簡《ちっかん》——が出現しだしたのである。すなわち、焚書により焼かれたくない書籍は、家の壁に塗りこまれるなどして隠されていたのであり、挟書律が解かれたことで、隠されていた書籍が再び姿を現したのである。

『尚書《しょうしょ》』の学を伝えた伏生《ふくせい》（前二六〇頃—？）も焚書の影響を受けた一人であった。伏生は秦の統一以前から漢代初期まで生きて、焚書の苦難を乗り越え、鼂錯《ちょうそ》（？—前一五四）に『尚書』を伝授した人物である。

当時の学問の一般的な学習形態は、師による「口授《こうじゅ》」と弟子の「誦《しょう》」が基本であった。「口授」とは口頭伝授のこと、「誦」とは師から口頭で教わった文言を記憶して自らのものにしてしまうべく実際に声に出してとなえること、である。弟子は、師の句読《くとう》・節回《ふしまわ》し（押韻《おういん》したリズムや間《ま》）とともに「誦」によりテキストを修得した。伏生によって伝えられた『尚書』も、師から「口授」され、弟子は暗「誦」したのである。したがって、仮に書籍はなくとも、あるテキストをマスターした学習者がいれば、その人は「歩く書籍」とでもいうべき存在だったのである。こうした点から考えても、焚書・坑儒が、文化破壊活動以外の何物でもないことを理解できよう。

その焚書の影響が顕著に現れてくるのは、武帝《ぶてい》（前一五九―前八七）の末期のことである。魯の共王《きょうおう》が宮殿を拡張しようとして孔子の家を壊したところ、『尚書』を始めとする「古字」で記された書籍が見つかった、というのである。このことについて、中国における現存最古の漢籍目録である『漢書』藝文志には、次のように記されている。

『古文《こぶん》尚書《しょうしょ》』は、孔子の家の壁の中から出た。武帝期の終わりに、魯の共王が孔子の家を壊し、宮殿を拡張しようとしたところ、『古文尚書』『礼記』『論語』『孝経』およそ数十篇を得られたが、どの書物も古字で記されていた。……。孔安国《こうあんこく》は、孔子の後裔であり、それらの書物をあまさず手に入れたが、『今文《きんぶん》尚書《しょうしょ》』二十九篇と考え合わせると、『古文尚書』は十六篇多かった。

21　講学図（下部）

秦以前の「古字」で記された『尚書』が『古文尚書』と呼ばれるのに対し、口頭伝授で伝えられた『尚書』は、漢代通行の文字（今文《きんぶん》）で記されていたので『今文尚書』と呼ばれる。この孔壁《こうへき》『古文尚書』の話は、古文テキストの由来を確かなものにするために古文を支持する後学によって捏造された話だとする意見もある。しかし、古文のテキストの存在が焚書によるものであることは間違いないのであり、前漢末から後漢時代にかけての古文派の台頭を招き、第六章の六の（二）で述べる東晋の『古文尚書』の献上とその後の経学への甚大な影響を考慮に入れると、中国思想史における焚書の影響はまことに大きいものである、と言わねばならないのである。

三　漢初の黄老思想

漢初には、秦の苛政や戦乱による庶民の疲弊をいやして社会秩序や経済活動を回復させ、中央集権体制に不満をもつ地方の諸侯王やなお不安定な君臣関係において臣下をどう統率するか、という諸問題があった。こうした諸問題に対して王朝の国力を備蓄するために、「道」を主軸とする道家の「無為」の思想――他者に対して余計なはたらきかけをしないこと――と、法家の「刑名」思想――臣下の立てた目標（名）に対して君主が臣下の実績（刑・形）を追求すること――とを結合した考え方が当時の漢王朝の支配者層に支持され、その考え方を拠り所とする政策がとられた。このような考え方を黄老《こうろう》思想という。

「黄老」とは、文字通り、黄帝と老子を指す。黄帝を老子と関係づけて併せて「黄老」と呼ぶ意味が従来明確でなかったが、唐蘭《とうらん》（一九〇一―一九七九）が馬王堆漢墓《ばおうたいかんぼ》から出土した『老子』と同一の帛《はく》（絹）に記された『経法《けいほう》』『十六経《じゅうろくけい》』『称《しょう》』『道原《どうげん》』の四篇を『漢書』藝文志に著録される『黄帝四経《こうていしけい》』に比定する考えを表明している（ただし、唐蘭のように認定する確証がなく、慎重な意見もあるので、以下、『経法』等四篇と呼ぶ）。事実、『経法』道法《どうほう》篇には「道は法を生み出す。」という「道」と「法」の結合を示す文言があり、『経法』等四篇には法家の「法」や「刑」「名」の一致を説く主張が展開されている。『経法』等四篇は、この時期に成立した『管子《かんし》』や『鶡冠子《かつかんし》』とともに、漢初の黄老思想をうかがう恰好の資料である。

文帝《ぶんてい》（前二〇二―前一五七）は刑名思想や道家思想を好み、その妻の竇太后《とうたいごう》（?―前一三五）は、竇太后は黄帝や老子に託した言説を好み、皇帝や皇太子・竇氏一族は、黄帝・老子（に託した書物）を読み、その政術を尊ばない者はなかった。
（『史記』外戚世家《がいせきせいか》）

とあるように、黄老思想を積極的に支持して、次の景帝《けいてい》（前一八九―前一四一）やその皇太子だった武帝にまでそれを強いるほどの力を有し、重臣たちも「黄老の言」を好んでいた。しかし、前一三五年の竇太后の死を契機として黄老思想の支持勢力が衰退し、さらに公孫弘《こうそんこう》（前二〇〇―前一二一）に代表される儒者が官界に進出するに及んで、武帝期の初期に黄老思想は政界の表舞台から去っていった（ただし、第五章の五で述べるように、後漢時代に継承された形跡をうかがうことができる）。

四　陸賈と賈誼

（一）陸賈《りくか》

『新語《しんご》』は秦末漢初に生きた陸賈の著書とされているが、それを認めない説もある。ただし、『新語』の内容自体は、彼の思想をうかがうに足る資料であると考えてよいであろう。『新語』から二つの文章を引用し、彼の思想的特徴をうかがってみよう。

君子は道を手にして政治にあたり、徳にもとづいて行動し、仁を席として坐り、義を杖として力を発揮し、虚無であってさびしく、果てなく通じる。（道基《どうき》篇）

そもそも道は無為（余計なはたらきかけをしないこと）が最高のものであり、行いは謹敬（うやうやしい態度）が最高のものである。（無為篇）

22　湖南省長沙市の賈誼故居内にある賈誼が使ったとされる井戸の跡

これらによると、儒家の「仁」「義」「謹敬」と道家の「虚無」「無為」とが併せて説かれている。すなわち、儒・道を折衷させた思想と言える。

（二）賈誼《かぎ》

賈誼は、李斯の孫弟子にあたる。したがって、その思想には法家の色彩が濃厚であるが、荀子の流れをくむためであろう、礼と法の間隙に位置する思想というのがふさわしい。礼と法について説いている賈誼の考え方をうかがってみよう。

そもそも礼とは未然に禁ずるものであるが、法とは事後に禁ずるものである。従って法の執行はわかりやすいが、礼の起こる所はわかりにくい。

（『漢書』賈誼伝）

また、賈誼の思想を反映した『新書《しんじょ》』は、儒家的側面と道家的側面をあわせもつ。彼が長沙《ちょうさ》（今の湖南省）に左遷された時に作った「鵩鳥賦《ふくちょうふ》」は「万物変化」を説き道家的である。すなわち、賈誼の思想には、儒家・道家・法家の要素が融合している、と言える。

陸賈と賈誼に共通するのは、儒が道または法と融合した思想である、という点である。すなわち、儒の立場からすると、道・法の結合した黄老思想の盛行の中、儒はそれらと折り合いをつけなければ自説を開陳し得ない環境にあった、ということが分かる。裏を返せば、この点に、時の有力な思想と結びついても命脈を保とうとする儒家思想のしたたかさを指摘することができるのである。

五　儒学の官学化（儒教の国教化）

以下の①②③の「できごと」は、『史記』と『漢書』の記述に基づくものである。

①前一四〇（建元《けんげん》元）年、武帝《ぶてい》、即位して二年目。

丞相の衛綰《えいわん》が上奏《じょうそう》した。「登用した賢良《けんりょう》の中には、申不害・商鞅・韓非（ら法家）や蘇秦《そしん》・張儀《ちょうぎ》（ら縦横家）の言説を身につけ、国政を混乱させている者がいます。どうか全員を罷免《ひめん》してください。」上奏はみとめられた。

（『漢書』武帝紀）

この上奏により、法家・縦横家などが政界から排除された。この頃、董仲舒《とうちゅうじょ》（前一七六頃―前一〇四頃）が抜擢されたようである。董仲舒は、武帝への「対策《たいさく》」（天子の策問《さくもん》への対《こた》え）で次のように進言した。

わたくしが愚考いたしますに六経の科目や孔子の学術に属さない諸学派は、どれもその学問の道を絶って、（儒学と）ともに進ませないようにいたします。

（『漢書』董仲舒伝）

②前一三六（建元五）年、五経《ごきょう》博士《はくし》の設置。

五経博士を設置した。

（『漢書』武帝紀・百官公卿《ひゃっかんこうけいひょう》表上）

『史記』董仲舒伝

董仲舒広川人也。以治春秋、孝景時、為博士。下帷講誦、弟子伝以久次相受業、或莫見其面。蓋三年、董仲舒不観於舎園、其精如此。進退容止、非礼不行。学士皆師尊之。今上即位、□、為江都相。□。以春秋災異之変、推陰陽所以錯行。故求雨閉諸陽、縦諸陰、其止雨反是。行之一国、未嘗不得所欲。中廃為中大夫。居舎、著災異之記。是時遼東高廟、□災。□。主父偃□疾之、取其書□奏之天子□。天子召□諸生、示其書。有刺譏。董仲舒弟子呂歩舒、不知其師書、以為下愚。於是下董仲舒吏。当死。詔赦之。於是董仲舒竟不敢復言災異。董仲舒為人廉直。是時方外攘四夷。公孫弘治春秋、不如董仲舒、而弘希世用事、位至公卿、董仲舒以弘為従諛。弘疾之。□乃言□上曰、独董仲舒可使相膠西王。膠西王素聞董仲舒有行、亦善待之。董仲舒恐久獲罪、疾免居家。□。至卒、□、終不治□産業、以修学著書為事。故漢興至于五世之間、唯董仲舒名為明於春秋。其伝公羊氏也。

『漢書』董仲舒伝

董仲舒広川人也。少治春秋、孝景時、為博士。下帷講誦、弟子伝以久次相授業、或莫見其面。蓋三年、□不窺□園、其精如此。進退容止、非礼不行。学士皆師尊之。武帝即位、挙賢良文学之士前後百数。而仲舒以賢良対策焉。[対策]。対既畢、天子以仲舒、為江都相。〔中略〕仲舒治国、以春秋災異之変、推陰陽所以錯行。故求雨閉諸陽、縦諸陰、其止雨反是。行之一国、未嘗不得所欲。中廃為中大夫。□。先是遼東高廟、長陵高園殿災。仲舒居家、推説其意、屮稿未上。主父偃候仲舒、私見嫉之、竊其書而奏焉。□。上召視諸儒、□。□仲舒弟子呂歩舒、不知其師書、以為大愚。於是下□仲舒吏。当死。詔赦之。□仲舒遂不敢復言災異。□仲舒為人廉直。是時方外攘四夷。公孫弘治春秋、不如□仲舒、而弘希世用事、位至公卿、□仲舒以弘為従諛。弘疾之。膠西王亦上兄也。尤縦恣数害吏二千石、弘迺言於上曰、独董仲舒可使相膠西王。膠西王□聞□仲舒大儒、□善待之。□仲舒恐久獲辠、病免□。凡相両国、輒事驕王、正身以率下、数上疏諫争。教令国中、所居而治。及去位、帰居、終不問家産業、以修学著書為事。□〔下略〕

23　福井重雅による『史記』儒林列伝の董仲舒伝と『漢書』董仲舒伝の比較（□内は当該書に無いものの他方にある文言）

③前一三五（建元六）年、竇太后《とうたいごう》の死。

竇太后が崩御《ほうぎょ》して、（失脚《しっきゃく》していた）武安侯《ぶあんこう》の田蚡《でんふん》が（復活して）丞相になり、黄老・刑名・諸学派の言説をしりぞけ、文学や儒者数百人を招いた。

（『史記』儒林列伝序）

以上の「できごと」は、権威ある正史の『史記』と『漢書』に記されていることであり、疑われてこなかった。しかし、一九六七年、福井重雅《ふくいしげまさ》（一九三五―二〇一八）が「儒教成立史上の二三の問題――五経博士の設置と董仲舒の事蹟に関する疑義」という論文を発表し、これまで疑われてこなかったこれらの「できごと」に疑問をつきつけた。福井が着目したことは、以下のように要約される。

1　『史記』と『漢書』で董仲舒の扱われ方が違う。『史記』では儒林列伝の中に董仲舒の伝記があるのに対し、『漢書』には董仲舒伝が単独の専伝として立てられている。

2　『史記』に掲載されないのに、『漢書』には董仲舒が武帝に提出した三つの「対策」が掲載されている。

3　『史記』儒林列伝の董仲舒伝が計三一八字であるのに対し、『漢書』董仲舒伝はその二十三倍の計七三八四字である。『史記』・『漢書』間に共通して現れる個人の伝記において質量ともにこんなに極端に変貌を遂げているものは董仲舒の伝記以外に類例を見ない。

4　『史記』に掲載されないのに、『漢書』には前一三六（建元五）年の五経博士の設置の記事が掲載されている。

福井の指摘は、『史記』から『漢書』に至るまでの間に、董仲舒という人物が儒学の官学化の立役者として過大評価され、それが『漢書』に反映された、ということを示している。

本書の第一章の一で述べた「長いあいだ信頼されてきた歴史記録が、史実をすべてありのままに伝えているかというと、必ずしもそうではない。」ということばが、ここにも当てはまるのである。

六　『淮南子』

『淮南子《えなんじ》』は、淮南《わいなん》王の劉安《りゅうあん》（前一七九—前一二二）が多くの食客《しょっかく》（ブレーン）たちの力を借りて編纂した書物である。二十篇と各篇のエッセンスを記した要略《ようりゃく》篇とで構成される。

淮南《わいなん》地域は、今の安徽省《あんきしょう》から江西省《こうせいしょう》の辺りである。劉安は劉邦《りゅうほう》（前二四七—前一九五）の孫にあたるが、中央と血縁関係にあるとはいえ、多くの食客を抱えて一地方で勢力を増すことは、統一的な支配を行う中央にとって不都合である。すなわち、それは、中央とは異なる文化を生み出す土壌であった以外に、中央との文化的・政治的対立を生みだす土壌でもあった。

結果的に、謀反《むほん》の事実は無いものの、『春秋公羊伝』荘公《そうこう》三十二年の「謀反を起こそうとしただけで誅殺《ちゅうさつ》される」という文言を根拠にされ、劉安は中央の誅殺の対象となった。漢からその伝達の使者が送られたが、使者が到着する前に、劉安は自ら命を絶った。

劉安が『淮南子』に込めたこと、それは、現象の雑多な「事」をそのままに重視しながら、その奥底にひそむ見えざる一つのもの、形而上的な「道」を中心としてそれらを統一しようとする立場である。これが『淮南子』の統一の立場である。「道」と「事」の関係は、「形而上の「道」（道理）と形而下の「事」（事物）」、「不変的な「道」とその枠内の可変的な「事」」、「一つの「道」（統一の理法）と多くの「事」（多様な個物）」、というふうに表現できる。その思想は、道家思想としても、『荘子』の立場により近い。そして、『老子』とともに『荘子』を重んじて、両者の思想を集大成したところに、淮南の道家思想の特色があった。

ちなみに、「老荘」ということばの最古の典拠は、『淮南子』要略篇である。『淮南子』の研究に大きく貢献した金谷《かなや》治《おさむ》（一九二〇—二〇〇六）は、著書『淮南子の思想——老荘的世界』（一九九二年。もと『老荘的世界——淮南子の思想』、一九五九年）で、『老子』と『荘子』の関係について、次のように述べている。

『老子』と『荘子』とを並べあげて重視し、「老荘」ということばを使うのは、『淮南子』から初まることで、それ以前の文献として確実なものには両者を近親なものとして説いた例がなく、……。『老子』と『荘子』とは本来無関係にできあがり、それを信奉する人々も別派をなしていたらしいのを、恐らく初めて、その類似性に注目してそれを問題としてとりあげたのが、淮南の道家学者たちではなかったか。

すなわち、『老子』と『荘子』の強固な結びつきは、『淮南子』において始まったのである。ちなみに、『史記』老子韓非列伝における老子・荘子・申不害・韓非という並び方は、『淮南子』要略篇の約四十年後の現象である。

七　天と人との関係

（一）史官の伝統

史官は、世襲の専門職であり、王朝の祭事・政事（どちらも「まつりごと」）に関する記録と天文暦数（天文現象と暦《こよみ》）の解説を主な仕事とした。日月星辰《じつげつせいしん》の運行を長年観察し続け、蓄積したデータを体系化して暦を作る。暦に基づいて天文現象の将来を予測して明示し、天文現象に連動する地上の人間の過去の営みに照らして人間の将来を見通すことが可能であった。

史官であった司馬遷（前一四五―前八六頃）は、自分自身について次のように言う。

……、文書記録と天文暦数の専門職は占い師や巫祝《ふしゅく》（シャーマン）のようなもので、もともと君主の娯楽の種であり、俳優同様にやしなわれ、俗世間が軽視するものです。

（『漢書』司馬遷伝のいわゆる「報任安書」中の遷の言葉）

24　司馬遷像

王国維は、記録媒体の「策《さく》」（＝簡）と計算器具の「筭《さん》」（算）と占いの「筮《ぜい》」（筮竹《ぜいちく》）の三者が別物でないことを論証した（『簡牘検署攷《かんとくけんしょこう》』、一九一四年）。このことは、史官が文書記録と天文暦数と将来の予測（占い）とを不可分に担ったことを示している。このような史官の特徴が最も際立って現れたのが、司馬談・司馬遷父子である。司馬談が息子・遷に史官の世襲について話すくだりを中心に『史記』から引用してみよう。

むかし顓頊は、南正《なんせい》の重《ちょう》に天をつかさどらせ、北正《ほくせい》の黎《れい》に地をつかさどらせた。

堯・舜は、重・黎の子孫に引き続き天・地をつかさどらせ、夏・殷に至った。それゆえ重黎《ちょうれい》氏が代々天地を秩序づけたのである。周では、程伯休甫《ていはくきゅうほ》がその後裔である。周の宣王の時、彼はその職務を失って司馬氏と名乗った。司馬氏は代々周の王朝の記録をつかさどった。……。太史公〔談〕は遷の手をとって泣きながらこう言った。「わが祖先は周王朝の太史であった。遥か遡《さかのぼ》ること虞《ぐ》・夏の時代に功名をあらわして以来、天官の仕事をつかさどってきたのだ。そののち途中で衰微し、私でこの職が途絶えるのというのか。おまえも太史となって、私の祖先からの職務を継承しなさい。……。私が死んだら、おまえはきっと太史になって、私が書こうとしたことを忘れるんじゃないぞ。……。」……。この百年の間に、天下の文書や故事で太史公のもとに集まらないものはなかった。太史公〔遷〕は父子でその職務を継承し、こう言った。「ああ、私の祖先はこの職務をつかさどり、唐・虞の時代にあらわれ、周に至っても、この職務をつかさどったのです。それゆえ司馬氏は代々天官をつかさどり、私にまで至ったことを、つつしみおもうばかりなのです。」……。（こうして）合計一三〇篇、五二万六五〇〇字を記し、『太史公書』をつくった。

（『史記』太史公自序）

司馬談もその祖先と同様に天官をつかさどったが、子の遷も太初《たいしょ》の改暦《かいれき》に関与した。

（二）漢代の改暦

最も原初的な暦《こよみ》（カレンダー）は、風物・気候などにより季節の推移を示す物候暦《ぶっこうれき》である。中国の基幹産業である農業は自然現象に大きく左右され、一定の生産高を保ち得るには、自然のリズムに関する詳細な知識をもつ必要があり、暦が編まれたゆえんはここにある。

しかし、暦は、農業のためだけにあるのでなく、王朝が頒暦《はんれき》する（暦を公布する）意図は、為政者が天命《てんめい》を受けて天子《てんし》になり天に代わって天下を治めることを人々に示すことにあった。改暦は、王朝交替により別の者が受命して天子になったことを天下に示すものであったが、実際は、天文現象と暦との間に発生したズレを解消する目的があった。秦代から後漢時代にかけて、以下のとおり、四つの暦を確認することができる。

顓頊暦《せんぎょくれき》　戦国時代の各国の別々の暦を統一するために秦が採用し施行した暦。

太初暦《たいしょれき》　司馬遷が改暦の必要性を主張。前一〇四（太初元）年から施行。

三統暦《さんとうれき》　前漢末に劉歆《りゅうきん》（前五三頃—後二三）が太初暦を増補してレベルアップさせたもの。三統の「三」は天・地・人を指し、劉歆の説明によれば、「三統とは、天が（気を）施与し、地が（万物を）化育し、人が（事業を）営むという秩序である」（『漢書』律暦志《りつれきし》上）。三統暦は、後世の暦のモデルとなった（王莽《おうもう》（前四五—後二三）も改暦したが、実質は、三統暦に異ならないものだった）。

四分暦《しぶんれき》　後八五（元和《げんわ》二）年から施行。「四分」という名称は、分母を四にして暦の計算をしていることに基づいている。

（三）董仲舒の天人相関論

天人相関論とは、天は人（＝君主）の政治・倫理の善悪によって祥瑞《しょうずい》や災異《さいい》を下す有意志の存在であるとし、天は善政の時には地上に祥瑞を下すが、悪政の時には君主を戒めるために地上に災異を下す、とする思想である。これは、天に対し人格とこの世界に対する主宰性を認めるものである。

董仲舒の天人相関論から、悪政のばあいのパターンを見ておこう。

国家に道を失うしくじりがあろうかという場合、天はまず「災害《さいがい》」を下して君主を譴責《けんせき》します。それで君主が反省しなければ、天はさらに「怪異《かいい》」を下して君主を戒め懼《おそ》れさせます。それでもなお君主が天変を理解しなければ、天から君主へ「傷敗《しょうはい》」がもたらされます。

（『漢書』董仲舒伝の第一次「対策」中の文言）

君主の政治・倫理が悪い場合、天は君主に悔い改めるよう「災害」を下し、君主が悔い改めなければ天はさらに「怪異」を下し、君主が最後まで悔い改めなければ天は「傷敗」を下して、ニューリーダーに天命《てんめい》を革《あらた》める、という理論である。天からの「命《めい》を革《あらた》める」こと、すなわち「革命」という語が王朝交替を意味することに注意しておきたい。

（四）王充の「天」

後漢前期の王充（二七―一〇〇頃）は、その著書『論衡《ろんこう》』で、事物の最小構成単位「気」に「自然」の働き（自律性）を認め、「気」でできた人・物はそれ自身に内在する力で存在し、同じく「気」でできている他の人・物と関与しない、と考えた。事物間に働きかけや因果関係はない、と考えたのである。

> 気を含むもので、成長しないものはない。天と地は、気を含有してそれ自身の働きでそうなっているものである。天は、物体であり、気ではない。（『論衡』談天《だんてん》篇）
>
> そもそも天道は、それ自身の働きでそうなっており、他者へ必要以上の働きかけをしない。天がもし人を譴責《けんせき》するならば、それは他者へ（必要以上の）働きかけをしていることになり、それ自身の働きでそうなっている状態ではないのだ。（『論衡』譴告《けんこく》篇）

これらによると、王充の説く「天」とは、自律的な運動を行い、人を譴責しない無意志の物体である。これは、董仲舒の天人相関説を否定し、『荀子』天論《てんろん》篇や郭店楚墓竹簡《かくてんそぼちっかん》『窮達以時《きゅうたついじ》』で説かれた、天が人とは独立した別個の存在で人と関係することがないとする「天人の分」（第四章の二の（一）を参照）という戦国時代の考え方を、それとは異なる王充独自の論理によって復活させた、という意味をもつ（王充のこの考えが後世へ影響を及ぼすことはほとんど無かったが、のちの「気」の思想家たちによって、これに類する考え方が、しばしば説かれた)。

第四章　出土資料研究の影響

中国各地では、特に一九七〇年代以降、考古学的発見が相つぎ、先秦から六朝《りくちょう》の時代を研究する者は、こうした出土資料を度外視して研究を進めることが、もはやできなくなってきている。

出土資料は、伝世《でんせい》資料によって従来構築されてきた中国思想史を「補う」程度のものではない。出土資料は、伝世資料に見られない新情報を有しており、伝世資料で構築されてきた定説を覆す可能性がある。中国思想史の書き換えが、今まさに要請されている、と言っても過言ではない。

一　中国思想史に影響を与える出土資料

（一）従来の中国思想史に組み込まれてきた出土資料

①汲冢書《きゅうちょうしょ》　西晋の二八〇年頃、河南省《かなんしょう》汲郡《きゅうぐん》で戦国時代の魏《ぎ》の襄王《じょうおう》（在位前三一八―前二九六）の墓が盗掘され、『竹書紀年《ちくしょきねん》』『穆天子伝《ぼくてんしでん》』などが出土。

②甲骨文（第一章の二を参照）

25　スタイン

26　大谷光瑞

27　1908年にペリオが撮影した敦煌の莫高窟

③金文（第一章の三の（一）を参照）

④敦煌発見文書《とんこうはっけんもんじょ》　一九〇〇年に敦煌千仏洞《とんこうせんぶつどう》で道士の王円籙《おうえんろく》が偶然に壁中から発見した。その後、敦煌文書の情報を聞きつけた外国人がそれらの獲得にやってきた。まず、スタイン（一八六二—一九四三）が、一九〇七年、欧米人として最初に獲得してイギリスに持ち帰り、それらは大英博物館に保管されている。次に、ペリオ（一八七八—一九四五）も一九〇八年に獲得してフランスに持ち帰り、それらはフランス国立図書館に保管されている。さらに、日本の大谷光瑞（一八七六—一九四八）による大谷探検隊やロシアのオルデンブルク（一八六三—一九三四）が組織した探検隊などが敦煌文書を獲得し、現在、それぞれの国の研究機関で保管されている。しかし、金銭との引き換えがあったにせよ、外国人によるこうした行為は、中国側から見れば泥棒と同じであり、中国側は敦煌文書の返還を各国に呼びかけている。

（二）今後の中国思想史に組み込まれるであろう出土資料

①武威漢簡《ぶいかんかん》　一九五九年、甘粛省武威市《かんしゅくしょうぶいし》の漢代の墓から木簡の『儀礼《ぎらい》』などが出土。

②卜天寿《ぼくてんじゅ》本『論語』鄭氏注《ていしちゅう》　一九六九年、トゥルファンのアスターナ墓地から卜天寿という十二歳の少年が筆写した唐代の『論語』鄭玄《じょうげん》注が出土。ちなみに、敦煌発見文書中にも『論語』鄭玄注が含まれている（スタイン・

ペリオ)。

③**銀雀山漢墓竹簡**《ぎんじゃくざんかんぼちっかん》　一九七二年、山東省臨沂県《さんとうしょうりんぎけん》の前漢時代の墓から『孫子兵法《そんしへいほう》』『孫臏兵法《そんぴんへいほう》』『守法《しゅほう》』『守令《しゅれい》』などが出土。

④**定州漢墓竹簡**《ていしゅうかんぼちっかん》　一九七三年、河北省定県《かほくしょうていけん》の前漢時代の墓から『論語』『文子《ぶんし》』などが出土。一九七六年、唐山《とうざん》の大地震で竹簡が損壊。この『論語』は、現存最古の『論語』である。

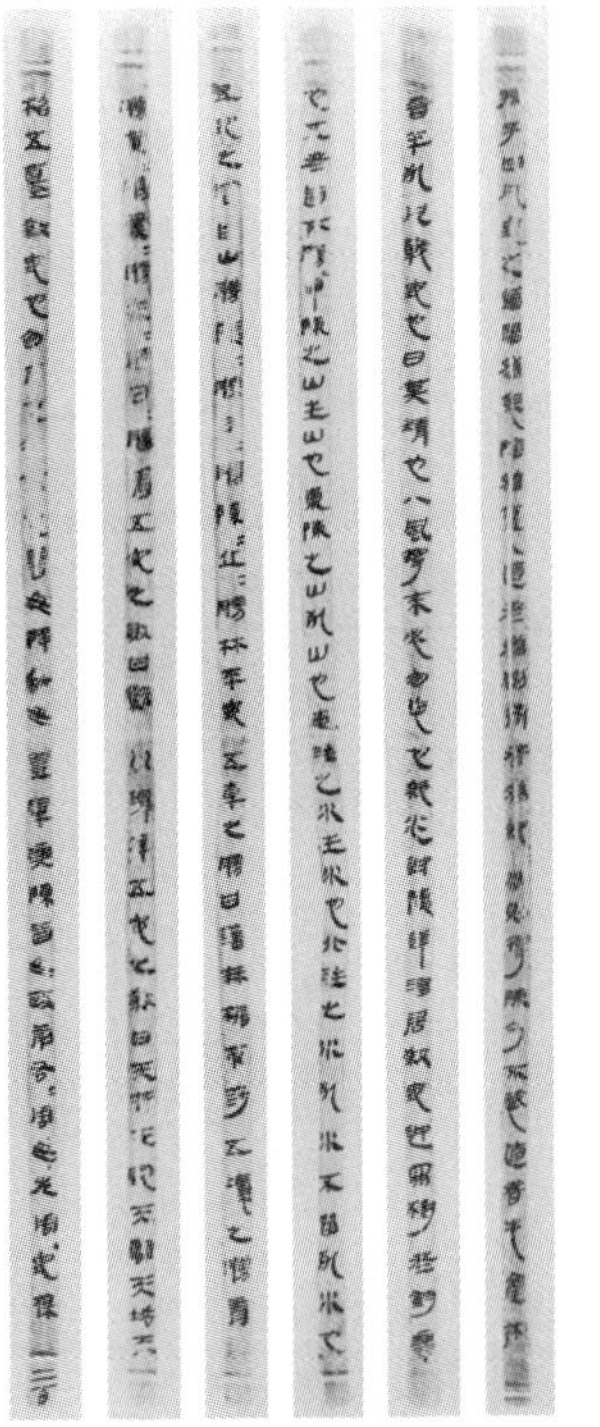

28　銀雀山漢簡『孫臏兵法』(部分)

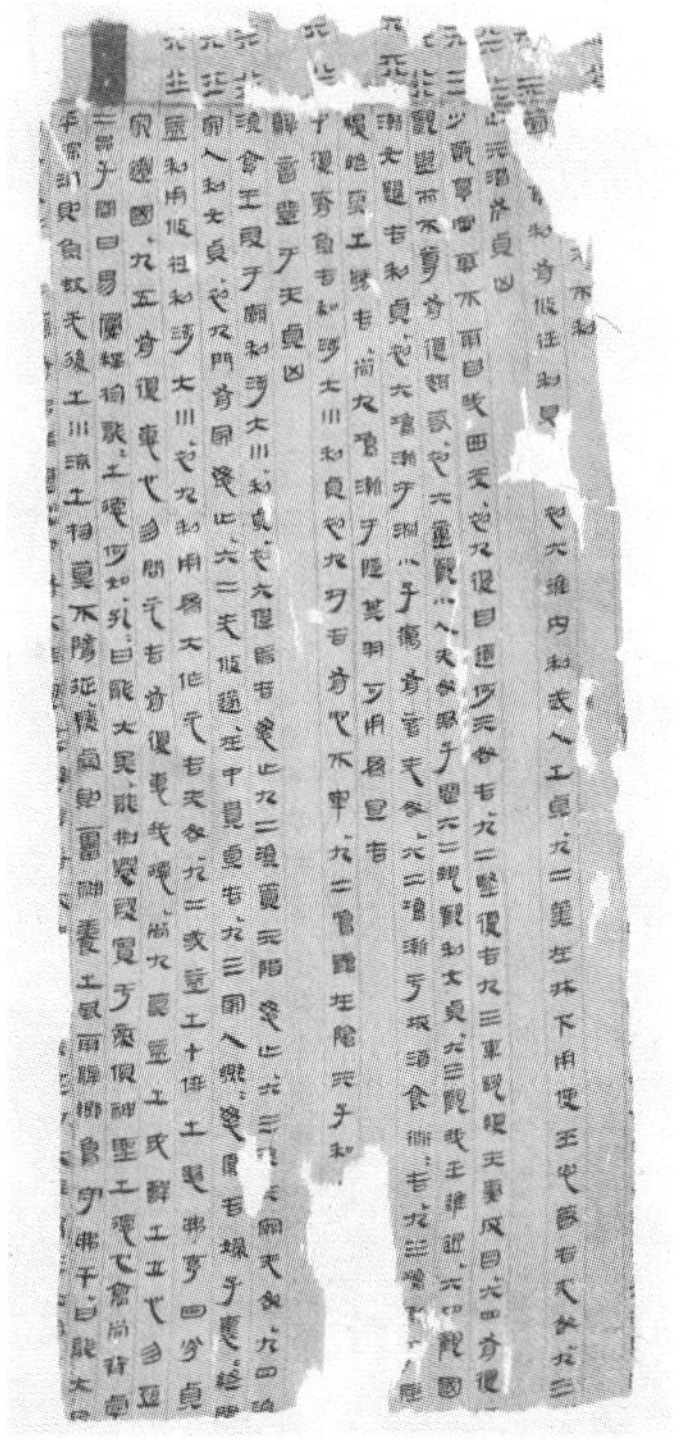

29　馬王堆漢墓帛書『周易』(部分)

⑤**馬王堆漢墓帛書**《ばおうたいかんぼはくしょ》　一九七三年、湖南省長沙市の前漢時代の墓から『老子』『周易』『春秋事語《しゅんじゅうじご》』『戦国縦横家書《せんごくじゅうおうかしょ》』『経法』『五十二病方《ごじゅうにびょうほう》』などが出土。

⑥**阜陽漢簡**《ふようかんかん》　一九七七年、安徽省《あんきしょう》の阜陽双古堆漢墓《ふようそうこたいかんぼ》から『詩経』『周易』などの竹簡が出土。

⑦**張家山漢簡**《ちょうかざんかんかん》　一九八三年・一九八四年、湖北省江陵県《こほくしょうこうりょうけん》で『引書《いんしょ》』『脈書《みゃくしょ》』『奏讞書《そうげんしょ》』『二年律令《にねんりつりょう》』などの竹簡が出土。

⑧**香港中文大学文物館所蔵簡**《ほんこんちゅうぶんだいがくぶんぶつかんしょぞうかん》　一九八九年―一九九四年に同館が購入した戦国から漢代にかけての簡。『周易』『緇衣《しい》』など。

30　馬王堆漢墓帛書を所蔵する湖南省博物館

31　香港から買い戻した戦国楚簡を所蔵する上海博物館

⑨**周家台秦墓竹簡**《しゅうかだいしんぼちっかん》　一九九三年、湖北省荊門市沙市《けいもんしさし》関沮郷の秦代の墓から『暦譜《れきふ》』『病方及其它《びょうほうおよびそのた》』などが出土。

⑩**郭店楚墓竹簡**　一九九三年、湖北省荊門市郭店村《かくてんそん》の戦国時代の楚の墓から『老子』『緇衣』『性自命出《せいじめいしゅつ》』『唐虞之道《とうぐしどう》』『窮達以時《きゅうたついじ》』『六徳《りくとく》』などが出土。

⑪**上海博物館蔵戦国楚竹書**《しゃんはいはくぶつかんぞうせんごくそちくしょ》　一九九四年、上海博物館が出土時期と出土地が不明の戦国時代の楚の竹簡を香港の骨董市場から買い戻した。『孔子詩論《こうししろん》』『性《せい》情論《じょうろん》』『周易』『緇衣』など。

⑫**岳麓書院蔵秦簡**《がくろくしょいんぞうしんかん》　二〇〇七年、香港から購入。数術《すうじゅつ》関係のものや『占夢書《せんむしょ》』などを含む。

⑬**清華大学蔵戦国竹簡**《せいかだいがくぞうせんごくちっかん》　二〇〇八年、香港から購入。『尚書』や『逸周書』と関連のあるものを含む。

⑭**北京大学蔵西漢竹簡**《ぺきんだいがくぞうせいかんちっかん》　二〇〇九年、海外からの寄贈を受け入れたもの。前漢時代の『老子』などが含まれる。

これら以外にも夥しい数の出土資料が公開されているが、ここでは以上にとどめる。以前は出土資料は地元のあるいは特定の博物館が（たとえば馬王堆漢墓の出土資料は湖南省博物館が、郭店楚墓竹簡は荊門市博物館が、香港から買い戻した戦国楚簡は上海博物館が）所蔵するのがふつうのことであったが、近年は大学が所有することで当該出土資料の研究拠点化を図る傾向が顕著である。

二　通行本（伝世本）と出土本の比較研究

（一）天人《てんじん》の分《ぶん》

天は意志をもつ存在で人（地上の統治者）に働きかけ、人からも天に働きかけられると考えられてきた。これに対し、「天人の分」とは、天が人とは独立した別個の存在で、人と関係することがない、とする考え方である。「天人の分」については、ながい間、『荀子』天論篇の、

天には一定不変の法則があり、それは堯のために存在するのではなく、桀《けつ》のために亡失するのでない。……。従って「天人の分」に明らかな人は、最高の人物と言える。

という記述により、『荀子』天論篇に特有の思想と考えられてきた。ところが、

天があり人がある。天と人には区分がある。（『窮達以時』）

という戦国時代の郭店楚墓竹簡が出土したことで、「天人の分」という考え方が『荀子』天論篇のオリジナルの思想であるかどうか疑わしい、という意見が提出されている。

（二）焚書と『易』

『易』は、最初から儒家の経書であったわけではなく、もともと占いの書であった。すなわち、『易』は、八卦《はっか》を上下に重ねて六十四卦《ろくじゅうしか》とし、この六十四卦の循環理論に基づいて、世の中の吉凶を占うものである。

	乾☰下	坤☷下	震☳下	巽☴下	坎☵下	離☲下	艮☶下	兌☱下
乾☰上	乾	否	无妄	姤	訟	同人	遯	履
坤☷上	泰	坤	復	升	師	明夷	謙	臨
震☳上	大壮	豫	震	恆	解	豊	小過	帰妹
巽☴上	小畜	観	益	巽	渙	家人	漸	中孚
坎☵上	需	比	屯	井	坎	既済	蹇	節
離☲上	大有	晉	噬嗑	鼎	未済	離	旅	睽
艮☶上	大畜	剝	頤	蠱	蒙	賁	艮	損
兌☱上	夬	萃	随	大過	困	革	咸	兌

32　八卦と六十四卦

『易』は占いの書であったため、秦の焚書では焼かれずに済んだ。『易』の経書化は、前漢になってからのこととされてきた。しかし、戦国時代の郭店楚墓竹簡『六徳』に以下のような記述がある。

（夫・婦・父・子・君・臣の六者の徳を）『詩』『書』にうかがえばやはり存在し、『礼』『楽』にうかがえばやはり存在し、『易』『春秋』にうかがえばやはり存在する。

この記述によれば、ここに六経《りくけい》がそろっており、『易』は戦国時代後期には他の五つの経書とともに経書とされている、ということになる。この時点で『易』が経書であったとするならば、『易』を解説する十翼《じゅうよく》（彖伝《たんでん》上・下、象伝《しょうでん》上・下、繋辞《けいじ》上・下伝、説卦伝《せっかでん》、文言伝《ぶんげんでん》、序卦伝《じょかでん》、雑卦伝《ざっかでん》）のすべてあるいは一部がすでにできあがっていたことを意味するのであろうか。

通行本『周易』と卦序や伝が異なる馬王堆漢墓帛書『周易』の思想や上海博物館蔵戦国楚竹書『周易』・香港中文大学文物館所蔵『周易』・阜陽漢簡『周易』などの分析とあわせて、『易』の思想史をどのように描けばよいのかが、大きな課題の一つとなっている。

（三）『老子』

『老子』については、二〇二四年末の時点で、依拠すべきテキストが、以下の①②③④のとおり、少なくとも四種類が確認されており、思想内容の検討には慎重を期する必要が生じている。

ながい間、『老子』のテキストのスタンダードとされてきたのは、①三国魏の王弼《おうひつ》（二二六―二四九）が注した『老子』であった（第六章の二の（二）を参照）。王弼が『老子』に注し、それがテキストとされたことの意味は、魏代の時点での『老子』の文言を今日に伝えていることにある。しかし、魏代以前の『老子』の文言が確認できるようになって、情況は一変した。二十世紀後半、前漢時代の『老子』と戦国時代の『老子』が出土資料として出現したのである。このうち、前者を②馬王堆漢墓帛書『老子』といい、後者を③郭店楚墓竹簡『老子』という。最も古い『老子』である郭店楚墓竹簡『老子』は、章の配列もととのっていなかったようであり、第六十七章―第八十一章に該当する部分が（見つかってい）ないのである。そうなると、例えば、高等学校の授業「倫理」で学習する第八十章の「小国寡民」という考え方は、戦国時代の『老子』には無かった可能性もある。さらに、二〇一二年末に④北京大学に所蔵される前漢時代の竹簡『老子』が正式に公開されると、中国国内外の高い関心を集め、①②③との比較研究が進められている。このように、現在、『老子』のオリジナルの姿や現在知られる『老子』に至るまでの形成過程が注目されているのである。

（四）その他

以下の事例のように、同一書の異なるテキストや関連の深いテキスト同士の比較研究が可能となった。この比較研究により、当該書の形成過程や思想内容の変遷などを追究する道が開かれた。

①香港中文大学・郭店楚墓竹簡・上海博物館蔵戦国楚竹書の『緇衣』と『礼記』緇衣篇。

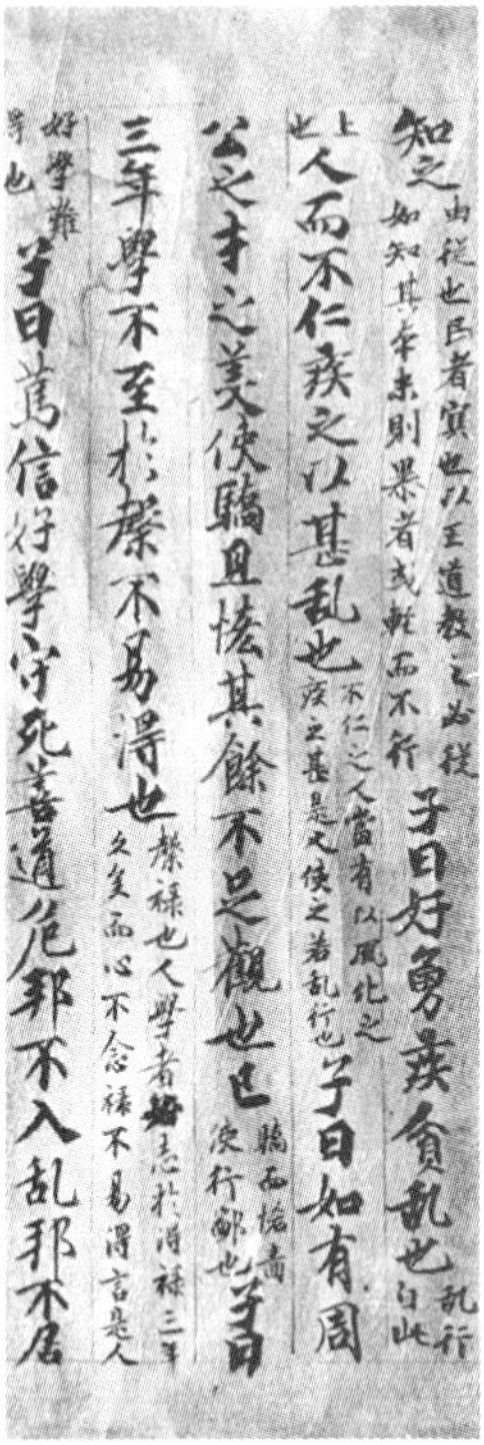

33　敦煌本（ペリオ文書2510号）『鄭玄注論語』太伯篇（部分）

②郭店楚墓竹簡『性自命出』と上海博物館蔵戦国楚竹書『性情論』。

③武威漢簡『儀礼』と通行本『儀礼』。

④定州漢墓竹簡『論語』、敦煌発見文書・トゥルファンアスターナ出土の『論語』鄭氏注、何晏《かあん》『論語集解《ろんごしっかい》』。

⑤清華大学蔵戦国竹簡と『尚書』『逸周書』。

⑥銀雀山漢墓竹簡『孫子兵法』『孫臏兵法』と『孫子』。

三　出土資料研究の問題点

（一）木竹簡の配列

木竹簡は、あるまとまりをもつ書籍あるいは文書として作られた当時は、簡の上、中、下を紐で編綴《へんてつ》し、いわばスダレ（もしくはヨシズ）状にされていた（次頁の図を参照）。しかし、長い時間を経て出土した木竹簡は、簡と簡を括っていた紐は朽ちてなくなり、簡の配列がバラバラになっていることが多い。

バラバラの状態で見つかった簡を整理する研究者は、書かれた当時の文字（篆書《てんしょ》・隷書《れいしょ》など）を解読したうえで、前後の文脈や伝世のテキストの文言などを参考にし、木竹簡の配列を決定して、それを公表する。しかし、それはあくまでも整理者の見解であって、利用者（主として研究者）はそれを鵜呑《うの》みにしてはいけない。

利用者は、木竹簡の現物を実際に見て研究するのが理想であるが、中国の特定の機関に保管されている以上、常に手元において参照することは無理な話である。それゆえ利用者には、公表された木竹簡の写真版（図版）を丹念に見、それを解読して自ら釈文《しゃくもん》を作り、前後の文脈や伝世のテキストの文言などを参考にして、自ら木竹簡の配列を決定できる能力をもつことがもとめられる。

（二）研究者の姿勢（筆者の経験から）

筆者が出土資料研究に初めて参加した一九九四年は、中国古代思想史の研究者の間では、馬王堆漢墓帛書が研究されていた。その後、一九九八年に郭店楚墓竹簡の写真版と釈文が公表されると、郭店楚墓竹簡の研究が盛んとなり、中国古代思想史の研究者は誰もがこれにとびついて研究した、という情況であった。その後、二〇〇一年から上海博物館蔵戦国楚竹書の写真版と釈文が公表され始めると、研究者の関心はそれへと移った。ただし、郭店楚墓竹簡と上海博物館蔵戦国楚竹書はともに戦国時代の楚簡であるため、両者は関連して研究されているが、現在どちらかと言えば、前者よりも後者への関心の度合いが強い。

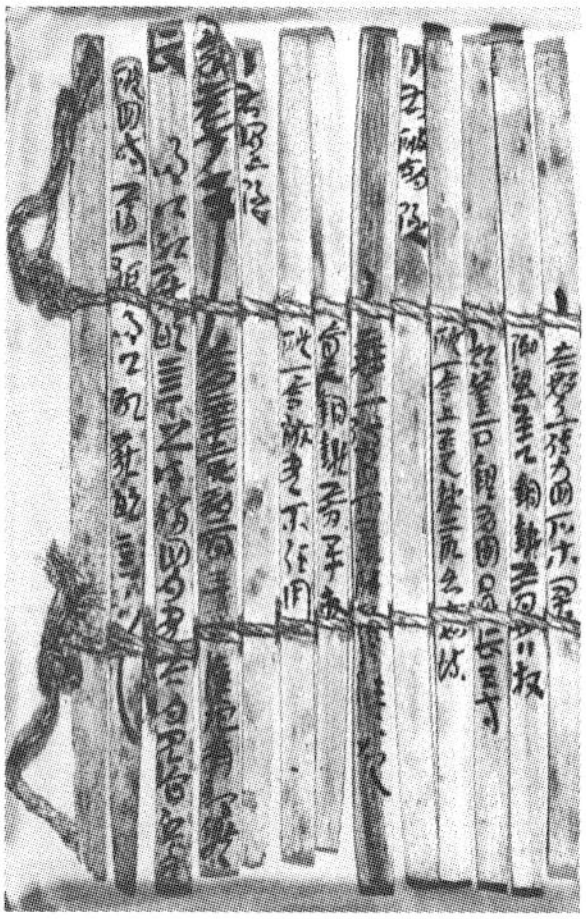
34　木竹簡の形状

未見のきわめて重要な出土資料が新たに公表されるたびに、それへと関心が移って研究するのは時代の要請であるとしても、その結果、それまで研究されてきた重要な出土資料が一時的にでも置きざりにされる事態は、よいことであろうか。

（三）楚文化をどう考えるか

戦国時代に楚国が領有していた地域から、二十世紀に陸続《りくぞく》と未見資料が出土した。これらの資料をもとに戦国時代の楚文化を考察する動きが盛んである。しかし、以下のように、いくつか留意しなければならない問題点があるであろう。

①夷としての楚　『孟子』に華夷（夏夷）観念に基づく、次のような記述がある。

私は夏《か》によって夷《い》を変えるということを聞いたことはあるが、夷に変えられることは聞いたことがない。陳《ちん》良《りょう》は、楚の生まれである。周公《しゅうこう》や仲尼《ちゅうじ》（といった聖人）の道をよろこび、北上して中国で学んだ。北方の学習者は、彼にまさる者を聞いたことがない。（『孟子』滕文公篇上）

これによると、「楚」は「夷」として視られ、「夏」である「中国」とは文化程度が違う、とされていたようである。楚文化と中央の文化との関係をどう考えるべきか。

②老子・『老子』と楚　『史記』老子伝によると、老子は楚の苦《こ》県の人である。『老子』は楚の地域から出土している。この両者に関係があると考えるべきか。

③『楚辞《そじ》』の継承について　作者の屈原《くつげん》（前三四〇—前二八四）・宋玉《そうぎょく》（前二九〇頃—前二二三頃）の登場以降、秦の始皇帝による中国の統一があり、滅亡した秦から統一された中国を引き継ごうとした項羽《こうう》（前二三二—前二〇二、楚の人）と劉邦による楚漢戦争で劉邦が勝利し、『楚辞』は漢に引き継がれた。漢初、長沙に左遷された賈誼の「弔屈原賦《ちょうくつげんふ》」は『楚辞』の形式を襲っている。『楚辞』の注釈である『楚辞章句《そじしょうく》』を著わした後漢時代の王逸《おういつ》も宣城《せんじょう》（湖北省）の人である。楚地域を含む『楚辞』の継承について、どのような思想的営為が繰りひろげられたのであろうか。

第Ⅱ部　古典解釈の時代

第五章　経学の隆盛と正しさの希求――新・後漢

一　書籍の整備

第三章の二で述べたとおり、当時の学問の一般的な学習形態は、師による口頭伝授と門弟の暗誦が基本であった。門弟は、師の句読・節回しとともにテキストを修得した。

しかし、単純な伝言ゲームからも容易に類推できるように、人の記憶に基づき口頭伝授により知識を次世代に伝えていくことには、少なからずリスクをはらんでいる。すなわち、伝え間違いや聞き間違い（方言・誤解）、解釈の方向性にともなう恣意的な文言の改変などが必ず発生したはずである。また、門弟には師説を護持しそれを継承する意識が強かったものの、記憶や理解の便宜上、門弟独自の記憶の方法や伝授の工夫も行われたと思われる。一定量の知識が個人の中でのこうした改変を経て次世代へ継承される時、テキストのオリジナルの文言が、本当に一言一句間違いなく伝えられた、と言い切れるであろうか。

印刷技術が発達し同じ文書が大量に印刷されるようになる前の各時代において、経書の文言が何度も正されているのは、口頭伝授あるいは筆写による人為的ミスが少なからず続いてきたからである。

そうした観点から、ここでは、前漢後期から後漢時代にかけての「書籍の整備」を（一）から（六）の事例で見ていきたい。経書の文言が正される最大の理由は、人為的ミスを修正することにあったのではなく、その先にある経書のオリジナルの復原にあった。なぜなら、経書には儒者が目指す理想的人間である聖人のことばが記されており、それを正しく修得してこそ、聖人に近づくことができる、と考えられていたからである。

（一）石渠閣会議《せっきょかくかいぎ》（前五一（甘露《かんろ》三））

石渠閣は宮廷図書館であり、そこで儒者たちが五経の異同を議論したのが石渠閣会議である。

儒者たちに詔を下して五経《ごきょう》の文言や経義《けいぎ》の異同を説明させ、太子太傅《たいしたいふ》の蕭望之《しょうぼうし》らにその議論をわかりやすく奏上《そうじょう》させ、宣帝《せんてい》みずから会議に出て決裁した。そこで『梁丘易《りょうきゅうえき》』『大夏侯尚書《だいかこうしょうしょ》』『小夏侯尚書《しょうかこうしょうしょ》』『穀梁《こくりょう》春秋《しゅんじゅう》』の博士を立てた。

（『漢書』宣帝紀）

（二）劉向の校讎《こうしゅう》

前二六（河平《かへい》三）年、劉向は中秘書《ちゅうひしょ》（宮中の図書）の校讎を命ぜられた。校讎とは、同一書のいくつかのテキストを突き合わせ、木竹簡の配列を確定し、素《しろきぬ》（「帛《はく》」とも。絹の布）に清書する作業である。劉向の没後に子の劉歆もこの業務に従事し、完了させた。

劉歆は宮廷の蔵書目録『七略《しちりゃく》』を作成した。『七略』は、唐末辺りに亡んで伝わらないが、『漢書』藝文志は、劉歆の死後約六十年経って、班固《はんご》（三二―九二）が劉歆『七略』を踏襲して反映させたもので、現存最古の漢籍目録である（詳しくは第十一章の一で述べる）。

（三）平帝期から新代

まず、以下の①②③の文章を見ておこう。

①劉歆は宮中の図書を校讎するようになって、古文の『春秋左氏伝』を発見し、歆はそのテキストを非常に好んだ。……。歆は哀帝《あいてい》に近づくようになると、『左氏春秋』『毛詩《もうし》』『逸礼《いつれい》』『古文尚書』を国家の学問として、どれも学官に列したいと考えた。哀帝は歆に五経博士とその意義を議論させたところ、博士たちの中に賛成しない者がいた。歆はそこで太常博士《たいじょうはくし》に手紙を送り、責め立ててこう述べた。「……。」その言葉は非常に痛烈であり、儒者たちはみな歆をうらんだ。…（それが原因で歆は左遷された）…。哀帝が崩御すると、王莽が政権を握った。莽は若い頃に歆とともに黄門郎《こうもんろう》だったことがあり、莽はその事を重んじ、太后に申し上げた。…（その結果、歆は復活した）…。歆は儒者たちの文書記録と占いの職（＝史官）を担当し、律暦（のシステム）を考察して安定させ、『三統暦譜《さんとうれきふ》』を著した。（『漢書』楚元王《そげんおう》伝の劉歆伝）

②平帝の時代に、『左氏春秋』『毛詩』『逸礼』『古文尚書』を学官に立て、……。（『漢書』儒林伝の賛）

③劉歆は『周官《しゅかん》』十六篇を『周礼《しゅらい》』であると考え、王莽の時代に、歆は『周礼』を礼の経典としたい旨を奏上し、王莽は『周礼』に博士を置いた。（荀悦《じゅんえつ》『漢紀《かんき》』孝成皇帝紀《こうせいこうていき》二巻）

ここに挙がった『春秋左氏伝』『毛詩』『逸礼』『古文尚書』『周礼』は、いずれも古文のテキストである。前漢時代は、口頭伝授のいわゆる今文のテキスト一つを専門とした博士たちが政権の要職を占めていた。そこに、秦の焚書で難を免れて再び世に出てきたとされる古文のテキストの正統性を主張して現れた劉歆の意図は、何だったのか。政権の中枢を占める博士の座を得ようとするばあい、従来の一経専門の今文テキストの修得だけでは、所詮、二番煎じでしかない。劉歆は、今文テキストの博士たちに太刀打ちできるのは、新機軸の古文しかない、と考えたのである。

前漢末から後漢時代にかけて、一経専門の今文派に代わり複数のテキストを修得した古文派が勢力を増した。経書を含む複数のテキストを修めた人たちは、「通儒《つうじゅ》」「通人《つうじん》」などと呼ばれた。五経全てを修める学者も現れ、許慎《きょしん》（五八頃—一四七頃）は「五経無双《ごきょうむそう》」と言われた。許慎は、『説文解字《せつもんかいじ》』や『五経異義《ごきょういぎ》』の著者として名高い。

また、古文派の人に特徴的なこととして、師説を護持し継承する師法《しほう》または家法《かほう》と呼ばれる伝統が軽視され、師の伝えた章句《しょうく》（注釈の一種）を守らない学習者が多くなった。

以上から、古文派の人々は、今文派にとって代わるために、新機軸である古文の正統性を訴え、今文派のような一経専門ではなく複数のテキストをマスターし、師説を護持し継承するというあり方にこだわらなかった、ということが分かる。従来の今文派を凌駕する全く異なるやり方・あり方で打って出ないと、政権の中枢を占めていた今文派に対抗できなかったのである。

（四）白虎観会議《びゃっこかんかいぎ》（後七九〔建初《けんしょ》四〕）

建初年間に、儒者たちを白虎観〔宮殿〕に大規模に集め、五経の文言や経義の異同を考訂させ、数ヵ月たってようやく議論が終息した。章帝《しょうてい》自身が会議に出て決裁し、まるで石渠閣での往事のようであったが、史官に『通義』を著述するよう命じた。

（『後漢書』儒林列伝序）

白虎観会議は、石渠閣会議を意識した五経に関する学術討論会議であった。白虎観会議の議論の記録『白虎《びゃっこ》通義《つうぎ》』は、班固によって編纂された。

(五) 熹平石経《きへいせっけい》

熹平四年、霊帝《れいてい》は儒者たちに詔を下して五経の文言をととのえさせ、石碑に経書を刊刻させ、古文・篆書・隷書の三種の書体を記して互いに比べられるようにし、石経を太学の門にたて、世の人々に悉《ことごと》く石経を手本とさせた。

(『後漢書』儒林列伝序)

霊帝に経書の文字を是正するよう奏上した蔡邕《さいよう》（一三二―一九二）が石碑に文字を書き、一七五（熹平《きへい》四）年、石碑に経書の刊刻が開始され、八年後の一八三（光和《こうわ》六）年に、石経を太学の門外に建立し、経書の手本として示した。この石経を熹平石経という。ちなみに、蔡邕は『独断《どくだん》』の著者としても知られる。

経書の文言が石に刻まれた理由は何であろうか。それは、石という容易に文字を改変できない材質に刻むことによって、経書の決定版として天下に示すことができたからである。

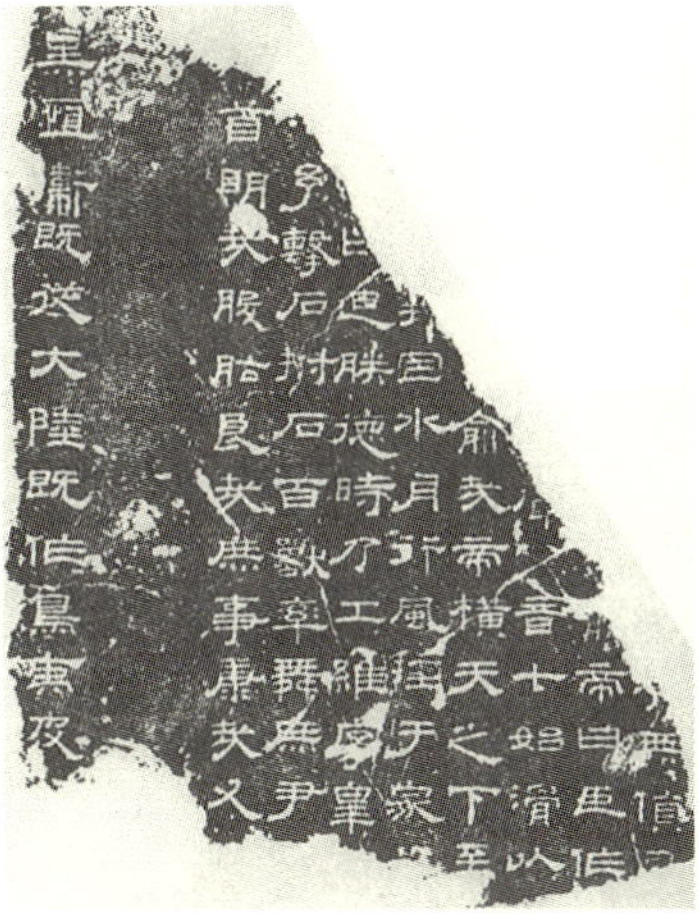

35　熹平石経の残石の拓本

(六) 鄭玄《じょうげん》（一二七―二〇〇）

鄭玄は、馬融《ばゆう》（七九―一六六）に師事し、今文・古文・緯書《いしょ》（次節参照）を集成し経書に注釈を施した。

鄭玄が注釈したのは『周易』『尚書』『毛詩』『儀礼』『礼記』『論語』『孝経』『尚書大伝《たいでん》』『尚書中候《ちゅうこう》』『乾象歴《けんしょうれき》』であり、さらに『天文七政論《てんもんしちせいろん》』『魯礼禘祫義《ろれいていこうぎ》』『六藝論《りくげいろん》』『毛詩譜《もうしふ》』『駁五経《ばくごきょう》異義《いぎ》』『荅臨孝存周礼難《とうりんこうそんしゅうらいなん》』を著し、全部で百万言余りであった。

(『後漢書』鄭玄伝)

鄭玄は、後漢後期に生きた人であり、前漢末期から後漢初期にかけて盛んに採りあげられた今文・古文の各テキストや緯書は、彼にとってすでに「在る」ものでしかなかった。鄭玄は、それらを経書の解釈に積極的に用いたのである。また、鄭玄は、過去の論著のみならず同時代人の学説を自説に取り込むことに長けていた。『春《しゅん》秋《じゅう》公《く》羊《よう》伝《でん》解《かい》詁《こ》』の著者として知られる何休《かきゅう》（一二九―一八二）と鄭玄のよく知られた話がある。

当時任城の何休は『公羊伝』を好み、『公羊墨守《くようぼくしゅ》』『左氏膏肓《さしこうこう》』『穀梁廃疾《こくりょうはいしつ》』を著した。鄭玄はそこで『発墨守（墨守を発《あば》く）』『鍼膏肓（膏肓に鍼《はりさ》す）』『起廃疾（廃疾を起《お》こす）』（という趣旨の著作を著した）。休は玄の著作を見て感嘆して言った。「鄭康成《ていこうせい》は私の部屋（学問領域）に入り、私の矛を使いこなし（御《お》株《かぶ》（専門）を奪い）、私を討伐（批判）するというのか。」

（『後漢書』鄭玄伝）

紙の発明は後漢時代のこととされ、蔡倫《さいりん》による紙の発明が有名であるが、これまでに前漢の無文字の紙が出土しており、後漢の頃はすでに製紙技術が高水準に発達していた。中央でなく地方にいた鄭玄が数多くのテキストを見られたのは、すべてではないにせよ、紙の書籍をかなり利用したのではないか、という見解も提出されている。鄭玄の総合的な経書解釈の背景に、紙の発明という恩恵も十分に考えられるのである。

二　王莽・光武帝と緯書

緯書とは経書に対する呼称であり、讖緯《しんい》・図讖《としん》ともいう、政治上の予言である（讖《しん》とは未来記）。緯書が登場した由来は不明だが、政権奪取の根拠とされた。王莽はこれを深く信じ、後漢最初の皇帝・光武帝《こうぶてい》（劉秀《りゅうしゅう》、前六―後五七）も熱心に信じた。両者は、これを利用して政権を握った。後漢第二代皇帝の明帝《めいてい》（二八―七五）・第三代皇帝の章帝（五六―八八）も緯書を信奉し、立身出世したい儒者の緯書学習熱は高まり、一学問分野となった。経書に欠く内容が儒者の手で経書に付託されて緯書としてまとめられていき、緯書は経書解釈にも不可欠となった。鄭玄が緯書を経書解釈に用いたゆえんである。

しかし、緯書は、所詮、経書ではない。桓譚《かんたん》（前二四―後五六）は緯書が経書でないことを主張して光武帝の機嫌をそこね、危うく死罪になるところであった。一方、賈逵《かき》（三〇―一〇一）は、古文のテキストである『左氏伝』の有用性を緯書と結び付けて主張した。

章帝期を過ぎると、緯書は次第に用いられなくなっていき、自然科学の知識にすぐれた張衡《ちょうこう》（七八―一三九）は、讖緯の非合理性（将来を予測することの無根拠性）を批判した。

緯書は唐末あたりに散佚したが、日本の安居香山《やすいこうざん》（一九二一―一九八九）・中村璋八《なかむらしょうはち》（一九二六―二〇一五）両氏により他書に引用された緯書の文言が集成され、海外でも利用されている（安居・中村『重修《ちょうしゅう》緯書《いしょ》集成《しゅうせい》』）。

36　光武帝

三　経学極盛時代

「経学極盛時代」とは、清末の皮錫瑞《ひしゃくずい》（一八五〇―一九〇八）の『経学《けいがく》歴史《れきし》』のことばである。

すでに述べたように、前漢時代の経学は一つの経書を専門とすることで通用したが、後漢時代には複数のテキストを修得した古文派が勢力を増し、いくつもの経書をマスターした「通儒」「通人」と称される人も現われ、五経全てを修めた許慎は「五経無双」と言われた。

六経の中では、前漢末から『易』が台頭し、『易』が筆頭となり他の

37　揚雄

経書を統《す》べるシステムが確立した（『漢書』藝文志、第十一章の一の（三）を参照）。揚雄《ようゆう》（前五三―後一八）は、『易』を模倣した『太玄《たいげん》』、『論語』を模倣《もほう》した『法言《ほうげん》』を著し、自らを聖人に擬《なぞら》えた。

前漢末期から後漢初期にかけての顕著な現象として、経書の総称が「六経《りくけい》」「六藝《りくげい》」から「五経《ごきょう》」へと変わってきたことが挙げられる。これは、音楽やダンスはリズムを重視し身体による実践が中心となり、『詩』や『書』のように文言のみで継受される学問とは性格を異にすることもあって、『楽《がく》』を経書として数え得なくなったことを示している。また、『論語』『孝経』も経《けい》と見なされ、五経にこれらを加えて「孔子七経《こうししちけい》」（范曄《はんよう》『後漢書』趙典《ちょうてん》伝注所引謝承《しゃしょう》『後漢書』）という。

「二尺四寸簡は、聖人のことばを記すものである。」（『論衡』謝短《しゃたん》篇）と言われる通り、経書の簡長は二尺四寸とされ、事実、出土資料の武威漢簡『儀礼』の簡長がこれに相当するものである。

十五歳から二十歳で、地方から中央（都の洛陽《らくよう》）への遊学（地元を離れてよその地域で学問を修めること）が盛んとなり、その数は三万人余りに達したと伝えられる（『後漢書』儒林列伝序）。このことは、国が安定し、富裕層が増えたことの現われであろう。

後漢後期には、鄭玄が、今文・古文・緯書を集成して経書に注釈し、そのうち『周礼』・『儀礼』・『礼記』への注である「三礼注《さんらいちゅう》」によって『周礼』を経学の核とする体系を築きあげ、その後の経学に大きな影響を与えた。

四　批判精神の展開と正しさの希求

後漢時代は、製紙技術、製鉄技術、紡織機械、造船技術、土木建設技術が高水準に到達し、天文学（三統暦の完成、渾天儀《こんてんぎ》による観測法）・数学（『九章算術《きゅうしょうさんじゅつ》』）・医学薬学（『黄帝内経《こうていだいけい》』・『傷寒雑病論《しょうかんざつびょうろん》』・『神農本草《しんのうほんぞう》』）・農学（『氾《はん》勝之書《しょうししょ》』『四民月令《しみんがつりょう》』）・地理学（『漢書《かんじょ》』地理志《ちりし》の民情調査データ＝人文地理学）が基本体系を確立した時期であった。雷を自然現象と捉え蓋天説《がいてんせつ》を支持した王充の見解や、張衡の渾天《こんてん》説など、こうした科学技術・自然科学の知識が、当時の知識人の主張に反映された。

後漢の儒教一尊体制において、儒教的教養を充分に身につけながら、出世コースのレールに乗れなかった知識人もいた。王充はその代表である。王充は、太学（当時の最高学府）で学んだエリートであったが、仕官すると上司としばしば意見が合わず、不遇の官吏生活に甘んじた。論説を好み、世俗の言説の虚偽を憂慮して、自宅にこもり慶弔の交わりを絶つ日常の中で、窓際や壁際に筆記用具の刀筆を準備し、約三十年をかけて、代表作『論衡』を執筆した。経験的知識を発揮した実証的方法で「虚妄《きょもう》を疾《にく》む」（『論衡』佚文《いつぶん》篇）矛先は、孔子や孟子の言説にまで及んだため、儒教体制下の清末までは、『論衡』は異端の書とされ続けた。

38　王充の故郷・浙江省上虞市にある王充墓

范曄『後漢書』で王充と同じ列伝に列せられている王符《おうふ》と仲長統《ちゅうちょうとう》（一八〇―二二〇）も社会の現実批判を展開した知識人である。王符は、豪族の官界進出と門閥化が次第に強まってきた当時にあって、その賤《いや》しい出自と世俗に泥《なず》まない性格のため、生涯、官途に就く機会を得なかった。自宅に引きこもり、不満と憤りを以て当時の政情や社会を見据え、その得失を執筆した『潜夫論《せんぷろん》』に、彼の現実批判の思想が結実している。『潜夫論』という書名は、その名を世に表したくない王符の懐《おも》いに由来する。王符の友人であった崔瑗《さいえん》の子・崔寔《さいしょく》の著した『政論《せいろん》』を高く評価し、それを継承したのが仲長統である。後漢末の混乱の中で、仲長統は社会の現実における儒教の無力さを認識し、法治の必要性を説いた。

また、仲長統と同時期の人・荀悦《じゅんえつ》（一四八―二〇九）は、前代までの世の治乱を鑑《かがみ》とするという執筆意図をもつ『申鑒《しんかん》』を著し、曹操《そうそう》（一五五―二二〇）の台頭で漢朝統治が形骸化した献《けん》帝《てい》期に、献帝（一八一―二三四）に政治のあるべき姿を進言した。儒家思想を基底に据えつつも、社会の現実への対応策として法制度との併用を認め、賢臣の登用や国情の観察を説く国家統治論、人為では操作不可能な運数の論議、性三品説を中心とする性命論などを内容とする。しかし、その所論は、もはや政策に効果をもたらすことはなかった。

五　後漢時代の『老子』思想の展開

前漢時代に政治思想として流行した黄老思想（第三章の三を参照）は支配イデオロギーとしての役割を終えたものの、それによって消滅したわけではなかった。「経学極盛時代」と称される後漢時代でも、黄老思想は、多くの知識人に学ばれた思想であった。特に、後漢時代の一次資料に見える「黄老」の例が、王充の『論衡』にある。この時期の「黄老」の実質的意味は「老」すなわち老子・『老子』と考えてよく、「黄」の意味は形骸化していた。

また、前漢末の劉向や後漢の馬融によって『老子』注が著されており、儒者にも『老子』が重視されていたことが理解できる。事実、後漢時代の知識人の中には、『老子』を『易』と併修する者が多かった。これは、『易』と『老子』とが、謙虚を説くことや損益の循環論を媒介として通底していたことによる。『易』は儒家の経書の中で筆頭に位置して他の経書を統《す》べる役割を果たしていたことから、従来からの道家―儒家の対抗意識も相まって、儒家側における『易』の台頭によって、道家側における『老子』も相対的に権威を増していった、と思われる。これが、『老子』の学問化・経典化を促し、さらには後の初期道教《しょきどうきょう》につながる老子の神格化にも影響を与えたようである。

楚王の劉英《りゅうえい》（?—七一）と桓帝（一三二—一六七）は、後漢時代に伝来した仏教の「浮屠《ふと》」（浮図《ふと》とも。ブッダのこと）を「黄老」とともに祀ったと伝えられる。しかし、後漢時代の一次文献資料に仏教用語が用いられている形跡をうかがうことができないことからは、仏教は指導者層にのみ受け入れられ、知識人層にはまだ浸透しなかったものと思われる（仏教の伝来については、第六章の四の（一）を参照）。

後漢後期には、老子が神格化して、太平道《たいへいどう》や五斗米道《ごとべいどう》の初期道教が起こり、張角《ちょうかく》率いる太平道は、一八四年に黄巾《こうきん》の乱を起こして漢王朝転覆を図り、漢王朝の権威を失墜させた。また、五斗米道は、信者に『老子』を学習させた。

神格化を経由しなかった『老子』思想が、後の玄学《げんがく》へとつながっていく。

第六章　新しい人間観と世界観——魏・晋・南北朝

一　玄学

後漢末に漢王朝の権威失墜とともに支配イデオロギーとしての儒教も勢力を弱め、人間観や世界観を根底から見直す気運が高まった。儒教を補完し新しい社会秩序を構築するためのイデオロギーがもとめられ、「玄」という深い道理について説く『易』『老子』『荘子』(これらをまとめて三玄《さんげん》という)が再登場することになった。このうち、『易』は、漢代の儒者の手垢のついた『易』とは異なり、それを捨象した本来の『易』を意味する。

老荘を信奉し、飲酒によって現実社会から行方をくらまし、詩文や音楽を愛し、天地自然と一体となる超然たる境地を追求して竹林での交遊を楽しんだのが、竹林《ちくりん》の七賢《しちけん》と呼ばれる人々である(阮籍《げんせき》・嵆康《けいこう》・山濤《さんとう》・向秀《しょうしゅう》・劉伶《りゅうれい》・阮咸《げんかん》・王戎《おうじゅう》)。そのうち、阮籍(二一〇—二六三)の『通易論《つうえきろん》』『達荘論《たっそうろん》』『大人先生伝《たいじんせんせいでん》』『楽論《がくろん》』や嵆康(二二三—二六二)の『声無哀楽論《せいむあいらくろん》』には、彼らの追求した境地や音楽論が示されている。

彼らが飲酒や清談《せいだん》(空疎な言葉遊び)に明け暮れたのは、酒の力で自らを麻痺させ、政情不安定な世の中や複

39　竹林の七賢

40　王羲之

雑な人間関係から逃避して自らの行動をくらまし、保身をはかるためであった。官界や世俗とのしがらみを避けて行方をくらます隠逸者は後漢時代から顕著になってくるが、皇甫《こうほ》謐《ひつ》（二一五―二八二）の著作『高士《こうし》伝《でん》』『逸士伝《いっしでん》』は、隠逸が貴ばれたこの時期ならではの産物である。

清談は、竹林だけでなく魏晋の貴族社会でも行われた。貴族たちは、豊かな経済的基盤のうえに、山水の美に心を寄せて詩賦・書画を創作し、隠逸を楽しんだ。王羲之《おうぎし》（三二一―三七九）の書や謝霊運《しゃれいうん》（三八五―四三三）の山水詩《さんすいし》は、こうした中から生まれた。劉義慶《りゅうぎけい》（四〇二―四四四）が編んだ『世説新語《せせつしんご》』は、後漢から東晋までの貴族・文人・学者・隠逸者などの逸話を収め、この時期のことを知る際に非常に有用な書物である。

二　注釈

（一）何晏（一九〇頃―二四九）

何晏は、母が曹操の側室となり、幼時より宮中で育った。老荘を好み、「無為」によって『論語』を解釈する一面をのぞかせる『論語集解《ろんごしっかい》』を著した。しかし、彼は、その優秀な才能とは裏腹に、貴族の浮華の風に染まって音楽と女色に溺れ、疲労回復のために万能薬とされた寒食散《かんしょくさん》（石薬）を服用した。魏晋南北朝時代の寒食散服用（とそれのもたらす中毒死）の悪風を始めたのが何晏であり、寒食散服用や飲酒の風がこの時期の貴族の服装などの文化様式に大きな影響を与えた。

（二）王弼（二二六―二四九）

王弼は幼時より天才ぶりを発揮し、何晏はその才能に舌を捲いた。『易』を論じた同年代の鍾会《しょうかい》（二二五―二六四）とともに世に名を知られた。漢代の訓詁《くんこ》の学（一字一句の字義解釈をする学問）とは異なる地平で『周易注』『老子注』を著したが、夭折した。

（三）老荘思想

魏晋期における『荘子』解釈としては、阮籍の『達荘論』が早いものである。このほか、向秀（？―二七七）と郭象《かくしょう》（二五二―三一二）にそれぞれ『荘子注《そうじちゅう》』があるが、郭注は向注を剽窃《ひょうせつ》したものとの見方がある（真偽は未詳）。

その後、張湛《ちょうたん》は『列子注《れっしちゅう》』を著して従来の生成論（次節の（二）を参照）を取り込み、玄学を精緻な段階へと押し上げた。

（四）『春秋』三伝の注解

西晋の文帝（司馬昭《しばしょう》、二一一―二六五）の妹婿である杜預《どよ》（二二二―二八四）は、もっぱら『左伝』を研究し、『春秋』の二四二年間の経文を年次順に『左伝』に配し、それまで別行していた経と伝を合して『春秋左氏経伝集解《しゅんじゅうさしけいでんしっかい》』を著した。杜預は、他に『春秋釈例《しゅんじゅうしゃくれい》』も著している。

その後、東晋になって、范甯《はんねい》（三三九―四〇一）が『春秋穀梁伝集解《しゅんじゅうこくりょうでんしっかい》』を著し、杜預・范甯に先行する後漢の何休『春秋公羊伝解詁』とあわせ、ここに『春秋』三伝の注解がそろう事になった。

魏晋期のこれら『春秋』三伝の注解については、

その後、賈逵と服虔《ふっけん》はそれぞれ（『左伝』の）訓詁注解を著した。それらは魏代になって、世に行なわれた。（西晋の時代、杜預がさらに（『左伝』の）『経伝集解』を著した。『穀梁』の范甯注、『公羊』の何休注、『左氏』の服虔と杜預の注は、いずれも国家の学問となった。（『隋書』経籍志）

と記されている。范甯は、玄学初期の何晏・王弼を儒教不振のカドでこき下ろし、さらに東晋中期の玄学も批判したが、その精神が『春秋穀梁伝集解』に込められた。

三　人間観と世界観

（一）人類史の叙述

先秦から漢代にかけての通史としては、司馬談・遷父子の『史記』（『太史公書』）、班家の『漢書』、後漢時代に成った『東観漢記《とうかんかんき》』、荀悦の『漢紀《かんき》』などが挙げられる。このうち、『漢書』から『漢紀』への変遷は、紀伝体から編年体への組み換えを意味している。

その後、徐整《じょせい》の『三五暦記』が年暦の基礎となり、『史記』の誤謬を経書によって正し三皇の時代から叙述した譙周《しょうしゅう》（一九九―二七〇）の『古史考《こしこう》』が登場し、二八〇年頃、編年体をとる汲冢書『竹書紀年』が戦国時代の魏王の墓から出土するに及び、司馬彪《しばひょう》（二四〇頃―三〇六頃）は『古史考』を参照して後漢史『続漢書《しょっかんじょ》』を記しながら、『竹書紀年』によって『古史考』を改訂していった。

出土した『竹書紀年』には、古史の不備を補い、古史に訂正をせまる記述が少なくなく、『竹書紀年』を利用して古史を再構築する試みは、束晳《そくせき》・臣瓚《しんさん》・杜預《どよ》らによって行われ、徐廣《じょこう》（三五二―四二五）や裴駰《はいいん》は『竹書紀年』によって『史記』の誤りや不備を補完した。

また、『漢紀』の体例を借りて成った皇甫謐の『帝王世紀《ていおうせいき》』は、六朝期を通じて活用され、唐の司馬貞《しばてい》（六八四―七四一頃）に愛用されて、彼が『史記』の五帝本紀の前に三皇本紀《さんこうほんぎ》を加上する際に『古史考』とともに役立てられた。

（二）生成論

われわれ人間をはじめとする万物は、どのようにして生まれるのであろうか。

『老子』や『易』は、それを「一」から増えていく生成構造だと理解して、『老子』は、

道は一を生み出し、一は二を生み出し、二は三を生み出し、三は万物を生み出す。
（『老子』第四十二章）

と、道→一→二→三→万物という生成論を説き、『易』は、

……『易』には太極《たいきょく》があり、太極は両儀《りょうぎ》を生み出し、両儀は四象《ししょう》を生み出し、四象は八卦《はっか》を生み出す。八卦は（その組み合わせによって）吉か凶かを決定し、吉か凶かを決定することで、大きな事業を生み出すことになる。
（『易』繋辞上伝《けいじじょうでん》）

と、太極→両儀→四象→八卦→六十四卦という生成論を説いた。こうした考え方は、戦国時代から前漢時代にかけて形成されていったと思われる。

前漢末期から後漢時代にかけて、「一」より前の段階のレヴェルで、物が生まれる仕組みに関する思索が行われた。『孝経緯鉤命決《こうきょういこうめいけつ》』という緯書には、

天地が分かれる前に、太易《たいえき》・太初《たいしょ》・太始《たいし》・太素《たいそ》・太極《たいきょく》があった。これが五運《ごうん》である。気の形象すら判別できない状態を太易という。元気がきざした状態を太初という。気が凝集して形になる発端を太始という。形が変化して質がそなわる状態を太素という。質も形も具備している状態を太極という。この五つの気が次第に変化していくことを五運という。

とあるように、「太易」「太初」「太始」「太素」「太極」という「一」以前の段階で生成論が展開されている（五運）。同時期の緯書である『易緯乾鑿度《えきいけんさくど》』巻上には、

……、太易・太初・太始・太素があるのだ。太易とは、まだ気にもなっていない状態である。太初とは、気の始まりである。太始とは、形の始まりである。太素とは、質の始まりである。

とあって、「太極」をのぞく「太易」「太初」「太始」「太素」について記されている（四始《しし》）。これに後漢の鄭玄が「がらんとして無物の状態を太易と呼ぶ。どうやってこの太初を生み出すのか。太初は、突然出し抜けに独力で生まれるのだ。」と注しているのが注目されるが、これについては後述する。このほか、後漢時代の『白虎通義』にも、

天ができた時、まず太初があり、その後に太始ができた。形がきざしてきた状態を太素という。

（『白虎通義』天地篇）


と「太初」「太始」「太素」について記されている（三気《さんき》）。

こうした三気・四始・五運による生成論が展開された一方で、王充は「気」の自己展開エネルギーを理論化し、

天の運動は、気を及ぼすことである。天の形体が動くと気が生じて、物が生まれる。……。天の動きは物を生み出そうとするものではないが、物は独力で誕生する。

（『論衡』自然篇）

天と地が気を合わせると、万物は独力で誕生する。

（『論衡』自然篇）

と述べているように、「物」は他者の力をかりないでそれに内在する力によって独力で誕生する、との主張を繰りひろげた。前述の鄭玄の「突然出し抜けに独力で生まれる（忽然《こつぜんトシテ》而自《みずかラ》生《しょうズ》）」も「物」が独力で生じることを言ったものである。

　こうした「物」が独力で生じることについての見方が、やがて「無」から「有」が生じるとの思索に転化されていく。それは、以下のとおり、鄭玄と同時期の高誘《こうゆう》の『淮南鴻烈解《わいなんこうれつかい》』（『淮南子』の解釈）に顕著である。

無形とは、道である。有形とは、万物である。……。有形は無形から生まれるのだ。（『淮南子』原道篇の解）

最初から天地があったり天地を生み出すものはないので、無形は有形を生み出すのである。

（『淮南子』説山篇の解）

　この「無」と「有」に関する考え方が、魏晋期の貴無論《きむろん》と崇有論《すうゆうろん》につながっていく。貴無論とは、「無」を重視する考え方である。何晏は「無」を経由して「有」が現出することを説き、王弼は「無」と「有」を本末関係（母子関係）で捉えた。これに対し、「有」のほうに重きを置くのが崇有論である。文字どおり「崇有論」という文章を著した裴頠《はいき》（二六七―三〇〇）は「無」には生成能力がなく物は「自生（独力で誕生）」して存在すると説き、郭象も「物が存在しないのに物は独力で生じる（無《む》物《ぶつニシテ》而物《もの》自《みずかラ》生《しょうズ》）」と述べた。その後、『列子注』を著した張湛は、崇有論を継承し貴無論を取り込んだ（「無」は「有」に先立つ不存在とみなした）折衷型の思想を展開した。

四　仏教勢力の伸張

（一）仏教の中国伝来

仏教は、後漢時代に明帝がインドから僧を招聘して、後六七年に中国に初めて伝えられ、翌六八年、当時の都・洛陽に中国初の仏寺である白馬寺《はくばじ》が建立された、とされている（『魏書《ぎしょ》』釈老《しゃくろう》志・『牟子理惑論《ぼうしりわくろん》』）。しかし、フランスのアンリ・マスペロ（一八八三―一九四五）は、この仏教の中国初伝の話が、二世紀頃の洛陽の仏教集団による虚構の伝説であることを初めてあばいた。のちに、中国の湯用彤《とうようとう》（一八九三―一九六四）が『漢魏両晋南北朝仏教史《かんぎりょうしんなんぼくちょうぶっきょうし》』（一九三八年）で同様のことを詳論している。

41　白馬寺

42　マスペロ

『後漢書』には、後漢王朝の支配者層に仏教が受け入れられた記事が見える。第五章の五で述べたように、明帝の異母弟である楚王の劉英や桓帝がいずれも「黄老」とともに「浮屠」（浮図、ブッダ）を祀ったようである（光武十王列伝《こうぶじゅうおうれつでん》の楚王英伝・襄楷伝《じょうかいでん》）。仏教は外来宗教であるにもかかわらず、ブッダがすでに「黄老」と同格に扱われたのであろうか。しかし、後漢時代の一次文献資料に仏教用語を用いた形跡が見当たらず、後漢時代に仏教が伝来したとしても、知識人層に仏教が浸透していたとは考えにくい。いずれにせよ、仏教が中国社会に爆発的に流布し浸透するのは、東晋時代以降のことである。

（二）仏教の受容と定着

仏教は外来宗教のため、漢民族特有の華夷観念に阻まれ、中国社会になかなか浸透しなかった。仏教が中国社会で支持を得るためには、中国思想にない考え方が必要であった。

仏教の中国思想にない側面に着目した場合、中国の人々の心を確実にとらえたのは、前世《ぜんせ》・現世《げんせ》・来世《らいせ》にわたって自身の行為の善悪によって報いを受ける三世因果応報《さんぜいんがおうほう》の教えと霊魂不滅の思想（輪廻転生《りんねてんしょう》）である。以下、こうした考え方がどのようにして受容され定着していったかを考えたい。

①格義仏教《かくぎぶっきょう》　仏教宣布のため、仏典中の難解なタームを中国固有のタームに配当して解釈する「格義」という方法がとられた。西晋末の法雅《ほうが》によって事数（四諦《したい》・五陰《ごいん》・十二因縁《じゅうにいんねん》など数の付いた仏教語）の解釈が行われたり、中国思想の「無」との類似から『般若経《はんにゃきょう》』などに説かれる「空《くう》」がもてはやされたが、「格義」による解釈では本来の意義を説明できず、正確な理解が得られない情況が続いた（格義仏教では、「涅槃《ねはん》」を「無為」に、「菩提《ぼだい》」を「道」に配当した）。

②永嘉《えいが》の乱　西晋末、王族が各地で暴動を起こした「八王の乱」で世の中が混乱した際、中国に雑居していた北方諸民族が一斉に蜂起し、匈奴《きょうど》・羯《けつ》・鮮卑《せんぴ》・羌《きょう》・氐《てい》の「五胡《ごこ》」が華北を制圧し、王室や貴族は江南へ逃れた。これが永嘉の乱（三〇七—三一二）である。
漢民族にとって、永嘉の乱による敗北は、夷狄《いてき》の武力のみならず、その精神や教養にも侮りがたいものがあることを再認識させ、その華夷観念をゆさぶった、とされる。この意識の変化が、その後の中国社会への仏教の受容を可能にし仏教が爆発的に流布し浸透する契機となった、と見てよいであろう。

（三）西域《さいいき》僧の来華と影響

①華北仏教から南方仏教へ　仏図澄《ぶっとちょう》（？—三四八）は、三一〇年に亀茲《きじ》から洛陽へやって来て、後趙《こうちょう》の石勒《せきろく》（二七四—三三三）の保護を得た。仏図澄に師事した道安《どうあん》（三一二—三八五）は、格義仏教を批判し、後半生を『般若経』

の研究に捧げた。同時期の支遁《しとん》（三一四―三六六）は、道安とともに『般若経』研究の第一人者であった。

慧遠《えおん》（三三四―四一六）は、二十一歳の時、道安の『般若経』の講義を聴いて出家し道安に師事した。彼は出家したものの、仏学以外の知識も自身の論に役立てた。廬山《ろざん》（江西省《こうせい》）に入り、三十年余そこを拠点として、外界と活発に交流した。たとえば、桓玄《かんげん》（三六九―四〇四）との争論「沙門不敬王者論《しゃもんふけいおうじゃろん》」（『弘明集《ぐみょうしゅう》』巻五・巻一二）は、仏につかえる沙門（僧侶）に王者への拝礼を強要して仏教を王権支配下に置こうとした動きに対してノーを唱えたもので、王権（あるいは世俗）に対する沙門の独立を堅持した。桓玄はこれに感服し、のちに帝位に即くと、沙門の不拝を認めた。沙門や道士の拝君拝親（君主や両親へ拝礼すべきかどうか）は歴代の問題となった。また、戴逵《たいき》は善因善果に疑問を呈した「釈疑論《しゃくぎろん》」（『広弘明集《こうぐみょうしゅう》』巻一八）を書いて慧遠に示したところ、慧遠は「三報論《さんぽうろん》」（『弘明集』巻五）を書いて門下の周続之《しゅうぞくし》（三五七―四二三）とともに問答を交わした。これは、三世因果応報における人間の存在意義を問うたものである。その他、慧遠が六十八歳の時に鳩摩羅什《くまらじゅう》（三五〇―四〇九）と交わした往復書簡が『大乗大義章《だいじょうだいぎしょう》』として残されている。

②長安仏教の展開　鳩摩羅什は、四〇一年に亀茲から長安にやって来て、後秦《こうしん》の姚興《ようこう》（三六六―四一六）の保護のもと、訳経《やくきょう》に従事した。具体的には、『大品般若経《だいぼんはんにゃきょう》』を改訳し、その注釈書『大智度論《だいちどろん》』を訳し、「空」を理論的に解明した中観派《ちゅうがんは》の仏教を紹介することにより、「空」の正確な理解へと導いた。僧肇《そうちょう》（？―四一四）は羅什の高弟であり、「解空第一《げくうだいいち》」（「空」理解の第一人者）と評され、中国最初の『維摩経《ゆいまきょう》』の注釈書『注維摩詰経《ちゅうゆいまきっきょう》』と『肇論《ちょうろん》』を著した。

僧肇とともに羅什門下で名を馳せた道生《どうしょう》（？―四三四）は、真理を分割して段階的に理解する漸悟《ぜんご》を否定し、真理は悟るか悟らないかのいずれかで、悟るからには即座に悟る頓悟《とんご》しかない、という頓悟説を打ちたてた。同時期の謝霊運は、「弁宗論《べんそうろん》」（『広弘明集』巻十八）を著して、道生の頓悟説を支持している。また、道生は、法顕《ほっけん》（三三七頃―四二〇頃）によってもたらされた『泥洹経《ないおんぎょう》』の一切の衆生《しゅじょう》に仏性《ぶっしょう》が備わるという説に基づき、一闡提《いっせんだい》

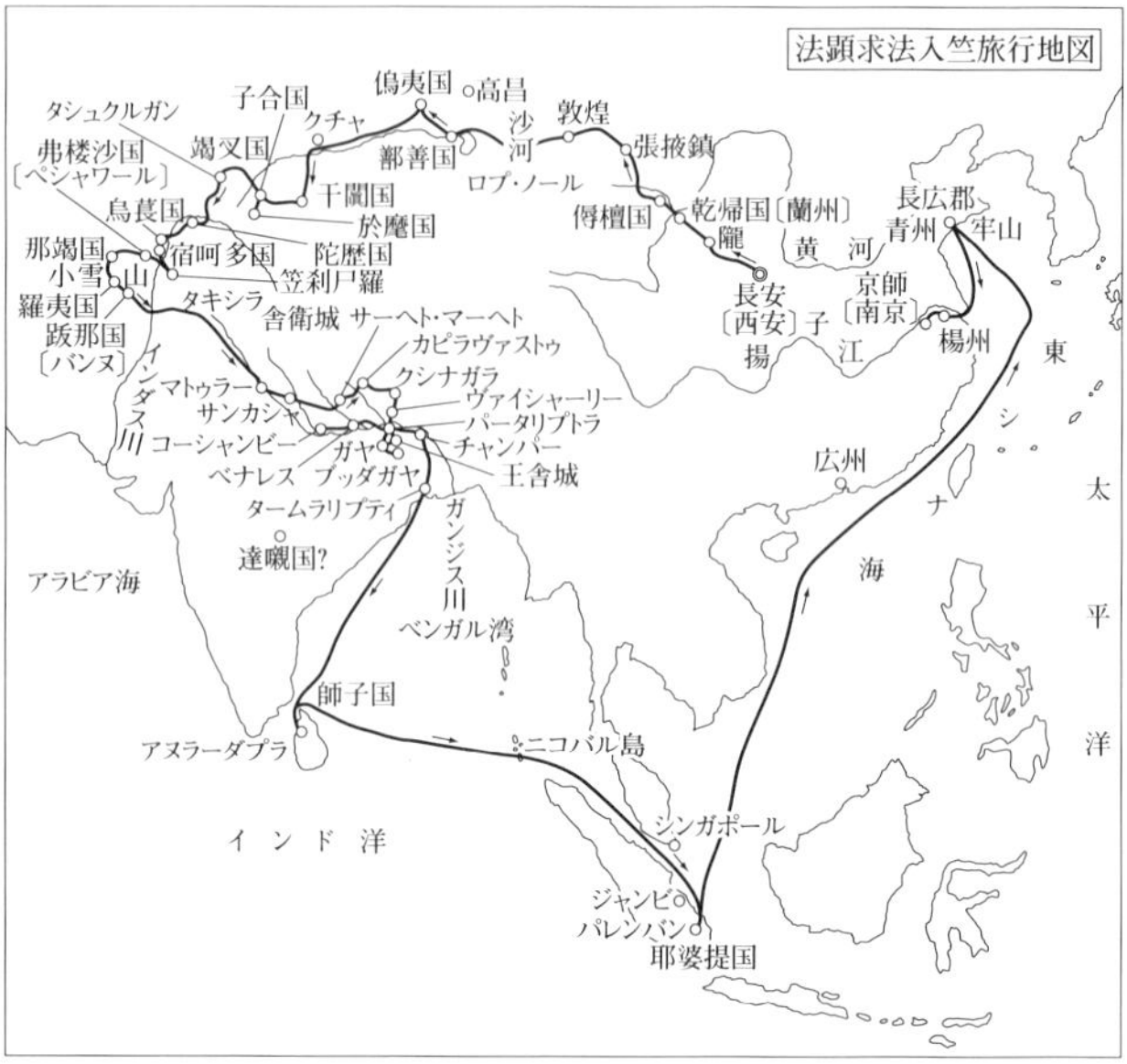

43　法顕の求法の旅ルート

成仏《じょうぶつ》（仏法に背を向けた人でも成仏できる）説を唱えて仏教界に波紋を生じ、建康（南京）の教団から追われたが、のちに一闡提成仏を明確に説いている『涅槃《ねはん》経《きょう》』が伝えられると、彼の説の正しさが証明された。

（四）法顕の求法《ぐほう》

法顕は、中国における律蔵（仏教教団の生活規定）の不備を嘆き、三九九年三月頃、六十歳を過ぎて、数名の同志とインドへ向けて求法の旅に出かけた。四〇二年頃、北インドに入り、西北インド・中インドの仏跡を巡礼し、律蔵の蒐集にあたったが、同志と死別するなどして彼一人で旅を続けることになった。その後、東インドに移って仏像の描画や律蔵・経典の蒐集を続け、さらにインド洋を渡りスマトラに着いた後、膠《こう》州湾《しゅうわん》（山東省）に漂着し、動乱の長安を避けて、四一三年七月、建康に到着した。訪れた国は三十を超え、四一四年―四一六年に旅行記『法顕伝《ほっけんでん》（仏国記《ぶっこくき》）』を完成させた。入竺求法《にゅうじくぐほう》の旅に出て無事に生還して旅行記を記した例は極めて少なく、『法顕伝』は、中国人の見た五世紀初のインドを伝える文献として極めて重要である。

（五）僧伝・資料集

現存最古の漢訳仏典の目録である僧佑《そうゆう》（四四五—五一八）の『出三蔵記集《しゅつさんぞうきしゅう》』、「弘道明教（道を弘《ひろ》め教えを明らかにす）」の意図で仏教受容以来の重要な所説を収録した同じく僧佑の『弘明集』、高僧の伝記を記した慧皎《えこう》（四九七—五四四）の『高僧伝《こうそうでん》』（五一九年成稿）が重要である。『文心雕龍《ぶんしんちょうりゅう》』を著した劉勰《りゅうきょう》（四六六頃—五二〇頃）は学問を志し貧窮のまま僧佑のもとに身を寄せ、互いに深く影響しあった。

唐の道宣《どうせん》（五九六—六六七）の『広弘明集』『続高僧伝《ぞくこうそうでん》』は『弘明集』『高僧伝』を継承するとともにその欠を補っている。また、『高僧伝』は『梁高僧伝《りょうこうそうでん》』と呼ばれ、後の『唐高僧伝《とうこうそうでん》』『宋高僧伝《そうこうそうでん》』のモデルとなった。

（六）批判と調和

仏教は外来の宗教であるため、華夷観念に基づく批判が起こったり、仏教にあって儒教・道教または幅広い意味での中国思想に無い考え方について議論が交わされたりと、この時期、仏教は常に注目の的であった、と言ってよい。

前述した慧遠の「沙門不敬王者論」や戴逵の「釈疑論」のほか、「達性論《たっせいろん》」を著して儒教の側から仏教を批判した何承天《かしょうてん》（三七〇—四四七）と儒仏の調和を主張した顔延之《がんえんし》（三八四—四五六）の論争（『弘明集』巻四）、何承天に対する宗炳《そうへい》（三七五—四四三）の「明仏論《めいぶつろん》」、道教に与して仏教を攻撃した顧歓《こかん》（四二〇頃—四八三頃）の「夷《い》夏論《かろん》」（『南斉書《なんせいしょ》』と『南史《なんし》』の顧歓伝）、『門律《もんりつ》』（『弘明集』巻六）を著して仏・道融合を説き、左手に『孝経』と『老子』を、右手に『法華経《ほけきょう》』を持って没したという張融《ちょうゆう》（四四四—四九七）に対し、『門律』を批判して、仏教を最上の教えとし、儒教をその次とし、最下位を道教とした周顒《しゅうぎょう》（四三八頃—四九〇頃）の『三宗論《さんそうろん》』などが、仏教に対する批判と調和のよく知られた例であるが、何と言っても、仏教の三世因果応報の教えと霊魂不滅の思想（輪廻転生）をめぐる論争としては、范縝《はんしん》（四五〇頃—五一五頃）の「神滅論《しんめつろん》」とそれに反対した沈約《しんやく》（四四一

—五一三）の「神不滅論《しんふめつろん》」の神滅不滅論争が最たるものであろう。

范縝は仏教の因果応報を否定し、形神不可分（神即形《しんそくけい》・形即神《けいそくしん》）を唱えて、形（肉体）がほろべば神（精神・霊魂）もほろぶことを主張した。これは、仏教隆盛の中にあって、当時の仏教界や仏教を信仰していた貴族・学者・文人らに大きな波紋を投げかけ、沈約らの反論を呼んだが、当時の文化の担い手の一人であった蕭子良《しょうしりょう》（四六〇—四九四）のサロンに沈約らといた蕭衍《しょうえん》（四六四—五四九）は、のちに即位して梁《りょう》の武帝《ぶてい》になると、この議論をとりあげて意見を広く集め、自らは仏教を深く信仰して成仏《じょうぶつ》の可能性を追究した（本章の六の（四）も参照）。

五　道教の形成

後漢末の太平道や五斗米道（天師道《てんしどう》）の後、教団の活動はよく分からない。成立時期に定説を見ない『老子想《ろうしそう》爾注《じちゅう》』は天師道のテキストとされ信徒の生活規範を示している。

魏晋期の神仙思想を示すものには、『易』に借りて錬丹《れんたん》（不老長生の仙薬〔金丹〕の作成）の方法を説いた『周《しゅう》易参同契《えきさんどうかい》』や、錬丹による登仙を最終目標とした葛洪《かっこう》（二八三—三四三）の『抱朴子《ほうぼくし》』『神仙伝《しんせんでん》』などがある。

五世紀になって、北朝では、北魏の寇謙之《こうけんし》（三六五頃—四四八）が、儀式や教義など教団の陣容をととのえて天師道を改革し、新天師道《しんてんしどう》を起こした。四二四年、仏教排撃派の貴族・崔浩《さいこう》（三八一—四五〇）の推挙で太武帝《たいぶてい》（四〇八—四五二）の信仰を得、太武帝は、四四六年—四五二年、廃仏毀釈《はいぶつきしゃく》を断行した。新天師道は、道教が最初に国家宗教となった例であるが、寇謙之没後のことは分からない。

北斉《ほくせい》の魏収《ぎしゅう》（五〇六—五七二）の『魏書』に立てられた「釈老志」は、正史で最初に設けられた仏教と道教に関する記録であり、北魏における仏教・道教の勢力の拡がりと仏・道二教の重要性を示すものである。

南朝では、宋《そう》の陸修静《りくしゅうせい》（四〇六—四七七）によって組織整備された茅山派《ぼうざんは》（上清派《じょうせいは》）が勢力をもった。陸修静は明帝《めいてい》（四三九―四七二）の保護を得て道経《どうきょう》（道教経典）の整理事業にとりかかり、以後の道経の分類の骨格となった洞真《どうしん》・洞玄《どうげん》・洞神《どうしん》の三部で構成される『三洞経書目録《さんどうきょうしょもくろく》』を著した。

茅山派を大成したのは、第九代宗師・陶弘景《とうこうけい》（四五六―五三六）である。陶弘景は、錬丹による登仙を追求する『抱朴子』に注したことから分かるように、錬丹を重視した（ただし、その『抱朴子注《ほうぼくしちゅう》』は亡佚）。事実、陶弘景の編纂に成る茅山派の中心経典『真誥《しんこう》』には、本草学による錬丹と金丹の服用が説かれているほか、陶弘景によって『神農本草経集注《しんのうほんぞうきょうしっちゅう》』（『集注本草《しっちゅうほんぞう》』）が著された。これは、道教に本草学を最初に位置づけた意味をもつ。

その後、陳・隋よりも唐を見込んだ第十代宗師・王遠知《おうえんち》（五二八頃―六五三）のはたらきで、やがて道教は老子と同じ李姓である唐王朝の宗教となり、手厚く保護された。

六　魏晋南北朝の学術と義疏学《ぎそがく》

（一）礼学

前述した杜預や范甯の『春秋』学とともに、この時期に特に発達した学問は、礼学である。雷次宗《らいじそう》（三八六―四四八）のように、鄭玄と並び称されるほど礼学に精通する学者が現れた。

礼は、日常生活において、行動の表面を装飾する儀礼の細則が貴族に受け入れられ、礼制の中でも特に孝の実践をも示すことになる葬送儀礼が重視された。

（二）『古文尚書』の問題

永嘉の乱で、漢代以来伝承されてきた『今文尚書』がほろんだが、東晋初期に、豫章《よしょう》（江西省）の内史だった梅賾《ばいさく》が前漢の孔安国の伝の附いた『古文尚書』を見つけ、元帝《げんてい》（二七六―三二二）に献上した。孔安国は、孔子の旧宅から見つかった『古文尚書』を漢王朝に献上した孔子の子孫である（第三章の二を参照）。この東晋の『古文尚書』は『今文尚書』の篇数を二十五篇上回るが、清代に閻若璩《えんじゃっきょ》（一六三六—一七〇四）がこれを疑問視し、『尚《しょう》書古文疏証《しょこぶんそしょう》』を著して東晋の『古文尚書』二十五篇と孔安国の伝がともに偽作であることを証明した。

しかし、この東晋の偽《ぎ》『古文尚書』は、東晋時代に鄭注本《ていちゅうぼん》とともに国家公認の学問となり、梁《りょう》の費籠《ひろう》の偽《ぎ》古文『尚書義疏《しょうしょぎそ》』を生み、陸徳明《りくとくめい》（五五六—六二七）の『経典釈文《けいてんしゃくもん》』や唐の『尚書正義《しょうしょせいぎ》』もこれを採用するなど、経学史上、一定の役割を果たすこととなった。

（三）義疏学

儒教の「義疏《ぎそ》」の学は、仏教経典の内容を解説する「義疏《ぎしょ》」の学に触発されて成った。義疏は単に「疏《そ》」とも言い、注の下部に属する、経と注とについての詳密な解釈である。後の「正義《せいぎ》」は、義疏の標準解釈という意味である。

南北朝期の義疏学について『礼記正義《らいきせいぎ》』序は次のように述べている。

> 晋・宋から北周・隋に至るまで、礼学の伝承は、江左《こうさ》地域（江蘇・浙江すなわち南朝）がとりわけ盛んであった。義疏を著した人は、……。その中で世に頭角を顕したのは、（南朝の）皇侃《おうがん》と（北朝の）熊安生《ゆうあんせい》の二人の専門家のみであった。

皇侃（四八八—五四五）は、義疏を多く記した人であるが、その中でも特に『論語義疏《ろんごぎそ》』を著したことで知られる。この『論語義疏』は、日本に伝えられた一方で、中国では宋代にほろんでしまったが、江戸時代に日本から清へもたらされて当時の考証学者たちを驚かせ、朱熹《しゅき》（一一三〇—一二〇〇）の『論語集注《ろんごしっちゅう》』とともに重宝さ

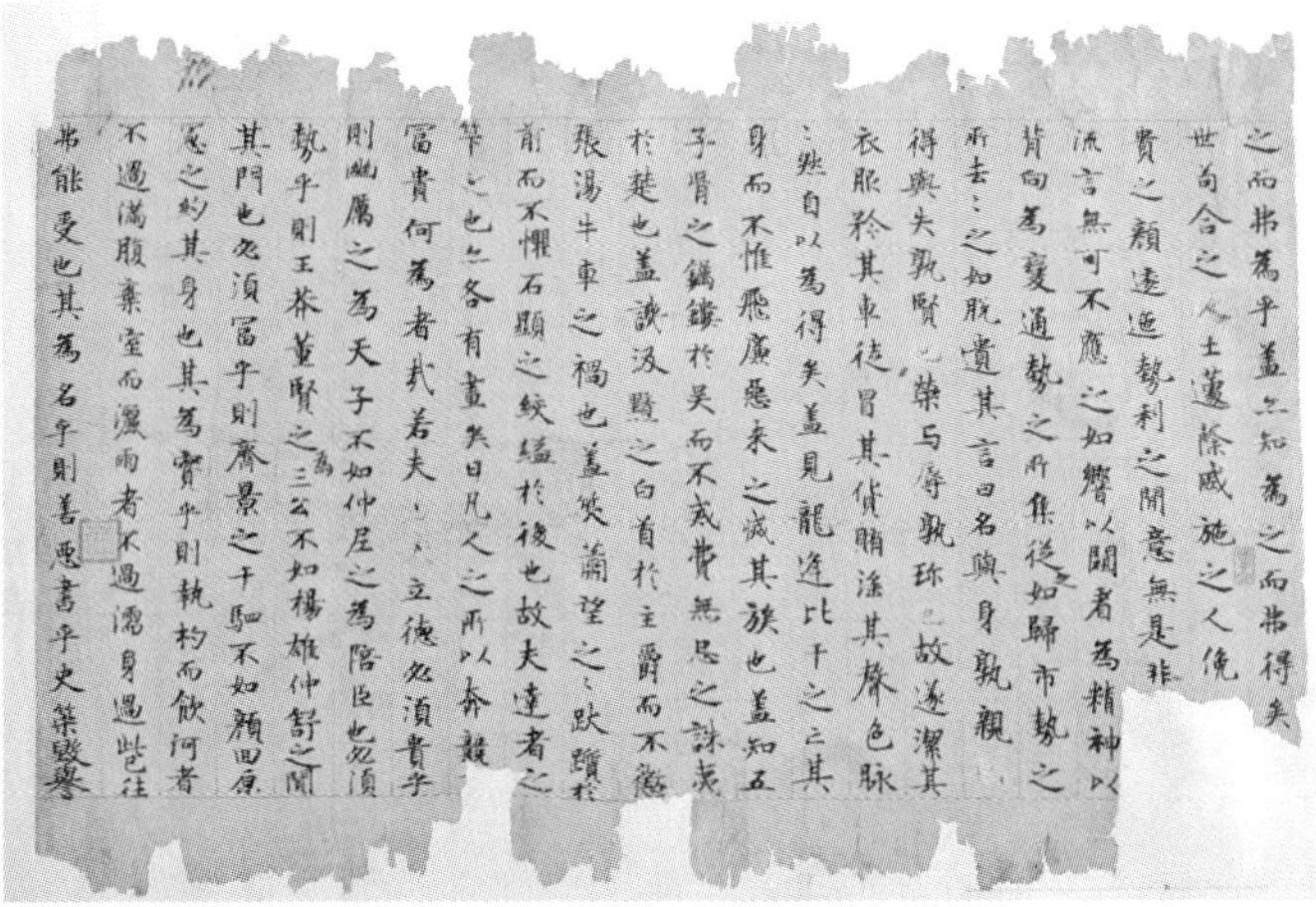

44　敦煌写本『文選』（部分）

れることとなった。

北魏最大の儒者は徐遵明《じょじゅんめい》（四七五―五二九）であり、『詩』以外の経学は、ほぼ彼の門から出た。熊安生もこの系統の中に位置し、彼は三礼《さんらい》（『周礼』『儀礼』『礼記』）を得意とした。熊安生の門下に劉焯《りゅうしゃく》（五四四―六一〇）・劉炫《りゅうげん》（五四九―六一七）がおり、各経書に関する彼らの『述議《じゅつぎ》』は、後の『五経正義《ごきょうせいぎ》』編纂の際の底本として採られたものが多い（第七章の二の（二）を参照）。

（四）梁の武帝（蕭衍）とその周辺

前述した竟陵王《きょうりょうおう》の蕭子良のサロンには、蕭衍や沈約のほか、詩に秀でた謝朓《しゃちょう》（四六四―四九九）や王融《おうゆう》（四六七―四九三）らがおり、特に彼らを含む八名は「竟陵の八友」と呼ばれた。

梁の武帝は自ら『中庸講疏《ちゅうようこうそ》』『孝経義疏《こうきょうぎそ》』などを著したが、特に『中庸講疏』は『礼記』から『中庸』を抜き出した先蹤《せんしょう》である。蕭衍の子の蕭統《しょうとう》（昭明太子《しょうめいたいし》、五〇一―五三一）は、歴代の詩文を集め『文選《もんぜん》』を編纂した。沈約は、梁の建国に尽力し、音韻書の『四声譜《しせいふ》』（亡佚して伝わらず）や正史の『宋書』など、後世へ影響を与えた書物を著した。

第七章　三教の交渉——隋・唐

一　礼節と教養

（一）『顔氏家訓《がんしかくん》』

家訓とは、家族を日常生活の場で立派な人間にすることを念願して訓戒したものである。今日に伝わるもので代表的な家訓が、顔之推《がんしすい》（五三一—五九一）の『顔氏家訓』である。

『顔氏家訓』は、序致《じょち》篇に、

私が今改めてこの本を書く理由は、万物やこの世の中に範を垂れようとするためではない。私の仕事は家庭をととのえることによって、子孫をいましめさとすことである。

と記されているとおり、もともと顔之推が子孫のために記した礼儀作法の指南書であった。顔之推は、人間が存在する基本的な場として家庭を考え、そこに家族構成員が守るべき礼儀・規約・訓戒の必要性を見たのである。

顔之推は、梁・北斉・北周・隋の四王朝に仕えた。多くの王朝に仕えたことは彼の変節によるものではなく、王朝が頻繁に交替する中にあって、生命の危険にさらされる戦乱の世を生き抜く運と才があった、と見るべきである。政治や社会が不安定な時にこそ自らを厳しく律することが必要なのだ、と子孫に残したメッセージが『顔氏家訓』である。この書は、唐代・宋代によく読まれ、一家族内の教えにとどまらない社会的影響があった。

（二）書儀《しょぎ》

書儀とは、書翰儀礼のことで、具体的には書翰の模範文例である。『隋書』経籍志の儀注《ぎちゅう》類《るい》に書儀が著録されており、隋代より前に一定程度流行したことが分かる。このほか、スタインが持ち帰った敦煌文書の中に書儀の残欠写本があり、日本の正倉院にも光明皇后《こうみょうこうごう》（七〇一―七六〇）の手写とされる隋末唐初期の『杜家立成雑書要略《どかりっせいざっしょようりゃく》』という書儀が保管されている。この『杜家立成雑書要略』は、宮城県多賀城市から木簡の出土例もあり、日本でも書儀が地方にまで伝播していたことが知られる。

書儀が作られた目的は、書翰における文言や紙数の繁雑さを避けて簡要を第一とし、書翰を通じて通信相手に自らの礼節・教養を示すことにあった。裏を返せば、書儀が必要とされた理由は、当時の知識人層に社会生活上の礼儀や常識が欠如しており、教養ある階級としてその社会的地位にふさわしい体面を保持するために書翰の模範文例を参照したい個人的欲求が高まっていた、ということである。

のちに、宋代の司馬光《しばこう》（一〇一九―一〇八六）の『書儀』が著されて以降、書儀といえば、ふつう、司馬光の『書儀』を指すようになった。司馬光の『書儀』には、冠礼・婚礼・葬礼の細則が記され、特に葬礼の記述に比重が置かれており、朱熹の編著と見られる『家礼《かれい》』（第八章の八の（二）を参照）の成立に影響を与えた。

二　科挙制の導入

（一）科挙

隋の文帝（五四一―六〇四）は、南北朝の統一後、中央から地方まで学校を設置して儒教を復興した。そして、中央集権体制を強める中で、科挙制を定めた。このことは、他薦制であったものの、事実上は高位高官（貴族）の子が相互推薦によって言わば〝親の七光〟で世襲的に官途に就くことができた魏晋南北朝時代の九品中正制《きゅうひんちゅうせいせい》（九品官人法《きゅうひんかんじんほう》）を廃止し、政権をおびやかしかねない特定の政治勢力（貴族）を一掃し、どのような身分の者でも実力さえあれば官途に就くことができる機会が公平に与えられたことを意味する。すなわち、科挙制はそれまでの九品中正制とは百八十度異なる官吏登用のシステムであり、隋王朝は科挙制を導入することによって、何代にもわたって大きな権力を保持し続けてきた特定の政治勢力（貴族）を国家の中枢から一掃し、中央の権力基盤を強固にすることを目指したのである。

45　宋代の科挙試験図

時代による変化は認められるものの、いま科挙について大まかに説明すると、科挙は、だれでも自発的に受験でき（ただし女性は受験できない）、試験では経書とその注釈、詩や文章について問われ、答案審査がきわめて公正に行われた（姓名を見ず、答案の写しで採点された）。宋代に印刷技術が発達し、テキストや参考書が広大な範囲で行き渡るようになってからは、受験生が全国各地から集まるようになったが、及第率は五十倍から百倍と超難関であった。院試《いんし》→郷試《きょうし》→会試《かいし》→殿試《でんし》と度重なる試験をクリアーした最終合格者を進士《しんし》といい、高位高官を約束された。このシステムのもと、一九〇四年五月に最後の科挙が行なわれて翌年に科挙制が廃止されるまでの約一三〇〇年間、儒教的教養を身につけた優秀な知識人が大勢輩出したのである。

（二）科挙の標準テキスト

隋末唐初の戦乱で書籍が散佚したことを受けて、唐王朝は書籍を蒐集し、経書の文言を正すことになった。六二〇年代に書籍が蒐集された後、顔師古《がんしこ》（顔之推の孫、五八一―六四五）に五経の文言を正させた。五経の文言が正された後、国子祭酒《こくしさいしゅ》（教育行政長官）の孔穎達《くようだつ》（五七四―六四八）を責任者として、最良の注・疏を選択して採用し、六四〇年に『五経正義《ごきょうせいぎ》』が成った。各「正義」に孔穎達の「序」が附され、六五三年に改訂作業を終え、毎年の科挙の試験の標準とした。五経の「正義」として採用された注・疏は、以下のとおりである。

『周易』　王弼と韓康伯《かんこうはく》の注。疏は拠るべきものが無い。
『尚書』　孔安国の伝。疏は劉焯・劉炫の『述議』。
『詩』　毛亨《もうこう》・毛萇《もうちょう》の伝と鄭玄の箋《せん》、疏は劉焯・劉炫の『述議』。
『礼記』　鄭玄の注。皇侃と熊安生の『義疏』。
『左伝』　杜預の注。疏は劉炫の『述議』と沈文阿《しんぶんあ》の『経伝義略』。

これらと並んで重要なのが陸徳明の『経典釈文』であり、『周易』『古文尚書』『毛詩』『周礼』『儀礼』『礼記』『左伝』『公羊伝』『穀梁伝』『孝経』『論語』『老子』『荘子』『爾雅《じが》』について特定の文言の音義・字義を示したものである。老荘が経書扱いとされているのは、玄学以来の学問の反映である。

その後、八三七（開成《かいせい》二）年に五年をかけて開成石経《かいせいせっけい》が成り、経書の模範が示された。

（三）類書

官吏登用の試験制度が整備されていくと、支配者層は行政を円滑に運営していくための参考書を必要とし、知識人たちは試験の答案・上奏文・勅令などの文章を作成するための参考書を必要とした。こうした時代的要請に応える形で、故事来歴・出典をまとまった形で提供する類書が、隋代以降、著しく発達した。隋代のものでは、虞世南《ぐせいなん》（五五八—六三八）の『北堂書鈔《ほくどうしょしょう》』、唐代《とうだい》のものでは、欧陽詢《おうようじゅん》（五五七—六四一）らの『藝文類聚《げいもんるいじゅう》』（六二四年に奏上）、魏徴《ぎちょう》（五八〇—六四三）らの『群書治要《ぐんしょちよう》』、徐堅《じょけん》（六五九—七二九）らの『初学記《しょがくき》』、白居易《はくきょい》（七七二—八四六）の『白氏六帖事類集《はくしりくじょうじるいしゅう》』が現存する。

宋代《そうだい》には、李昉《りほう》（九二五—九九六）らの『太平御覧《たいへいぎょらん》』『太平広記《たいへいこうき》』『文苑英華《ぶんえんえいが》』、王欽若《おうきんじゃく》（九六二—一〇二五）らの『冊府元亀《さっぷげんき》』、王応麟《おうおうりん》（一二二三—一二九六）の『玉海《ぎょっかい》』などが編纂され、この世界の森羅万象を類に分けて——分類して——位置づける体系が確立した。

一四〇七年に成った『永楽大典《えいらくたいてん》』は、隋代以降に発達をみた類書の一つの到達点であると言える。類書には唐末五代期に散佚した書物の一部の記述が引用され保存されているケースが少なくなく、類書は重要かつ有用な資料として現在でもよく利用されている。

三　道教の隆盛

唐王朝の天子の姓が、道教の祖とされる老子と同じ「李」であるため、道教は、唐王朝から手厚く保護された。茅山派の第十代宗師・王遠知は、唐王朝に積極的に近付き、道士として初めて紫衣（高位高官の服）を授けられた。高祖《こうそ》（李淵《りえん》、五六五—六三五）は、老子を唐王朝の祖先と位置付け、老子廟《ろうしびょう》を建てた。これ以後、唐代を通じて老子は尊崇され、道教は老子の創唱したものとして保護されて、道士が優遇された。次の太宗《たいそう》（李世民《りせいみん》、五九八―六四九）は、道先僧後《どうせんそうご》の序列を設け、さらに高宗《こうそう》（李治《りち》、六二八―六八三）は、『老子』を科挙の受験生すべてに学ばせた。皇帝たちは、老子と『老子』と道教を尊重することによって唐王朝の統治を神聖化し、その権威を高めようとしたのである。

その一方で、例えば、排仏論を唱えた傅奕《ふえき》（五五四―六三九）に対して法琳《ほうりん》（五七二―六四〇）が『弁正論《べんしょうろん》』（六二六年）を著して応酬したり、『老子道徳経義疏《ろうしどうとくきょうぎそ》』『荘子疏《そうじそ》』などを著した道士の成玄英《せいげんえい》は玄奘《げんじょう》（六〇二―六六四）と『老子』の梵語訳《ぼんごやく》をめぐって論争するなど、仏教側との激しいやりとりがくりひろげられた。また、一時期政治権力を握った則天武后《そくてんぶこう》（武照《ぶしょう》、六二四―七〇五）の方針で、六九一年には仏教が道教の上に置かれ（僧尼《そうに》が道士《どうし》・女冠《じょかん》（女道士）よりも優遇され）、六九三年には『老子』を科挙から外して則天武后自作の『臣軌《しんき》』を学ばせたりするなど、道教保護政策に水をさす場面もあった。

唐王朝の道教保護政策は、玄宗《げんそう》（李隆基《りりゅうき》、六八五―七六二）の時代に頂点を極めた。七二一年、茅山派の第十二代宗師・司馬承禎《しばしょうてい》（六四七―七三五）を招いて、法籙《ほうろく》（道士になったことの証明）を受けた後は、老子と高祖以来の五帝・五皇后に尊号を贈って老子と唐王朝の関係をさらに密接にした。道士をより一層優遇し、家ごとに『老子』を具備させ、科挙に準じて『老子』『荘子』などを試験させ（道挙《どうきょ》）、『老子』に自ら注した『御注道徳経《ぎょちゅうどうとくきょう》』を著した。玄宗自身は、ほかに『御注孝経《ぎょちゅうこうきょう》』『御注金剛般若経《ぎょちゅうこんごうはんにゃきょう》』も著しており、道教を中心に三教に理解があった。『御注道徳経』に精細な注を施して『道徳真経広聖義《どうとくしんきょうこうせいぎ》』を著した唐末五代の道士・杜光庭《どこうてい》（八五〇―九三三）は、その著書『歴代崇道記《れきだいすうどうき》』で、唐一代で建てた道観《どうかん》は一九〇〇余り、唐王朝が関与した道士は一万五千余名、と記している。

46　善導

四　仏教の展開

（一）仏教諸宗派

隋代には、『法華経』を中心とし『法華玄義《ほっけげんぎ》』『法華文句《ほっけもんく》』『摩訶止観《まかしかん》』にその教説が示されている智顗《ちぎ》（五三八―五九七）の天台宗《てんだいしゅう》、『三論玄義《さんろんげんぎ》』などを著して「空」を理論的に究明した吉蔵《きちぞう》（五四九―六二三）の三論宗《さんろんしゅう》、時《じ》・処《しょ》・人《じん》の区分で仏教を三種に分けた信行《しんぎょう》（五四〇―五九四）の三階教《さんがいきょう》などの新宗派が誕生した。隋の文帝や煬帝《ようだい》（五六九―六一八）も仏教を保護した。

唐代初期には、念仏を唱え他力本願で浄土へ往生することを説く浄土教《じょうどきょう》が道綽《どうしゃく》（五六二―六四五）とその門弟の善導《ぜんどう》（六一三―六八一）によって民衆に布教され、流行した。また、『華厳経《けごんきょう》』を中心として即身成仏を説く華厳宗《けごんしゅう》は、法蔵《ほうぞう》（六四三―七一二）によって大成された。

唐代中期以降、大きな勢力を有したのは禅宗《ぜんしゅう》である。禅宗の基礎はインドから来た達磨《だるま》が築いたとされるが、これは史実かどうか疑わしい。四祖道信《どうしん》（五八〇―六五一）の頃から禅宗の系譜が明らかとなる。五祖弘忍《こうにん》から北宗禅《ほくしゅうぜん》の神秀《しんしゅう》（六〇六―七〇六）と南宗禅《なんしゅうぜん》の慧能《えのう》（六祖、六三八―七一三）が輩出した。このうち、神秀は、『楞《りょう》伽経《がきょう》』に依拠し、坐禅を固守して漸悟を唱えた。神秀は則天武后に招かれ、北宗禅は長安や洛陽の都市部でもてはやされて、唐代中期の仏教界で圧倒的に優勢となった。

一方、慧能は、『金剛般若経《こんごうはんにゃきょう》』に依拠し、坐禅を固守せず頓悟を唱えた。当初、北宗禅の優勢で南宗禅は流行しなかったが、安史《あんし》の乱《らん》（七五五―七六三）を境にして形勢が逆転し、南宗禅は五代にかけて仏教界を支配するほどの勢いとなり、北宗禅は継承者が絶えてしまう事態になった。今日の禅宗は、南宗禅に由来する。

隋代に興った天台宗は、唐初は不振であったが、湛然《たんねん》（七一一―七八二）によっ

47　玄奘三蔵（敦煌紙本）

48　ナーランダー寺院跡

て再び盛り返した。ちなみに、湛然の門弟に師事したのが日本の最澄《さいちょう》（七六七―八二二）である。

（二）求法の旅に出た僧

この時期も、五世紀初の法顕のように、西域へ求法の旅に出た僧が多かったと思われるが、ここでは、その成功者として、玄奘と義浄《ぎじょう》（六三五―七一三）をとりあげる。

玄奘は、六二九年に禁令を破って西域へ旅立った。インドでは、仏跡・僧院などを訪れ、仏典や仏具を膨大に蒐集することにつとめた。そして、六四五年に帰朝した。帰朝後は、太宗《たいそう》の要請を受けて、六四六年に『大唐西域記《だいとうせいいきき》』を完成させた。その後は、国家の保護を受けて仏典の漢訳事業に従事し、七五部一三三五巻の仏典を訳出した。玄奘の翻訳した仏経を基にして、玄奘の門下から法相宗《ほっそうしゅう》・倶舎宗《ぐしゃしゅう》が成立するに至った。のちに、玄奘は、明代の『西遊記《さいゆうき》』において、孫悟空《そんごくう》らと天竺《てんじく》へ向けて旅を続ける三蔵法《さんぞうほう》師《し》として描かれた。

法顕や玄奘の偉業を慕い、律蔵をもとめて六七一年に広州から海路でインドを目指したのが義浄である。彼は、各地の僧院を訪ねた後、六七五年から六八五年にかけて、インド仏教の学問的中心地であるナーランダー寺院にとどまって戒律研究に従事した。

その後、数年間を南海のシュリーヴィジャヤを拠点として過ごし、滞在中の六九二年に『南海寄帰内法伝《なんかいききないほうでん》』を著した。六九四年に広州へ帰着し、翌六九五年の洛陽到着の際には、則天武后自ら朝廷門外で彼を出迎えたという。

これとは逆に、インド人の善無畏《ぜんむい》（六三七—七三五）・金剛智《こんごうち》（六七一—七一四）とその門弟の不空《ふくう》（七〇五—七七四）により中国にもたらされたのが、密教《みっきょう》（真言宗《しんごんしゅう》）である。不空の門弟に恵果《けいか》（七四六—八〇五）がおり、恵果に師事したのが日本の空海《くうかい》（七七四—八三五）である。

五　見直される学術

（一）歴史意識

六三六年、魏徴らによって正史の『隋書』が完成し、『隋書』経籍志に正史として初めて史部が立てられた（このことについては、第十一章の二の（二）で詳述する）。唐王朝は漢王朝を理想とし、唐の統一を境にして『漢書』が盛んに読まれ、顔師古による『漢書』注など、『漢書』の注釈が続出した。

唐王朝の史官の職にあった劉知幾《りゅうちき》（六六一—七二一）は、実録（皇帝一代記）や族譜・国史の編纂に関与したが、やがて自身の歴史理論を現実化するために国史編纂局の職を辞し、『史通《しつう》』を著した。『史通』は、『春秋』を経書と捉えずに史書の標準と考え、とりわけ『左氏伝』を事実に忠実である史書の理想として他の二伝（『公羊伝』『穀梁伝』）を批判し、歴代の史書を様々な観点から評論したものである。

（二）『五行大義《ごぎょうたいぎ》』

『五行大義』は、隋の蕭吉《しょうきつ》が先秦から隋までの五行説を蒐集し整理したものである。宋代に亡佚したが、その時は既に日本に伝えられており、江戸時代に清へもたらされた。

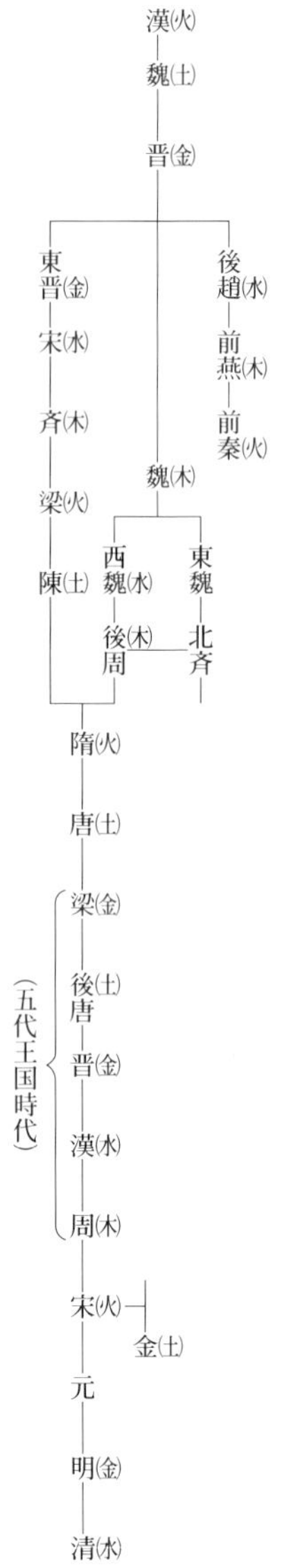

49　漢から清までの歴代王朝の五行配当

五行説とは、古くは戦国時代の鄒衍《すうえん》によって説かれた、木火土金水《もっかどごんすい》の五要素（五行）が順次循環して世界が成り立つとする考え方であり、主に王朝交替の理論などに用いられた。

木↓火↓土↓金↓水↓木↓…を母子関係に捉えるのが相生説《そうせいせつ》。

水↓火↓金↓木↓土↓水↓…を勝敗関係に捉えるのが相克説《そうこくせつ》（相勝説《そうしょうせつ》）。

（三）擬経・注釈

王通《おうとう》（五八七―六一八）は、『論語』に擬した『中説《ちゅうせつ》』を著し、自身を経書創作者（聖人）の位置に置き、本来の儒教の姿をもとめた。

唐の成伯璵《せいはくよ》の『毛詩指説《もうししせつ》』は「正義」によらず内容に即した理解を示し、唐の李鼎祚《りていそ》の『周易集解《しゅうえきしっかい》』は「正義」に反対して鄭玄の『易』学を伝えようと企図し、韓愈《かんゆ》（七六八―八二四）と李翺《りこう》の共著『論語筆解《ろんごひっかい》』は旧注を無視した解釈を下している。これらはいずれも、旧来の権威のある解釈を排して経文そのものに即した解釈を下した当時の注疏批判の産物である。また、八一八年、楊倞《ようりょう》は、経書ではない『荀子』に注釈を施した。

このように、唐代には、経書や「正義」の権威によらず、古典の内容を熟読したうえでその本来の意味を問う営みも重視された。

六　古文復興運動とその推進者たちの思想

古文復興運動とは、表面的には、古典に典拠をもつ四字句や六字句で構成される対句の積み重ねによって紡ぎ出される四六駢儷文《しろくべんれいぶん》（駢文《べんぶん》）という文体を改め、本来の古文の文体に復帰することを目指したものであった。しかし、その内実は、安史の乱を契機として、駢文に象徴される貴族制社会の秩序を根本から見直し、古《いにしえ》に復《かえ》ることによって政治と社会の秩序を改革することにあった。

その先駆として挙げられるのが、独孤及《どっこきゅう》（七二五―七七七）・梁粛《りょうしゅく》（七五三―七九三）の師弟である。彼らは、漢代の文章を尊重した。彼らの影響を受け、古文復興運動を大きくしたのが韓愈である。韓愈は、老子や仏教に対して儒教の「道」を宣揚した『原道《げんどう》』、性に上中下の三品《さんぴん》があることを説いた『原性《げんせい》』、天地とともに並び立つ聖人について論じた『原人《げんじん》』を著し、儒教的世界の回復を望んだ。李翺の『復性書《ふくせいしょ》』は、一切の思慮を絶つことで喜怒哀楽の「情」を現出させず、本来の「性に復《かえ》る」ことを説いたものである。李翺の意図は、老子や仏教に対して儒教の「性」を提起することにあり、儒教的世界をもとめた点は韓愈と共通する。

韓愈と同時期に古文復興運動を推進した者に柳宗元《りゅうそうげん》（七七三―八一九）と劉禹錫《りゅううしゃく》（七七二―八四二）がいる。柳宗元の『天説《てんせつ》』『天対《てんたい》』は、元気一元論に立って天の人格を否定し、天人相関説に反対した。劉禹錫はこれを発展させて『天論《てんろん》』を著したが、天と人の区別は認めるものの、両者の相関を論じている点で、柳宗元の説と異

50　柳宗元像

51　蘇軾

なる。人（地上の統治者）の悪政に対して天が譴責を下すという考え（天譴事応説《てんけんじおうせつ》）については、宋代に欧陽脩《おうようしゅう》（一〇〇七—一〇七二）によって再び否定されることになる。

古文復興運動は、韓愈や柳宗元らの努力にもかかわらず、唐代には成果があがらなかった。成果を得るのは宋代に入ってからで、欧陽脩が編纂に関与した正史の『新唐書《しんとうじょ》』は、駢文で記された唐代の文書資料を古文に改めて記録してある。欧陽脩による文体改変は、王安石《おうあんせき》（一〇二一—一〇八六）や蘇軾《そしょく》（一〇三六—一一〇一）・蘇轍《そてつ》（一〇三九—一一一二）兄弟に受け継がれた。唐の韓愈・柳宗元、宋の欧陽脩・王安石・蘇軾・蘇轍に、曾鞏《そうきょう》（一〇一九—一〇八三）と蘇洵《そじゅん》（軾・轍の父、一〇〇九—一〇六六）を加えた八人は、のちに文章に秀でた「唐宋八大家《とうそうはちたいか》」として総称される。文章は、当時の彼らにとって、政治活動の場でもあったのである。

第八章　印刷技術と水路交通網の恩恵――北宋・南宋

一　王安石の新法

では、「唐宋八大家」の一人に数えられる王安石の、政治家としての側面を描き出すことから、宋代の思想を叙述することにしよう。

52　王安石

政界では、神宗《じんそう》（趙頊《ちょうぎょく》、一〇四八―一〇八五）のもと、唐末五代の混乱後の国政の建て直しが切実になっていた。その改革の旗手が王安石であった。改革のために新法と呼ばれる様々な施策が練られた。新法とは、具体的には、『周礼』に説かれる一国万民の政治理念すなわち万民を斉《ひと》しく天子の公民とする斉《せい》民《みん》思想に基づく、均輸法《きんゆほう》・市易法《しえきほう》・募役法《ぼえきほう》・農田水利法《のうでんすいりほう》などの経済政策や、科挙改革・学校制度の整備などの教育政策を指す。

しかし、新法を批判する蘇轍・欧陽脩・司馬光・程顥《ていこう》（一〇三二―一〇八五）

53　哲宗

54　宣仁太皇太后

ら旧法党《きゅうほうとう》（新法党《しんぽうとう》＝新法推進グループに対してこう呼ばれる）との間に亀裂が生じることになった。結果的に、旧法党が政界から駆逐され、中央政府の要職は、王安石ら新法党が独占した。ところが、王安石は、下野した旧法党の批判にたえきれず、一〇七五年以降、政界を去ってしまった。

新法は既に実施されていたが、一〇八五年に神宗が崩御すると、幼少の哲宗《てつそう》（趙《ちょう》煦《く》、一〇七六―一一〇〇）の背後で実権を握った新法批判者の宣仁太皇太后《せんじんたいこうたいごう》（神宗の母、一〇三二―一〇九三）が司馬光を呼びもどして新法撤廃を計画するが、一〇八六年に標的の王安石と司馬光が相継いで世を去り、旧法党の内部では蘇軾と程頤《ていい》（一〇三三―一一〇七）の両巨頭が対立し、宣仁太皇太后が崩御して哲宗が親政すると新法党が実権を握り、新法撤廃計画は失敗に終わった。

一方、新法党でも内部抗争が繰り返されたが、王安石路線の後継者として蔡京《さいけい》（一〇四七―一一二六）が次の徽宗《きそう》（趙佶《ちょうきつ》、一〇八二―一一三五）政権の屋台骨を支えた。しかし、やがて金軍に攻め入られて徽宗・欽宗《きんそう》（趙桓《ちょうかん》、一一〇〇―一一六一）は捕虜とされ、都・開封《かいほう》が陥落し、北宋は滅亡した（一一二七年、靖康《せいこう》の変《へん》）。南宋になると、王安石とその後継者は、道学（次節を参照）からはずれていることもあり、批判の対象となった。

なお、司馬光には政界から駆逐されたことによる貴重な副産物があった。彼は洛陽に隠遁した後、歴史年代記『資治通鑑《しじつがん》』を完成させている。これは、政治から離れて学問に没頭できたことによる成果であり、『資治通鑑』は今日でも資料的価値が高く、常に参照されている。「資治通鑑」とは、政治に役立つ鑑《かがみ》としての通史、という意味である。

二　道統と道学

道統も道学も、南宋の朱熹によって描かれた儒学の正統の系譜である。従来、この系譜によって、朱熹に至る知識人の学問が論じられてきた。この系譜は、朱子学として集大成されていく過程を把握し、また朱子学に関係する知識人の議論を見ていく際には便利であるが、この系譜が朱熹一人の事情によって作られたものであることを考えると、われわれは朱熹に至る学問的系譜のみならず宋代思想史をこれとは別の方法で叙述する複眼的な視点をもたねばならない、と言える。

道統と道学を図示すれば、以下のようになる。

道統……堯―舜―禹―湯王―文王―武王―周公―孔子―顔淵・曾参《そうしん》―子思《しし》―孟子

道学……周敦頤《しゅうとんい》―程顥・程頤―朱熹

張載《ちょうさい》・邵雍《しょうよう》 →（程顥・程頤）

孟子から周敦頤（一〇一七―一〇七三）までの約一四〇〇年間は、朱熹によって、「道」に通じた者がいない、とみなされた。周敦頤を絶学の復興者として孟子の後継者と位置づけ、かつ道学の開祖の位置に置いたのは、ほかならぬ朱熹である。その目的は、周敦頤の『太極図説《たいきょくずせつ》』に基づいた朱熹自らの宇宙論である理気論の正当化と、儒学内部での勝利すなわち儒学の正統性の確保にあった。その周敦頤は生前さほど注目されていた人物ではなかったし、周敦頤から程顥・程頤への「道」の伝授も歴史的事実として確実なこととは言えず、何よりも彼ら自身に「道」の授受に関与しているとの意識はなかったようである。孟子―周敦頤―二程《にてい》（程顥・程頤）という系譜は、朱熹一人の事情によるものである。事実として確認できるのは、張載（一〇二〇―一〇七七）・邵雍（一〇

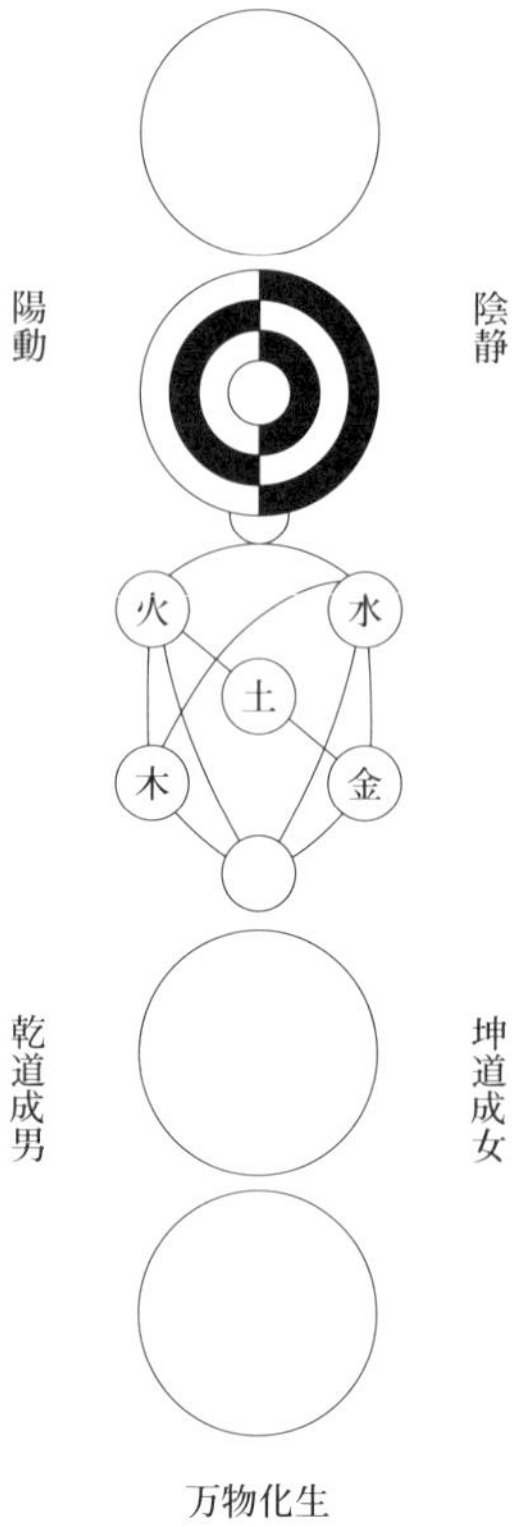

55　太極図

一一—一〇七七）・程顥の死により、彼らの一部の門弟が最も長命であった程頤のもとに吸収されて学派が形成された、ということである。これが朱熹までの「道学」である。

三　「道学」の人々

（一）周敦頤

前述したように、周敦頤は生前さほど注目された人物ではなかった。周敦頤の顕彰は、胡宏《ここう》（一一〇六—一一六二）に始まる。胡宏は、周敦頤の著作『通書《つうしょ》』の刊行（一一四四年）に際して寄せた序文の中で、『通書』の二程への影響が大きいことを述べ、周敦頤のことを「周子《しゅうし》」と尊称で呼んでいる。また、張載の著作『正蒙《せいもう》』のための「横渠正蒙序《おうきょせいもうじょ》」という文章では、北宋を代表する儒者として、周敦頤・張載・邵雍・二程の五名を挙げている。ここに朱熹に至る道学の五名が登場したことになる。胡宏の門弟である張栻《ちょうしょく》（一一三三—一一八〇）も師の見方を踏襲して周敦頤を評価したが、彼は『太極図説』の作者として周敦頤に注目している。朱熹は張栻と親交があり、朱熹が一一四四年刊『通書』において附録扱いであった『太極図説』へ関心を抱いたのも、両者が相互に影響しあったためであろう。こうして、周敦頤は、朱熹の理気論の正当化のために、『太極図説』の作者として道学の開祖の位置に置かれることになったのである。

『太極図説』の冒頭の文言は「無極《むきょく》而《ニシテ》太極《たいきょく》」として知られるが、本来は「自無極而為太極」または「無極而生太極」であった、とされる。太極図はもともと道家の養生《ようせい》に用いられたもので、北宋初の陳摶《ちんたん》（?―九八九）という道士を経由して周敦頤に伝わったらしい。「無極」から「太極」が生じるという道家・道教の流れを汲む宇宙生成論を嫌った朱熹が、「無極而太極」に文言を改変し、太極を「理」と考え、形状（「気」）はないが「理」は存在する、と解釈したのである。

（二） 張載

張載は「気」を不生不滅の宇宙生成の根源と考え、

「太虚」（原初）→「気」→「万物」→「太虚」→…

の循環を説いた。朱熹が「理」を宇宙生成の根源としたのと対立するかのようであるが、朱熹は張載の考えを「理」が「気」の中に存在すると解釈した。

張載は、程顥・程頤と親戚関係にあたる。著書に『正蒙』『西銘《せいめい》』『経学理窟《けいがくりくつ》』『易説《えきせつ》』などがある。

（三） 邵雍

邵雍の著書『皇極経世書《こうきょくけいせいしょ》』に示される「数《すう》」のシステムは、自然現象の科学的で精密な解明にではなく、人間社会における「数」の整合性や歴史の法則性を追求することに意味があった。そのうち特に暦については、「気」の生成から消滅に至る一周期一二九六〇〇年の宇宙年表である「以元経会《いげんけいかい》」、「開物」から「閉物」に至る地球年表である「以会経運《いかいけいうん》」、人の活動に関わる歴史年表である「以運経世《いうんけいせい》」をうちたて、十干や十二支を組み込み、十二と三〇を周期としているのが特徴である（一元＝十二会＝三六〇運＝四三二〇世＝一二九六〇〇年という

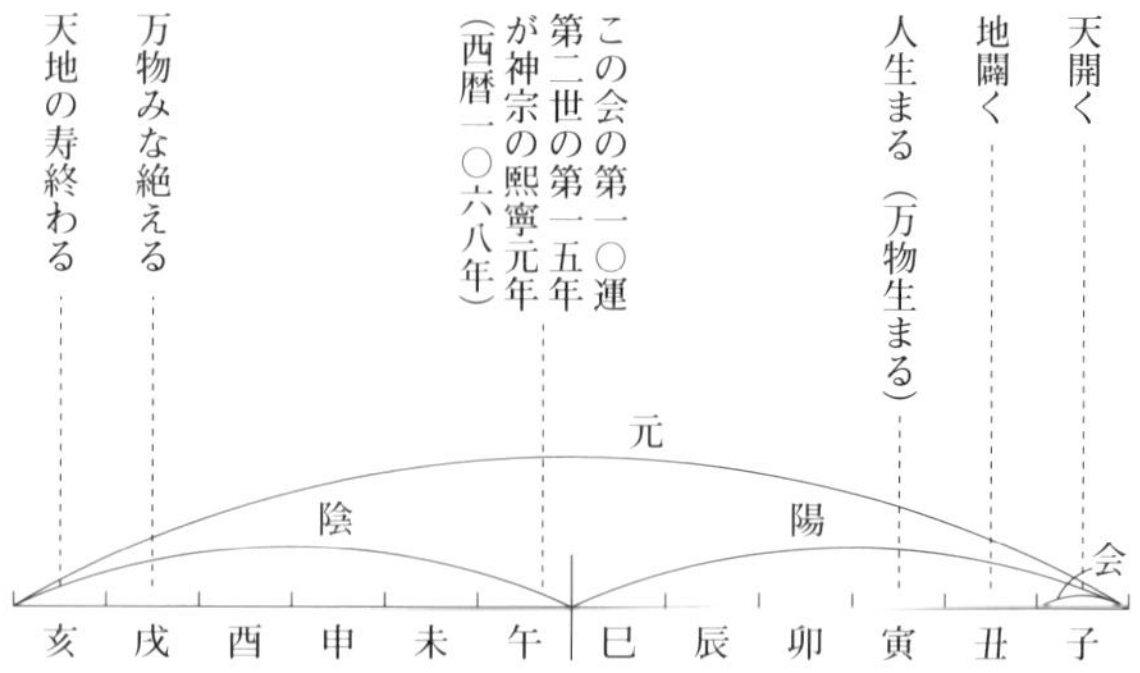

56　邵雍『皇極経世書』における「元会運世」

計算になる）。また、声音についても、一一二の天声（韻母と声調）と一五二の地音（声母と等位）に基づき、存在するかぎりの漢字音を表示している。

朱熹が邵雍を高く評価し術数学《じゅつすうがく》に一定程度の価値を認めた結果、邵雍の「数」のシステム（皇極経世学）は、まず家学として邵雍の子の邵伯温《しょうはくおん》（一〇五七―一一三四）の『皇極経世内外篇解《こうきょくけいせいないがいへんかい》』に伝えられたあと、朱熹の門弟で宋明象数学《そうみんしょうすうがく》のフレームワークを定めた蔡元定《さいげんてい》（一一三五―一一九八）『皇極経世指要《こうきょくけいせいしよう》』へと受け継がれ、胡広《ここう》（一三七〇―一四一八）ら奉勅撰《ほうちょくせん》『性理大全《せいりたいぜん》』（一四一五年）に収載されるに至って道学公認の術数解釈となった。

（四）二程

当時、王安石らの新学（新法を支えた学問グループ）に対抗する勢力として、張載らの関学《かんがく》（関中《かんちゅう》〔陝西〕出身者の学問グループ）、蘇軾・蘇轍兄弟の蜀《しょく》学《がく》（四川出身者の学問グループ）、程顥・程頤兄弟らの洛学《らくがく》（洛陽出身者の学問グループ）があった。旧法党が下野していた時、程顥や司馬光らはみな洛陽に集結し、一大勢力となっていた。

二程の学問は、「理」の自覚的な提唱に特徴があり、兄の程顥は「天理」を体得し、弟の程頤によって「性即理《せいそくり》」の説が立てられた。後述するように、二程と朱熹は『孟子』を重視した。『孟子』の性善説が正統的位置を獲得するのは、程頤・朱熹が「性即理」を定式化したことによる。すなわち、程頤・朱熹が説く「性」は、「善」なるものにほかならない。

二程の学問は朱熹による体系化の先鞭をつけた意味をもち、朱熹自身も二程の忠実な継承者として自らを位置づけた。

四　印刷技術の革新

漢代における紙の発明によって、木簡・竹簡・帛書という書写材料は次第に姿を消し、書物は紙媒体となっていった。巻子本《かんすぼん》と呼ばれる巻物《まきもの》が一般的な書物の形態となり、丸めて保管・収蔵され、閲覧する際はかなりの空間を必要とし、書物の途中の部分を閲覧する場合は、いちいち広げるしかなかった。手書きのため、ある書物の副本（写本）をつくる場合は、手間ひまをかけていた。

印刷技術は、このような情況を一変させた。版木《はんぎ》によって、同一のものを大量に生産できるようになった。刊《かん》本《ぼん》の登場である（「刊」は、けずるという意味）。版木ごとに刷られていくため、それを単位として、葉《よう》（ページ）の概念が生まれた。山折りと谷折りに交互に折りたたんでいる折本《おれほん》や、ページの中心を糸でとじ合わせる胡蝶《こちょう》綴《と》じの書物が現れた。しかし、当時まだ刊本は価格が高く、依然として書物を手写する風も続いていた。

この印刷技術を巧みに利用したのが仏教教団であり、仏典を大量に印刷することで布教活動を展開した。また、実用性において、医書の出版が盛んとなり、さまざまな治療法を載せる『太平聖恵方《たいへいせいけいほう》』（九九二年）や、『黄帝内《こうていだい》経《けい》素問《そもん》』『難経《なんぎょう》』の注釈書などが出た（一〇二七年）のを皮切りに、英宗《えいそう》（趙曙《ちょうしょ》、一〇三二―一〇六七）の時代には医書の出版ラッシュを迎え、その後も、医書・本草書の出版が相継いだ。刊本の登場により、同一知識の広範囲における共有が可能となったことから、科挙のためのテキストが大量に生産されて流通し、科挙人口の増加をまねき、中央から遠く離れた地方の優秀な人材にも立身出世の路が開かれた。

実は、朱子学の普及も、こうした出版事業の盛行と決して切り離せない現象である。朱熹は、印刷物の出版を巧みに利用した人物である。朱熹の地盤である福建北部には、安価な印刷物を発行する工房が集中していた。二程の語録や朱熹自身の著作を編纂して刊行することにより、読者に対して、朱熹にとって都合のよい二程のイメージを植え付け、朱熹自身が二程の忠実な後継者であることを認めさせることにおいて、非常に効果的であった。

五　十三経《じゅうさんぎょう》と四書《ししょ》

(一) 十二の経書

第五章の三で述べたように、前漢末から後漢初にかけての両漢交替期を境として、経の総称が「六経」「六藝」から「五経」へと転換した。すなわち、この時点から以降、五つの経書が儒者の権威あるテキストとされ続け、六四〇年に『五経正義』が成ったことに示されるように、しばらくの間は、五つの経書が定着し続けた。その後、唐代の類書『初学記』に、『易』『詩』『書』『周礼』『儀礼』『礼記』『春秋左氏伝』『春秋公羊伝』『春秋穀梁伝』の九経が示されており、五代後唐《こうとう》の頃には九経が刊行された。北宋には、この九経に『論語』『孝経』『爾雅』が加わって十二経となり、その注釈とともに刊行された。

(二)『孟子』の経書化

『孟子』を『論語』と同様に重視したのは、王安石の新法における教育政策に始まる。新法では、『論語』『孟子』を科挙の必修とした。政界で王安石と対立した蘇轍や司馬光は『孟子』に革命説（王朝交替の理論）が見られることを根拠としてこれを批判したが、二程は『論語』『孟子』を『礼記』の大学篇・中庸篇とともに重視し、それが朱熹に受け継がれて『孟子』は経書化し、大学篇と中庸篇も『大学』『中庸』という形で一書へと昇華《しょうか》した。『論語』『孟子』『大学』『中庸』――四書――に対し、朱熹は『四書章句集注《ししょしょうくしっちゅう》』『四書或問《ししょわくもん》』を著した。

四書及び朱熹の著作は朱子学のテキストとされ、元代以降の東アジア地域で盛んに学習されることになった。なお、朱熹の『孟子集注《もうししっちゅう》』では、『孟子』の革命説は君主への警告であるとするに留めている。

六　朱熹の世界観・人間観

(一) 学問の形成

朱熹は、青年時代、父・朱松《しゅしょう》（一〇九七―一一四三）の知友である李侗《りとう》（一〇九三―一一六三）に師事し、静時の修養の重要性と理一分殊論《りいつぶんしゅろん》（程頤の説、一つの理が万物に普遍的に存在するという考え方）を学んだ。李侗は朱松とともに、羅従彦《らじゅうげん》（一〇七二―一一三五）に師事しており、羅従彦が二程に師事した楊時《ようじ》（一〇五三―一一三五）の門弟であることから、朱熹は二程の学統に連なっていることになる。

その後、前述したように、朱熹は張栻と親しく交わり、張栻の師・胡宏の学風や張栻自身の考え方に影響されて周敦頤『太極図説』に注目し、最終的に、周敦頤と『太極図説』を自身の理気論の正当化のために道学の開祖の位置に置いたのである。

57　朱熹像(福建省・朱熹紀念館)

(二) 理気論

朱熹の理気論は、『太極図説』の「無《む》極《きょく》而《ニシテ》太《たい》極《きょく》」に基づいている。朱熹によれば、「無極而太極」は、形体（気）としては無形だが運動（理）としては法則的である。すなわち、朱熹は「太極」を「理」と考え、「無極而太極」は無形の「理」の法則性を示した文言として理解された。一方、「気」は万物の構成要素であり、万物の生成・消滅は「気」の凝集・散開という自律的な運動による。この「気」の運動の考え方は、実は、漢代以来の考え方を引き継いだものである。「気」による万物の生成・消滅は「理」という法則性に則って秩序づけられている。逆に言えば、「気」は「理」の現れである。同時に、その「理」は人の道徳的本質として万人の内面にも賦与されている、とした。漢代以来観念されてきた「気」の自律的な運動に法則的な「理」を導入し、「理」の分殊として「気」を捉えなおしたうえで、「理」と「気」によって、客観的・自然法則的にこの世界を認識し、また万物や人の側からも主体的にこの世界を認識するということ、これが朱熹の理気論の眼目である。

(三)　天理人欲

当初、「理」は何に由来するかが明確でなかった。これを「天」に由来する「天理」という表現で自然と人間を秩序づける原理として明確にしたのが、程顥である。

二程は「性即理」を説いた。この説は、『中庸』冒頭の文言「天が賦与したものを性という（天命之謂性）」に基づくものであり、「性」とは「天」が人に賦与した道徳的本質＝「理」と捉え、『孟子』の性善説に拠り、人には先天的に善性がそなわっている、と考えた。

この「天理」の対概念が「人欲」である。「天理」も「人欲」も、古くは『礼記』楽記《がっき》篇に対になって見える語である。「天理」を「人欲」とセットで説いたのが朱熹であり、「天理を存して人欲を滅する（存天理滅人欲）」はその修養論の基本である。「人欲」とは、「天理」に外れた情欲を指す。例えば、飲食について言えば、飲食という営為そのものは「天理」であるが、美味を要求することは「人欲」である。すなわち、美味を要求することは、「天理」を外れた滅ぼすべき「人欲」ということになる。

人が「天理」にしたがって生きるためには、「天理」を知らねばならない。そこで、事物それぞれに格《いた》り（＝事物それぞれに即して）理を窮める「格物窮理《かくぶつきゅうり》」が必要となる。

（四）『大学』の三綱領八条目《さんこうりょうはちじょうもく》

その「格物」が説かれるのが、四書の一つ『大学』である。『大学』には、「明明徳」「親民」（二程と朱熹は「新民」とする）「止至善」の三綱領と「格物」「致知《ちち》」「誠意《せいい》」「正心《せいしん》」「修身《しゅうしん》」「斉家《せいか》」「治国《ちこく》」「平天下《へいてんか》」の八条目が説かれる。八条目は、三綱領の実践である。このうち、八条目の第一段階である「格物」とは、朱熹によれば、個別具体的な事物に即してその「理」を窮めていくことを意味した。

朱熹は「格」を「いたる」と解釈したが、のちの王守仁《おうしゅじん》（一四七二―一五二九）は「格」を「ただす」と解釈した。このように、朱子学と陽明学では、八条目の第一段階から解釈が分かれている。

『大学』は、朱子学では四書を学ぶ順序の最初に置かれたこともあって、朱子学を学ぶ者ならだれもが一度は手にする書となり、士大夫のバイブルとなった。ちなみに、朱熹による四書を学ぶ順序とは、『大学』→『論語』→『孟子』→『中庸』の順である。

（五）未発《みはつ》と已発《いはつ》

朱熹の修養論に、喜怒哀楽すなわち感情の「未発」と「已発」の問題がある。儒家の考え方では、感情をむき出しにすることは慎むべきことであり、喜怒哀楽の感情をどうコントロールするかが課題とされた。「未発」の語は、『中庸』に「喜怒哀楽の感情がまだ表出していないことを中という。（喜怒哀楽之未発、謂之中。）」とある。朱熹は、喜怒哀楽を「已発」の「情」とし、その「未発」の状態を「性」とした。すなわち、「未発」の「性」が表出したものが「已発」の「情」である。

他者との関係においては、この「情」の出し方が問題となる。「情」の表出が適切に行われるためには、人の道徳的本質である「性」＝「理」を常に適切な状態に保たねばならないのである。

しかし、こうした感情のコントロールを息苦しく感じ、人の素直な感情に即したものの考え方が要請された。

陽明学の「事上磨錬《じじょうまれん》」がそれであった（第九章の六の（三）を参照）。

七　朱熹の対立者たち

（一）陸九淵《りくきゅうえん》（一一三九―一一九二）

陸九淵は、二程・朱熹の「性即理」に対し、「心即理《しんそくり》」を唱えた。宇宙の「理」は「一」であるとし、同時にその「理」は自らの「心」に充満している。自らの「心」は「理」を自覚的に得ることにより宇宙万物の「理」と貫通して宇宙の一切を得られ、「一」なる「理」を自らの内に確立できる、とした。

陸九淵が朱熹との関係で有名なのは、一一七五年の鵝湖《がこ》の会《かい》である。これは、呂祖謙《りょそけん》（一一三七―一一八一）の仲介で、朱熹と陸九齢《りくきゅうれい》（一一三二―一一八〇）・陸九淵兄弟が鵝湖寺《がこじ》（江西省）で面会し議論した機会である。この時の議論は、朱熹と陸九齢が主役であったが、陸九齢の死後、陸九淵は『太極図説』や修養論について朱熹と書翰をやりとりした。

（二）陳亮《ちんりょう》（一一四三―一一九四）

陳亮は、漢から唐をどう理解するかという点で、朱熹と対立した。陳亮は漢から唐にかけての政治や人物を評価すべきであるとしたが、朱熹はその期間を暗黒時代であるとし評価しなかった。これは、朱熹の描いた道統において、孟子と周敦頤との間が断絶していることと関係している。朱熹は、孟子からの約一四〇〇年間、周敦頤が現れるまで、「道」が行われなかった、と考えた。朱熹には、漢から唐にかけて評価すべき政治や人物は皆無であったのである。

（三）葉適《しょうてき》（一一五〇―一二二三）

朱熹は、農政（生産高の向上）を重視し、豪戸層による土地の兼併を批判し、『孟子』に説かれる井田制を（現実的に無理であることを認識しつつも）理想とした。その目的は豪戸層への富の集中を抑えて貧富の格差を解消することにあったようである。一方、葉適は、いまや田のすべてを官有のものとすることができない以上、井田制など実施できないし、富裕層は、貧民層を扶助する以外に、役人とのつなぎ役として重要な存在であるから、井田制を実施すべきではない、と主張した。

八　朱子学の展開

（一）朱子学を継ぐ者たち

朱熹の門人として、朱熹の娘婿の黄榦《こうかん》（一一五二―一二二一）が陸九淵に理解を示す朱熹の側面を継いだのに対し、陳淳《ちんじゅん》（一一五九―一二二三）は陸九淵から最も離れた朱熹の側面を継いだ。この両者の相違のために、朱陸の対立が殊更に強調されてしまった。陳淳が師と交わした質疑は陳淳の講義のタネとなり、彼の死後、『性理《せいり》字義《じぎ》』（『北渓先生字義《ほっけいせんせいじぎ》』）として出版された。このほか、蔡沈《さいちょう》（一一六七―一二三〇）は、『尚書』の注釈を朱熹から任され、『書集伝《しょしゅうでん》』を著した。

南宋後期には、『大学衍義《だいがくえんぎ》』の著者・真徳秀《しんとくしゅう》（一一七八―一二三五）と魏了翁《ぎりょうおう》（一一七八―一二三七）が、朱子学の体制教学化に貢献した。

（二）朱熹の「礼」

「礼」とは、等級・差別・順序を設けることにより人間関係を秩序づける社会規範である（第二章の三の（五）

を参照）。後漢時代には『周礼』『儀礼』『礼記』を「三礼」という括りで称するようになった。

朱熹は、士大夫個人の日常的な礼儀作法や国家の諸制度が記された『儀礼』に着目し、司馬光『書儀』や張載・程頤の礼説を取り込んで『儀礼経伝通解《ぎらいけいでんつうかい》』を編纂した（一部は未完のまま朱熹が没し、後学によって完成された）。『儀礼経伝通解』は、情況により変易《へんえき》する後天的な「事」としての「礼」（具体的には日常の行儀作法や冠婚葬祭の式次第）と、不易《ふえき》の先天的な「理」としての「礼」（具体的には三綱五常《さんこうごじょう》）の二側面から成る。しかし、当然のことながら、『儀礼』の内容は、朱熹が生きた当時の実態と大きな懸隔があった。そこで、当時の実態に合わせるべく編纂されたのが『家礼』である。家庭の秩序を規定する『家礼』の理念は、『大学』の「修身」「斉家」「治国」「平天下」や、朱熹が唱えた「修己治人《しゅうこちじん》（自己修養した者が為政者となって人々を教化する）」と通底していると言える。

ところが、『家礼』は、朱熹の没後十年を経過して稿本の形で見つかったものであり、朱熹の編著かどうか、今日まで決着がついていない。とはいえ、『家礼』が朱熹の作として東アジア世界に広まっていったことは紛れも無い事実である。ここでは朱熹の作かどうかの真贋論争に関与せず、中国社会に果たした『家礼』の役割を述べておきたい。

『家礼』は、稿本の形で見つかった後、直ちに普及したわけではなく、明代の丘濬《きゅうしゅん》（一四二一―一四九五）の『家《か》礼儀節《れいぎせつ》』の登場が契機となって、世に通行するようになった。『家礼儀節』は、冠婚葬祭の式次第のマニュアルを中心として『家礼』に示される儀式の細則を記したものであり、実用的・日常的・具体的であるために、士大夫層のみならず、地域社会の庶民層にまで、幅広く受容された。

九　仏教と道教

仏教は、『大蔵経《だいぞうきょう》』『釈氏要覧《しゃくしようらん》』『仏祖統紀《ぶっそとうき》』などの出版により布教を促進し、禅宗と浄土教が盛行した。このうち禅宗は、雲門宗《うんもんしゅう》・臨済宗《りんざいしゅう》などの五家に分立し、参禅者に古則《こそく》（真理を悟った人の言行録）を示しそれを公案《こうあん》（課題）として悟りに到達する看話禅《かんわぜん》が特に臨済宗で行われた。『碧巌録《へきがんろく》』は、臨済宗の圜悟克勤《えんごこくごん》（一〇六三―一一三五）が、雲門宗の雪竇重顕《せっちょうじゅうけん》が示した百則の頌古《じゅこ》（韻文で古則の精神を表明したもの）に解説を加えた禅宗の代表的著作である。一つの公案を究めればすべての公案に通じるとされたが、これは儒教側士大夫の修養の精神に対峙するものと批判され、朱子学成立の契機の一つとなった。

道教は、仏教側の『大蔵経』出版に倣って『道蔵《どうぞう》』や張君房《ちょうくんぼう》編『雲笈七籤《うんきゅうしちせん》』（小道蔵《しょうどうぞう》）が作られた。金の領内では王重陽《おうじゅうよう》（一一一三―一一七〇）によって全真教《ぜんしんきょう》が創始され、弟子の馬丹陽《ばたんよう》（一一二三―一一八三）・丘長春《きゅうちょうしゅん》（一一四八―一二二七）らによって宋末・金・元を通じて大いに発展した。全真教は、政治権力と結びついて堕落《だらく》した旧道教と断絶し、同時期に起こった太一教《たいいつきょう》・真大道教《しんだいどうきょう》と同様、儒教や仏教の要素を採り入れた三教合一思想に特徴がある。また、『悟真篇《ごしんへん》』の著者である張紫陽《ちょうしよう》を祖とする金丹道《きんたんどう》が、元代中期に陳致虚《ちんちきょ》によって全真教と結びつけられ、民間信仰としての色彩を濃くしていった。

金代後半以降の全真教隆盛の中、「道学」が道教教学を意味する語としても用いられ、郝経《かくけい》（一二二三―一二七五）ら一部の朱子学者は拒否反応を示した。

十　宋代の学術と文化

宋代の学術と文化をカゲで支えたのは、既に述べた出版文化と水路交通網であろう。

宋代、人や物資の長距離の移動は、ほとんど舟で行われた。隋の煬帝が築いた大運河を物資が往来し、新品種の導入などで農業生産力が増大した。張択端《ちょうたくたん》が描いた『清明上河図《せいめいじょうかず》』、陳旉《ちんふ》の『農書《のうしょ》』（一一四九年）、詩人・陸游《りくゆう》（一一二五―一二一〇）の舟を使った旅日記『入蜀記《にゅうしょくき》』（一一七〇年）は、水路交通の産物である。水路で

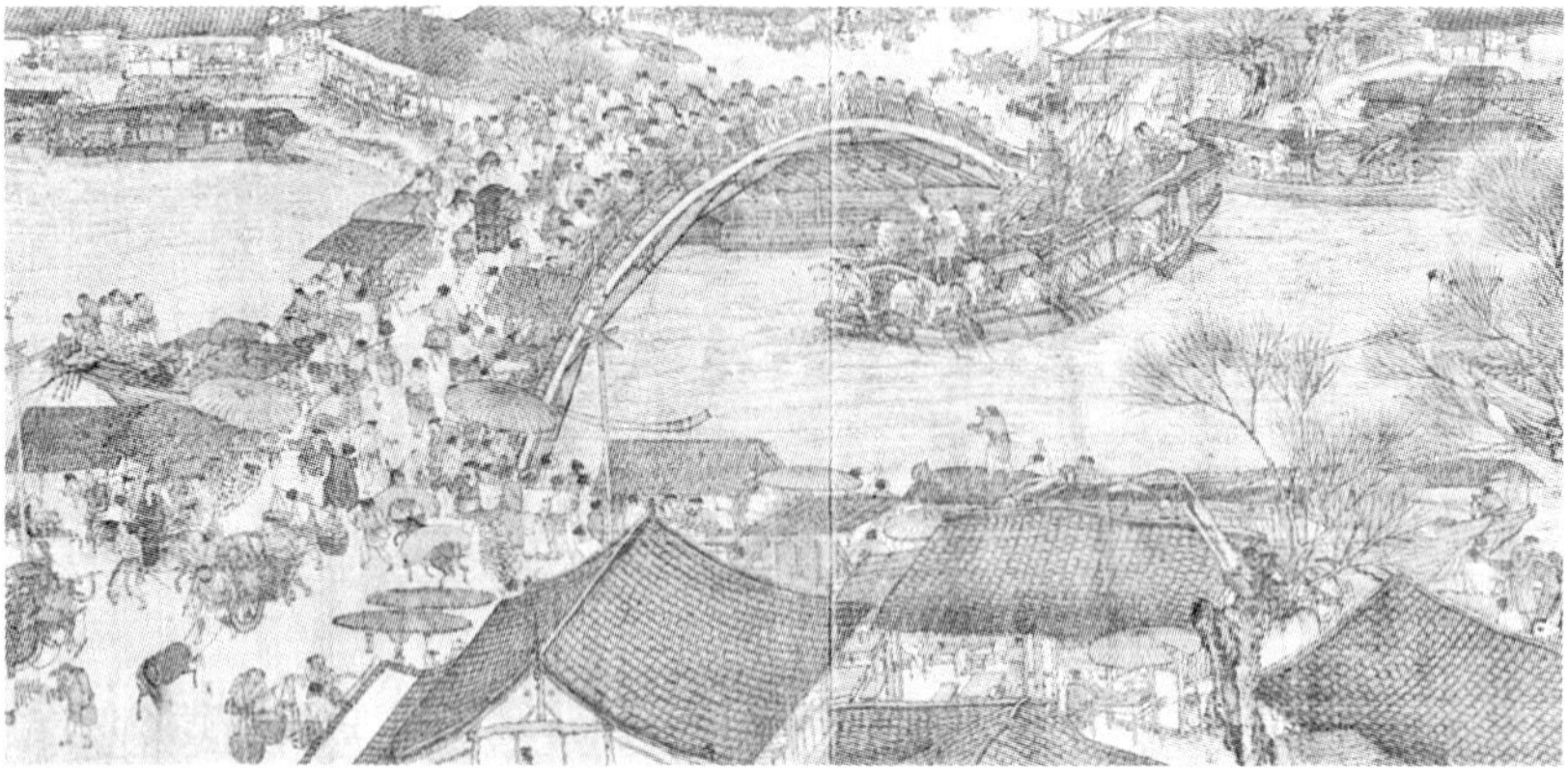

58　張択端の『清明上河図』（部分）

遠方の士大夫がやってきた場合、現地の士大夫と詩・書・画の交歓会が可能となる。蘇軾、蔡襄《さいじょう》（一〇一二－一〇六七）、黄庭堅《こうていけん》（一〇四五－一一〇五）、米芾《べいふつ》（一〇五一－一一〇七）・米友仁《べいゆうじん》（一〇七二－一一五一）父子は、北宋時代における詩・書・画の世界の代表者たちであり、徽宗は古書画・古器物を蒐集して『宣和書譜《せんなしょふ》』『宣和画譜《せんながふ》』『宣和博古図録《せんなはくこずろく》』をつくらせた。

福建出身の蔡襄には『茶録《ちゃろく》』、徽宗には『大観茶論《だいかんちゃろん》』という著書がある。宋代は、喫茶の風が流行して一般化し、陶磁器（黒磁・白磁・青磁）も日用品として盛んにつくられた。宋に二回留学し日本で臨済宗を開いた栄西《えいさい》（一一四一－一二一五）は、禅宗寺院を通じて学んだ現地の喫茶の風を、帰国後、茶の栽培や著書『喫茶養生記《きっさようじょうき》』を通じて、日本に紹介した。

科学技術の分野では、火薬の製法を記した『武経総要《ぶけいそうよう》』（一〇四四年）、沈括《しんかつ》（一〇二九－一〇九三）の随筆『夢渓筆談《むけいひつだん》』、現存最古の建築書である李明仲《りめいちゅう》『営造法式《えいぞうほうしき》』（一一〇〇年）、『易』の理論から高次方程式の解法（ルフィーニ・ホーナー法）を西洋に六百年先駆けて編み出した秦九韶《しんきゅうしょう》（一二〇二頃－一二六一）の『数書九章《すうしょきゅうしょう》』などが注目に値する。

その他、『新唐書』『旧五代史』『新五代史』の正史のほか、『続資治《ぞくしじ》通鑑長編《つがんちょうへん》』など『資治通鑑』にまつわる著作、『唐会要《とうかいよう》』などの「会要」類（歴代の典章制度）、鄭樵《ていしょう》（一一〇四—一一六二）の『通志《つうし》』、孟元老《もうげんろう》が北宋の都・開封の繁栄をしのんで書いた『東京夢華録《とうけいむかろく》』といった歴史記録も多くつくられた。

また、胡安国《こあんこく》（一〇七四—一一三八）の『春秋伝』、林希逸《りんきいつ》による『老子』『荘子』『列子』の解釈『三子鬳斎口義《さんしげんさいくぎ》』など従来見られたスタイルの学問以外に、金石文を考証した欧陽脩『集古録《しゅうころく》』、古の制度を考証した王応麟『困学紀聞《こんがくきぶん》』『漢制考《かんせいこう》』など「考古」の学が起こった。

第九章　朱子学の伝播と変容——元・明

一　異民族王朝と朱子学

チンギス・カン（一一六二頃—一二二七）によって創られたモンゴル帝国は、一二二七年に西夏《せいか》を滅ぼし、一二三四年には金を滅ぼし、一二七五年には南宋を接収して、クビライ・カン（一二一五—一二九四）が元朝の初代皇帝となった。クビライ政権は、元号・国号の採用、中央集権体制の官僚統治システムの導入など中華の伝統を踏襲する漢化政策を打ち出したが、実質はクビライのブレーンを側近とするモンゴル流の政治が行われた。漢族にとって異民族王朝であることと南宋の滅亡を経験したことにより、漢族知識人の元朝への出仕は、一大問題であった。

元朝は都の大都《だいと》（今の北京）に太極書院《たいきょくしょいん》を建てて趙復《ちょうふく》らを招き、華北に朱子学の再移入を企図した。朱子学を現実社会を変革し得る学問だと認識した許衡《きょこう》（一二〇九—一二八一）はクビライに招かれたものの、当初は任官を拒否し続けた。しかし、一二七〇年、許衡は一転して国子祭酒（教育行政長官）に就任し、門弟の耶律有尚《やりつゆうしょう》

59　元大都遺址（北京市）

（一二三六—一三一〇）らを補佐役として華北における朱子学の普及に成功した。しかし、漢族知識人として、中華の伝統的な礼教秩序と異民族政権とのいずれに随順したのかを明確にし得ない許衡の態度は、仕官せずに在野で活躍した朱子学者・劉因《りゅういん》（一二四九—一二九三）らに批判された。

二　元代の『老子』

クビライ政権下、全真教の隆盛に焦りを感じた仏教側が道教側に教義論争をもちかけた。この論争の結果、道教側が敗北し、『老子』以外は棄却の対象となった。これは『老子』のみを尊崇の対象とする思想統制を意味したが、宋末元初の混乱期に直面した自己を『老子』に投影する士大夫が少なくなかった。

呉澄《ごちょう》（一二四九—一三三三）は、若い頃、程若庸《ていじゃくよう》に師事して朱子学を修め経世済民《けいせいさいみん》に志すが、宋末に戦乱を避けて巴山《はざん》（陝西省）の道観に身を寄せた。そこで道士の雷思斉《らいしせい》と交流し、『老子』の影響を受けた（雷思斉は『老子』に注している）。呉澄は、士大夫の『老子』熱《ブーム》の冷めた頃に『老子』注（『道徳真経注《どうとくしんけいちゅう》』）をつくったが、それは、『老子』が個人的な修養法として活用されていた傾向に異を唱え、「無為」の誤解により社会での人間関係を閉ざしかねない周囲の学習者を覚醒させる意図をもつ解釈であった。

三　心学の復興

南宋の陸九淵は「心即理」を唱え「心」の在り方を問題とした。元末明初に「心」を問題としたのは、正史の

『元史』の編纂者として知られる宋濂《そうれん》（一三一〇—一三八一）である。宋濂は黄溍《こうしん》（一二七七—一三五七）に師事して経学を修得するが、禅師の千巌元長《せんがんげんちょう》（一二八四—一三五七）との約三十年に及ぶ交流の中で『般若波羅蜜多心《はんにゃはらみったしん》経《きょう》』に専心し、人間が背負う苦しみの根本原因である「心」を凝視して、自らの生きる道を経学に見出だし、「六経は聖人の心学なり」との理解に至った。しかし、同じ黄溍門下の王禕《おうい》（一三二二—一三七三）は、宋濂心学の社会的有用性に疑問を投げかけた。

元末混乱期には、宋濂と文名を二分した劉基《りゅうき》（一三一一—一三七五）の『郁離子《いくりし》』のように、自らを戦国諸子に擬し寓話的表現を用いて思想を磨く傾向が見られた。宋濂も『龍門子凝道記《りゅうもんしぎょうどうき》』を著して自らの心学を龍門子の造形に託し、六経の研鑽（格物致知の実践）を説いた。

十四世紀、浙東《せっとう》地域（浙江の東側の地域）で、富裕層が資金を提供して同族や地域の子弟を教育する義塾《ぎじゅく》という教育機関ができた。義塾は同族の人々の深い結び付きにより地域社会の秩序を形成することを目的としたが、元朝支配下では全国各地から優秀な人材を登用する科挙が機能しておらず、義塾で育成された宋濂や劉基は、明建国に際して朱元璋《しゅげんしょう》（のちの明の洪武帝《こうぶてい》、一三二八—一三九八）に必要とされた。

四　明初の朱子学

元代の華北における朱子学の再移入によって、十四世紀前半までに中国全土にわたって朱子学が学ばれ、明に入っても、宋濂の門弟・方孝孺《ほうこうじゅ》（一三五七—一四〇二）が「朱子が亡くなってから二百年、天下の読書人に朱子学をすておいて学問を修める者などいない。」（「習菴説《しゅうあんせつ》」、『遜志斎集《そんしさいしゅう》』巻七）と述べるように、朱子学の影響力は圧倒的であり、朱熹個人に対する支持も強かった。一四一五年には、胡広《ここう》ら奉勅撰《ほうちょくせん》『四書大全《ししょたいぜん》』『五経大全《ごきょうたいぜん》』『性理大全《せいりたいぜん》』が成り、朱子学は官学化された。

その反面、朱子学の学習者の中には、その修養論の有効性への疑義（学習の積み重ねによって本当に最終目標の聖人に近づけるかどうか）を呈する者がいたり、「天理」を解るためには「人欲」を解る必要があることを唱えて個人的欲望を充足させようとする不健全な現象が見られたことなどから、問題を「心」の在り方に帰す陸学（陸九淵系統の学派）に理解を示す知識人が現われた。

五　朱子学の変容

明代前期は、社会全体の不景気などにより、出版文化の停滞をまねいた。書籍が思うように入手できない情況で、四書の学習により人格形成を目指す本来の朱子学とは異なる学問傾向が生まれた。例えば、「天理」と「人欲」で言えば、官界で活躍した薛瑄《せっせん》（一三八九—一四六四）は「天理」の「理」の由来である「天」について、天体としての側面のみから説明し、その主宰性に言及しなかった。一方、在野で講学した呉与弼《ごよひつ》（一三九一—一四六九）にとって「人欲」とは自己の肉体の欲求にほかならず、「人欲」を滅することで「天理」（本来の人間性）が明らかになると考え、これを「敬《けい》」（雑事雑念の排除）の実践とみなして、「居敬窮理《きょけいきゅうり》」を重視した。薛瑄と呉与弼に共通するのは、経書の注釈がないことである。これは、書籍の流通が滞っていた当時、経書に拠らずとも、立派な人格が形成でき（最終目標の聖人に近づき得）る、という発想に基づいた行為であるとともに、注釈に注釈を重ねてきたそれまでの朱子学者の学問にノーをつきつけた恰好となった。

陸九淵の心学が見直され、また「居敬窮理」が重視される中、呉与弼に師事した陳献章《ちんけんしょう》（一四二八—一五〇〇）は、当時のこの気風をうけて「心」による「天理」の把握を説き、彼の門弟・湛若水《たんじゃくすい》（一四六六—一五六〇）は師の説を発展させて「どこにおいても身をもって「天理」を理解する」ことを主張した。

経書に注釈しない態度と陸九淵以来の心学の流れは、王守仁に受け継がれる。

六　王守仁の思想——陽明学の誕生

(一)　龍場《りゅうじょう》の大悟《だいご》

王守仁は、最初、篤実な朱子学者を目指して修養に取り組んでいた。王守仁の晩年の告白によると、王守仁が朱子学に疑問を抱いた契機は、若い頃、竹の「理」を窮めようとして神経衰弱になったことにあるらしい。読書を通じた知識の蓄積により「理」を窮めることを重視する朱子学に対し、王守仁は直ちに「理」を把握したかったのである。その後、三十七歳の時、彼は左遷された貴州の山中で、「理」は自らの内面にそなわっており、それを客体にもとめるのは間違いであること、すなわち「心即理」に気付いたという。この中国思想史上のできごとを、当地の地名にちなんで、「龍場の大悟」と呼ぶ。

(二)　心即理

王守仁の「心即理」は、先行する類型を、陸九淵の「心即理」にもとめることができ、両者は今日、まとめて「陸王心学」と呼ばれている。しかし、王守仁の「心即理」は、陸九淵の「心即理」の影響を受けたものではなく、あくまで朱子学の道筋を通ってたどりついたものであった。

王守仁の『朱子晩年定論《しゅしばんねんていろん》』は、朱熹が晩年に陸九淵に歩み寄ったことを説く程敏政《ていびんせい》（一四四五—?）の『道一編《どういつへん》』を一歩進めて、朱熹が晩年に自説を全面的に自己批判したことを説いたものである。王守仁はこの書の中で、世に通行する朱子学は自己批判する前の朱熹説にすぎず、自らの説こそ自己批判後の朱熹説の延長に位置していることを述べた。そのため、四十七歳の時にこの書が出版されると、当時の思想界が騒然となった（のち、羅欽《らきん》順《じゅん》（一四六五—一五四七）や陳建《ちんけん》（一四九七—一五六七）は、王守仁の挙げた事例が朱

60　王守仁

熹の晩年の事例でないことを論証した)。言わば、王守仁は、朱熹の正しい後継者として自己の正統性を主張したのである。

五十歳の時、王守仁は、その時はじめて明確に陸九淵心学を顕彰した。こうした情況のもと、一五二五年に『慈《じ》湖《こ》遺《い》書《しょ》』が出版され、陸九淵の門弟・楊簡《ようかん》（号は慈湖《じこ》、一一四一―一二二六）の師譲りの心学教説が流行した。

（三）致良知《ちりょうち》

『孟子』尽心《じんしん》篇上に「孟先生はこうおっしゃった。「学習せずともできる人は、良能《りょうのう》である。考えずとも理解できる人は、良知《りょうち》である。」」という文章がある。王守仁はこれを借りて、『大学』の「格物致知」の「知」を「良知」に置き換え、「致良知《ちりょうち》」を唱えた。朱熹の「致知」が後天的知識を拡充して個々の事物の「理」を窮めることを意味するのに対し、王守仁の「致良知」とは、「心」の本体であり「理」である「良知」を個々の事物に十全に発揮し、「良知」が十全に発揮されるとあらゆる事物が正しく秩序づけられることを指す。

また、読書を通じて知識を蓄積し、「理」を窮めることによってそれを実践できるとする朱子学の「先知後行《せんちこうこう》」に対し、王守仁は「知行合一《ちこうごういつ》」を唱えた。さらに、他者他物と接する際に自らの感情をコントロールすることがもとめられる朱子学の「未発（中）」に対し、王守仁は、他者他物と接するその場その時においてその都度自らの「心」をみがき正しい状態にもっていく「事上磨錬」を説いた。「知行合一」も「事上磨錬」も「良知」の十全なる発揮（＝致良知）をめざした考え方である。

（四）陽明学の大衆性

聖人については、朱子学が学んで至ることのできる存在としたのに対し、王守仁は、全ての人に備わっている「良知」を十全に発揮（＝致良知）しさえすれば、それは聖人の証であると考え、満街《まんがい》の人すべてが聖人である可能性を有するとした（満街聖人）。これは、「聖人の道」の凡俗化を意味することになり、朱子学で説かれる修養の階梯の必要性を否定するものであった。

明王朝を支えた統治システムは、「戸」の単位で人民を把握して労働力の確保や税の徴収を行う里甲制《りこうせい》（一一〇戸＝一里＝一〇甲とし、里長が一〇甲を統轄した治安組織制度）であった。しかし、負担の重さに耐え切れずに逃亡者が現われると同じ組織の他の者たちがその負担を背負わねばならず、破産者や逃亡者が増えた。このように里甲制が弛緩した頃、王守仁は南贛《なんかん》（江西省）の地方官となり（一五一六年）、地域住民を主役とする秩序再構築の施策に打って出、それはやがて「南贛郷約《きょうやく》」の発布として結実した。郷約とは、地域社会の指導者である郷《きょう》紳《しん》が住民をまとめあげてその地域の秩序を維持するための規約である。王守仁の郷約は他地域の郷約のモデルとなり、郷約は一五七〇年代以降、普及した。同時期の黄佐（号は泰泉《たいせん》、一四九〇―一五六六）の『泰泉郷礼《きょうれい》』も地域秩序維持の制度を記している。

全ての人の「心」に「理」（＝良知）が備わっているとする王守仁の「心即理」は、地域社会において、その秩序形成の役割を士大夫層から解き放ち、庶民層にまで拡大できたことに意義がある。陽明学の大衆性は、地域社会の秩序の形成・維持に反映していたのである。

七　陽明学の分裂

前述したように、のちに陽明学と呼ばれる王守仁の思想体系は、王守仁が朱子学の道筋を通ったことによって構築されたものである。そして、王守仁本人が朱熹の後継者としての正統性を訴えた人物であることを考えると、その思想体系は朱子学の限界を自覚したうえでの朱子学の派生形態ではあっても、彼の思想の系譜に連なる明代後期の人々を朱子学派と陽明学派とに明確かつ厳密に分けることは、実は困難であろう。

　ここでは、王守仁の門弟たちの学説の相違からくる系譜上の枝分かれを敢えて「陽明学の分裂」と呼び、その「分裂」の原因とその後の展開の大体を見ていくことにしたい。

（一）無善無悪《むぜんむあく》論争

　王守仁は、最晩年に「心」の本体は「無善無悪」であると唱えた。「無善無悪」とは、善・悪に一切関与しない状態ではなく、善・悪という既成の見方に捉われないところにある「至善」の状態を指す。「致良知」から言えば、「心」の本体に既成の見方をもちこまないとするのは、直面するその場その時の情況に応じ「心」を正していくからである。

　王守仁の門弟たちが「分裂」し始めた契機とされるのが、天泉橋問答《てんせんきょうもんどう》と呼ばれる銭徳洪《せんとくこう》（一四九六―一五七四）と王畿《おうき》（一四九八―一五八四）の四句教《しくきょう》の解釈をめぐる問答である。四句教とは、

無善無悪《むぜんむあく》是《ハこれ》心之体《しんのたい》　有善有悪《ゆうぜんゆうあく》是《ハこれ》意之動《いのどう》　知善知悪《ちぜんちあく》是《ハこれ》良知《りょうち》　為善去悪《いぜんきょあく》是《ハこれ》格物《かくぶつ》

という四句から成る王守仁の教えである。「心」「意」「知」「物」は、いずれも『大学』の八条目の「正心」「誠意」「致知」「格物」に由来する語である。王畿は「心」が「無善無悪」であるならば「意」も「知」も「物」もすべて「無善無悪」すなわち「至善」であると唱えた。これを「四無説」という。それに対し、銭徳洪は「心」が「無善無悪」であることを認めつつ、「意」「知」「物」に関しては、「為善去悪」を実現し「至善」の状態にもっていくには日常的な修養を必要とすることを説いた。これを（「四無説」という呼称に対して）「四有説」という。両者はこの解釈の相違について王守仁に問うたが、王守仁がどちらにも加担しなかったため、両者は自説の正しさを

それぞれ主張するようになった。

これ以降の、銭徳洪の側を王学右派、王畿の側を王学左派と今日呼んでいる。

（二）王学左派

両派のうち、明末の思想界を揺るがしたのは、王学左派の「四無説」であった。「心」のみならず「意」「知」「物」についても「無善無悪」とするこの説は、人間の道徳的本質である先天的な「心」と、感情や欲望などの後天的な「意」「知」「物」とを同一次元で捉えることであり、言い換えれば、感情や欲望が人間の道徳的本質の具象として表出することを肯定する考え方である。それを「無善無悪」つまり「至善」とするのであるから、この立場は欲望肯定論につながるが、この点を徹底させたのが李贄《りし》（一五二七―一六〇二）である。泉州《せんしゅう》の厳格な回教徒《かいきょうと》の商家に生まれた李贄は、王学左派の王艮《おうごん》（一四八三―一五四〇）の子・王襞《おうへき》（一五一一―一五八七）に師事し、王畿の説に生涯傾倒した。李贄は、禄利や声望をもとめる人間の欲望を無条件に認めたのではなく、欲望が人間の本質であり普遍的なものであることを理解し、その理解に立ったうえで政治や社会のあり方を考えるべきことを説いた。

61　李贄

彼の著作『蔵書《ぞうしょ》』の「童心説《どうしんせつ》」という一篇は、彼の根本思想を述べている。それは、人には「童心」があるが、読書や見聞によって道理を得ると「童心」が失われる、「童心」こそが「真心《しんしん》（偽りのない心）」であり、「童心」を失うことは人間の本質を失うことになる、と主張するものである。そのため、「童心」の障害となる学習行為や経書をおとしめ、李贄は激しく批判された。

八　善書（勧善書・陰隲文《いんしつぶん》）の流行

善書《ぜんしょ》とは、善行や社会道徳を勧める通俗書である。その代表書である『太上感応篇《たいじょうかんのうへん》』は、全一二七七字の短篇で、一一六四年に道士の李石《りせき》によって紹介され、南宋の理宗《りそう》（一二〇五―一二六四）が刊行して以来、三教合一の因果応報思想（禍福は自らの行いによって招くという思想）によって社会に普及し、明末清初によく流行した。

自らの行為は天帝がひそかに見ていて禍福を下すとされていた（これを陰隲《いんしつ》という）。しかし、どのように善行を積めばよいのか捉えようがないため、善行を具体的に行うための基準が設けられた。これを功過格《こうかかく》という。その内容は、日常の様々な行為を善（功格《こうかく》）と悪（過律《かりつ》）に分け、各行為に点数がついており、月ごとに小計し年末に総計する。自らそうすることにより、人は善行につとめるようになるのである。すなわち、善書の精神は、自らがその行為を自主的に見つめることにあった。

善書の流行に大きな役割を果たしたのが、袁黄《えんこう》（一五三三―一六〇六）である。彼は、仏教の因果応報思想で道教の運命論を打破し、功過格に基づき自らの意志と行為によって自らの運命を開拓する立命思想を樹立した。その自叙伝『立命論《りつめいろん》』は善書として流布した。

また、周汝登《しゅうじょとう》（一五四七―一六二九）は『立命論』の序を書き、李贄は『太上感応篇』を高く評価し、管志道《かんしどう》（一五三六―一六〇八）は陰隲文を修得するなど、王学左派の知識人には三教合一の立場の者が多く見られた。

九　西学《せいがく》の伝入――中西会通《ちゅうせいかいつう》

（一）ヨーロッパ宣教師の来華

元代の中国へやって来たマルコ・ポーロ（一二五四―一三二四）の『東方見聞録《とうほうけんぶんろく》』は、ヨーロッパ人の東洋観に大きな影響を与え、東方世界の富に対する欲望を刺激した。その後、ヨーロッパは大航海時代を迎え、中国大陸南部へも大勢の商人や宣教師がやって来た。イエズス会士の来華の目的は、キリスト教の布教にほかならなかった。

イエズス会士は聖堂を建て漢訳教理書《かんやくきょうりしょ》を刊行して布教につとめたが、華夷観念の強い中国人（漢民族）にとってヨーロッパ人は所詮「遠夷《えんい》（遠方の野蛮人）」にすぎなかった。「天主教《てんしゅきょう》」（キリスト教）に対しても敏感に反応せず、むしろ「邪教」として接触を禁止する動きが見られた。中国知識人の西洋への関心は、キリスト教にではなく、中国にない機器や高水準の科学技術の獲得にあったのである。

そこで、イエズス会士は中国思想の積極的理解につとめてキリスト教のデウス（天主）と中国の上帝が一致することを認め、西学の紹介を通じてキリスト教を布教する基本方針を定めた。一六〇五年、中国伝道の総責任者であったマテオ・リッチ（利瑪竇《りまとう》、一五五二―一六一〇）は、科学技術に造詣の深い宣教師の来華をローマのイエズス会本部に要請し、ウルシス（熊三抜《ゆうさんばつ》、一五七五―一六二〇）、テレンツ（鄧玉函《とうぎょくかん》、一五七六―一六三〇）、アダム・シャール（湯若望《とうじゃくぼう》、一五九一―一六六六）らが次々と来華した。なお、明末の天主教に関する中国人と西洋人の議論は、マテオ・リッチの『天主実義《てんしゅじつぎ》』（一六〇三年北京刊）に詳しい。

62　マテオ・リッチ

63　アダム・シャール

（二）実学志向の中国知識人

一方、中国側にも、この新手の外夷の中に中国との対話をもとめる知識人がいることに気付き、彼らに機器や技術の説明をもとめ、彼らの教養の源泉である西学を知ろうとする人々が現れた。徐光啓《じょこうけい》（一五六二―一六三三）、李之藻《りしそう》（？

—一六三〇）、楊廷筠《ようていいん》（一五五七—一六二七）らである。彼らは、天主教を儒学の教えに背かないものとみなし、天主教の教理書を「補儒論《ほじゅろん》（儒学を補う所論）」とし、中華の伝統にとらわれずに広い視野で西洋文化を摂取する態度を示した。この背景には、儒学が人々の要請（経世済民）に充分に応えていないことからくる社会生活上の不満や、新しい知識によってこれまでにない新しい地平を切り開きたいという知的欲求があったと思われる。

人の修養や本性についての思索だけでは社会の激変に対処できない、真の学問は社会に役立つ実務・実用の学であるべきだ、との意識が高まってくると、明の富強に役立つ書籍が登場した。たとえば、外来の技術に触れず中国在来の技術の紹介に終始した宋応星《そうおうせい》（一五八七—一六六六？）の『天工開物《てんこうかいぶつ》』のほか、マテオ・リッチが徐光啓と共同して訳出したユークリッドの『幾何原本《きかげんぽん》』などを収める李之藻輯『天学初函《てんがくしょかん》』、ウルシスと徐光啓による『泰西水法《たいせいすいほう》』、徐光啓の『農政全書《のうせいぜんしょ》』など、イエズス会士の影響を受けた実学書が多く刊行された。

（三）『崇禎暦書《すうていれきしょ》』

朝廷を牛耳っていた旧勢力である宦官勢力を一掃した若き崇禎帝《すうていてい》（一六一〇—一六四四）が一六二八年に即位すると、徐光啓や李之藻ら実学支持の知識人が登用された。西洋の科学技術の影響が決定的となったのは、翌一六二九年に徐光啓の建議で新法暦局《しんぽうれききょく》が設立され西洋天文学に依拠した改暦事業が開始されたことである。新法暦局は、テレンツ、ロンゴバルディ（龍華民《りゅうかみん》、一五六六—一六五四）、ロー（羅雅谷《らがこく》、一五九〇—一六三八）ら宣教師の協力のもと五年の歳月をかけ、チコ・ブラーエ（一五四六—一六〇一）の天文学に基づく大型の天文学叢書『崇禎暦書』を完成させた。

しかし、明朝は改暦を行うことなく滅亡した。

十　明《みん》の遺老《いろう》

ここで採り上げるのは、王夫之《おうふうし》（一六一九—一六九二）である。王夫之は、明の遺老である。「遺老」とは、滅んだ王朝に仕えていたが、新しい王朝には仕えない者をいう。王夫之は、彼自身が門戸を開いて講学することもしなかったことに加え、明朝が滅亡し明朝の復興が不可能であることを知ってからは外界との接触を断ってしまい、故郷の衡陽《こうよう》（湖南省）に身を潜めて清朝に仕えなかった。

二つの王朝に仕えると、弐心《にしん》を抱く弐臣《にしん》となってしまう。これは「忠《ちゅう》」に反することになる。加えて、清朝は、漢族にとって、満族が統治する異民族王朝であるため、漢族知識人の清朝への出仕は、一大問題であった。当時、清朝は厳重に辮髪《べんぱつ》を強制し、これに服従しない者を殺害した。王夫之は、死を覚悟して徹底的に抵抗し、ミャオ族・ヤオ族など少数民族の洞窟を転々として逃れ続けた。そのため、王夫之の著作には、原稿用紙ではなく破れ紙を用いて著したものがきわめて多かった、という。湖南の西にある石船山《せきせんざん》に隠居したので「船山先生《せんざんせんせい》」といわれる。

王夫之は、陽明学を厳しく批判し、明代の学問に弊害を感じて宋代に復古しようとし、張載の『正蒙』を高く評価した。その結晶が、彼の『張子正蒙注《ちょうしせいもうちゅう》』である。また、「天理」は「人欲」の中にあり、「人欲」が無ければ「天理」もあらわれないことを説き、あくまで「天理」を把握するために欲望を肯定する立場をとった。

王夫之は士大夫との交渉が無かったため、王夫之について語った者が当時いなかっただけでなく、二百年間ほとんど知られることがなかった。清末に至り、王夫之と同じ湖南省出身の曾国荃《そうこくせん》（曾国藩《そうこくはん》の弟、一八二四—一八九〇）によって『船山遺書《せんざんいしょ》』が刊行され、その思想が世に知られることとなった。湖南省出身の譚嗣同《たんしどう》（一八六五—一八九八）は王夫之の思想（特に張載の「気」の思想をベースとするものの考え方）の影響を強く受け、「以太《エーテル》」（「気」に類似する概念）により世界の諸現象を捉えた『仁学《じんがく》』を著した。

第十章　思想上の鎖国と開国――清

一　東林派の田土論

明末、里甲制が機能しなくなった中、王守仁以来の郷村秩序の再構築に奔走する人々が現れ、顧憲成《こけんせい》（一五五〇―一六一二）・高攀龍《こうはんりゅう》（一五六二―一六二六）らは、激しい政治批判を展開した。彼らを東林派《とうりんは》という（宋の楊時が講学した東林書院で論陣を張ったことに因んでいる）。明末の東林派の政治議論・政治行動を、明朝崩壊後に理論的に集大成したのが、黄宗羲《こうそうぎ》（一六一〇―一六九五）の『明夷待訪録《めいいたいほうろく》』である。黄宗羲は、父の黄尊素《こうそんそ》（一五八四―一六二六）が東林派の一人として処刑され、自らも東林派の劉宗周《りゅうそうしゅう》（一五七八―一六四五）に師事した。

『明夷待訪録』は、君主の独尊政治を否定し、万民本位の政治を唱えたものである。その代表的議論は、官田の解放（総田土の民土化）である。中国古代以来の全ての土地は皇帝のものであるという王土観から、全戸の自営農化を目指す民土観への転換を説く所論は、当時の土地所有の不均等化を反映している。黄宗羲だけでなく王夫之や顔元《がんげん》（一六三五―一七〇四）らにも田土論があり、土地所有の問題は明末清初期の課題の一つであった。

64　明清時代の天文儀器（北京市・古観象台）

65　フェルビースト

二　楊光先事件と西学

清朝になると、アダム・シャールは頒暦《はんれき》をつかさどる欽天監《きんてんかん》をただちに統轄し、『崇禎暦書』を『西洋新法暦書《せいようしんぽうれきしょ》』と改め、暦元《れきげん》を崇禎元年（一六二八年）に置く時憲暦《じけんれき》が一六四五年から行われた。

中国では、暦を編むことは、経学の重要な構成要素であった。したがって、西洋天文学に依拠した改暦は、保守派知識人の反発を招いた。一六六四年、楊光先《ようこうせん》（一五九八―一六六九）は『天学伝概《てんがくでんがい》』という教理書をもとに、天主教を「邪教」として宣教師を弾劾し、西洋由来の暦法の誤りを訴えた。清朝がこの訴えを認めたため、アダム・シャール、フェルビースト（南懐仁《なんかいじん》、一六二三―一六八六）ら欽天監の中心メンバーは投獄され、関係した中国知識人の処刑・喚問へと事態が拡大した。楊光先は欽天監の中心メンバーとなったが、一六六九年にフェルビーストの暦法計算の正確さの前に敗れ、失脚した。これが、楊光先事件（康熙暦獄《こうきれきごく》）である。この事件のあと、西学関係書の刊行が目立って少なくなったとともに、中国の知識人が自らの名を西学関係書に記さなくなるという現象が見られた。

他方、徐光啓以来の「中西会通（中国学と西学のブレンド）」が成功を見たのは、十七世紀後期から十八世紀初にかけての時期である。当時の代表的な科学者は、王錫闡《おうしゃくせん》（一六二八―一六八二）や梅文鼎《ばいぶんてい》（一六三三―一七二一）らであり、特に梅文鼎の『暦算全書《れきさんぜんしょ》』は清代の学術全般に大きな影響を与えた。そして、中国

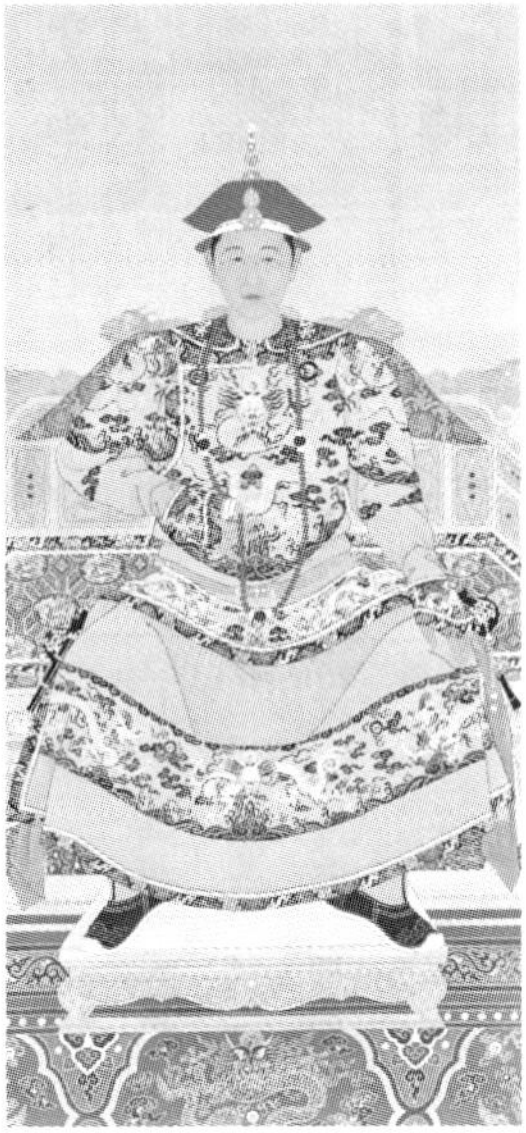

66　康熙帝

67　雍正帝

68　乾隆帝

人自身による「中西会通」の最高峰とされるのが、方《ほう》苞《ほう》（一六六八―一七四九）らが編纂に従事した康熙帝《こうきてい》欽定の『律暦淵源《りつれきえんげん》』百巻（一七二四年刊）である。『律暦淵源』は、『暦象考成《れきしょうこうせい》』四二巻・『律呂正義《りつろせいぎ》』五巻・『数理精蘊《すうりせいうん》』五三巻から成り、西洋の天文学・音楽・数学の高度な理論を説いている。この中には、梅文鼎らが唱えた西学の中国起源説が述べられており、西洋科学のルーツが中国にあることを根拠として、当時の一部の知識人に見られた西学への反発をうまく清算しながら、西学の中国化が積極的に推進されたのである。

しかし、康熙帝（一六五四―一七二二）の晩年に、イエズス会の教理書を「補儒論」とした解釈がローマ法王によって否認され、ローマ法王と中国皇帝の間に不和が生じ、雍正帝《ようぜいてい》（一六七八―一七三五）は一七二三年、中国でのキリスト教の伝道を全面的に禁止した。続く乾隆帝《けんりゅうてい》（一七一一―一七九九）・嘉慶帝《かけいてい》（一七六〇―一八二〇）の頃には西学の伝入も下火となり、いわば思想上の鎖国の状態となった中で、中国の伝統的学術の整理研究が進められた。

三　清朝考証学の展開

乾隆帝・嘉慶帝の治世に、漢代以来の学術の再発見及びその復原を通して経学・史学・諸子学を精緻化し、その新しい統合を行うことを目指す学問が展開した。こうした学問は、「乾嘉《けんか》の学《がく》」または「清朝考証学《しんちょうこうしょうがく》」などと呼ばれる。

「清朝考証学」とは、「漢唐訓詁学《かんとうくんこがく》」「宋明理学《そうみんりがく》」と呼ばれる中国思想史上の学術体系に連なる清代の一大学術体系の呼称である。また、宋代から明代にかけての学術を指す「宋学《そうがく》」に対して、漢代の学術とそれを研究対象とした清朝考証学とを指す「漢学《かんがく》」という呼称も生まれた。清朝考証学者たちは、「性」「理」「心」など形而上的な議論の多い宋代から明代にかけての学問を批判の対象とした。そして、「宋明理学」の知識人たちが異議を唱えた「漢唐訓詁学」を主たる研究対象とし、個別事象の解明につとめた。その代表的先駆者が顧炎武《こえんぶ》（一六一三―一六八二）である。

（一）顧炎武

顧炎武も王夫之と同様、明の遺老である。顧炎武は明王朝に仕えたが、明の滅亡後は、清に一度も仕えなかった。明の遺老という顧炎武の立場は、明の皇帝陵に何度も参拝し、清の年号を拒絶し、在野の学者を登用する博学鴻詞《はくがくこうし》という特別試験の受験の勧めを断り、推された『明史《みんし》』編纂の官を辞退した、という行動に現れている。

顧炎武の学問的態度は、根拠の無い議論をしないという実証的態度を堅守し、学問と著作を世の中に役立つものとする「経世の学」を自らの信条とした。代表作『日知録《にっちろく》』は、政治・文学・天文・地理など広汎な分野にわたり、間違いを退け、先人の見解のプライオリティー（優先性）を保障する態度で、顧炎武が本を読んでいるうちに気付いたことを記した箚記《さっき》と呼ばれるスタイルの著作であり、後の学者たちに考証学の方法と態度を示したものである。小学、特に音韻研究においても、中古音の体系を保存する北宋時代の『広韻《こういん》』を刊行して復活させ、上古音研究への道筋をつけるなど、その功績の意義は大きい。『音学五書《おんがくごしょ》』は、顧炎武の音韻研究を集大成させた著作である。

清に仕えなかった顧炎武は、在野で二十年近く、例えば、妹の子である徐乾学《じょけんがく》（『読礼通考《どくれいつうこう》』の著者とされる、一六三一―一六九四）の家に身を寄せたり、『経義考《けいぎこう》』で知られる朱彝尊《しゅいそん》（一六二九―一七〇九）や、『尚書古文疏《しょうしょこぶんそ》証《しょう》』を書いて『古文尚書《こぶんしょうしょ》』が東晋時代の偽作であることを詳しく論証した閻若璩《えんじゃっきょ》（一六三六―一七〇四）らと交わるなど、当時の一流の賢者を訪ねる地方旅行に出ていた。『天下郡国利病書《てんかぐんこくりへいしょ》』『肇域志《ちょういきし》』『金石文字記《きんせきもじき》』など、若い時から手がけていた地理学・金石学などの成果を生みだした。

（二）呉派――恵氏と銭氏

呉派とは、今の江蘇省辺りを出身地とする考証学者たちの学派をいう。呉派の学問は、該博な知識に養われた鑑識眼で個別事象を考究し確定していくのを特徴とし、恵周惕《けいしゅうてき》―恵士奇《けいしき》（一六七〇―一七四一）―恵棟《けいとう》（一六九七―一七五八）と三代にわたる恵氏の学問や、銭大昕《せんだいきん》（一七二八―一八〇四）と弟の銭大昭《せんだいしょう》（一七四四―一八一三）ら銭氏の学問を核とする。

恵棟は『明史』『大清一統志《だいしんいっとうし》』など勅撰書の編纂に従事した一方で、漢代の学者が『易』をいかに解釈したかを明らかにしようとした『周易述《しゅうえきじゅつ》』を三十年かけて執筆した。銭大昕は、『周易述』によってそれまで絶学であった「漢学」が燦然と明らかになったと評価したが、恵棟の生前に『周易述』は完成しなかった。その後、恵棟に師事した江声《こうせい》（一七二一―一七九九）と、やはり恵棟に師事し唐以前の訓詁を集めた『古経解鉤沈《こけいかいこうちん》』を著した余蕭客《よしょうかく》（一七三二―一七七八）に学んだ江藩《こうはん》（一七六一―一八三一）が『周易述補《しゅうえきじゅつほ》』を著した。ちなみに、江藩の『国朝漢学師承記《こくちょうかんがくししょうき》』は、「漢学」の師弟関係を記した清代学術史の資料として有用である（この種の学術史として、陳澧《ちんれい》（一八一〇―一八八二）の『東塾読書記《とうじゅくどくしょき》』を挙げることができるが、未完である）。

銭大昕は、『熱河志《ねっかし》』『大清一統志』など勅撰書の編纂に従事した一方で、仕官の余暇に、梅文鼎の『暦算全書』を読んで西洋の天文暦数を学び、漢の劉歆の三統暦を研究して『三統術衍《さんとうじゅつえん》』を著した。また、『十駕斎養新録《じゅうがさいようしんろく》』は、顧炎武の『日知録』に倣った生涯にわたる読書記である。さらに、『二十二史考異《にじゅうにしこうい》』は、同時期の王鳴盛《おうめいせい》（一七二二―一七九七）の『十七史商権《じゅうしちししょうかく》』、趙翼《ちょうよく》（一七二七―一八一二）の『二十二史箚記《にじゅうにしさっき》』と並んで、正史上の史実や諸問題を考究した著作として知られる。ちなみに、史学に関して言えば、同時期の章学誠《しょうがくせい》（一七三八―一八〇一）が、「六経皆史」の説を唱えた史学理論書『文史通義《ぶんしつうぎ》』を著している。

（三）皖派《かんぱ》――戴段二王《たいだんにおう》の学

皖派は、今の安徽省辺りに端を発する考証学者たちの学派である。皖派の学問は、見識をもって最初に仮説を立て、証拠を積み重ねて仮説の正しさを論証し、個別事象の背後にある論理を解明していくのが特徴である。江《こう》永《えい》（一六八一―一七六二）に始まるとされ、彼を師と仰ぐ戴震《たいしん》（一七二四―一七七七）―段玉裁《だんぎょくさい》（一七三五―一八一五）・王念孫《おうねんそん》（一七四四―一八三二）―王引之《おういんし》（王念孫の子、一七六六―一八三四）の系譜を核とする。

江永は、朱熹と呂祖謙の著作『近思録《きんしろく》』に関する言説を集めた『近思録集注《きんしろくしっちゅう》』を著した朱子学者であり、西学にも通じていた。江永と戴震の学問上のつながりは、実のところ、明確になっていないが、戴震は彼を師と仰ぎ、彼の没後に「江慎修先生事略状《こうしんしゅうせんせいじりゃくじょう》」を記している。

戴震は、若い頃に、十三経に通暁したと言われ、西洋の計算法にも通じ、三角法を研究した『句股割圜記《こうこかつえんき》』などの著作がある。銭大昕の知遇を得、彼の世話で『五礼通考《ごれいつうこう》』の編著で知られる秦蕙田《しんけいでん》（一七〇二―一七六四）に見出されてあっという間に名が知られた。一時期、紀昀《きいん》（一七二四―一八〇五）の家に身を寄せて活躍したが、それが縁となって後に『四庫全書《しこぜんしょ》』の纂修官《さんしゅうかん》となった。「理」「道」「性」の語義を論証した『孟子字義疏証《もうしじぎそしょう》』

では、人間の欲望を肯定しており、明末の議論の流れを汲んでいる。彼は、古典研究は、文字の研究→言語の研究→古聖賢の心の把握、という段階を経なければならないとし、それを実践した。

段玉裁は、顧炎武の『音学五書』に感激し研鑽を深め、戴震に師事して音韻学研究に従事した。その『六書音韻表《りくしょおんいんぴょう》』は、顧炎武の音韻体系を取り込み、『詩経』の音価を十七の韻目に整理したものである。また、唐宋以来、後人の改竄や書写の際の遺漏、文字の転倒が多く見られた『説文解字』を校訂し、『説文解字注《せつもんかいじちゅう》』を著した。ちなみに、『説文解字』については、清代に盛んに研究され、桂馥《けいふく》（一七三六―一八〇五）の『説文義証《せつもんぎしょう》』、王筠《おういん》（一七八四―一八五四）の『説文釈例《せつもんしゃくれい》』『説文句読《せつもんくとう》』『説文補正《せつもんほせい》』、朱駿声《しゅしゅんせい》（一七八八―一八五八）の『説文通訓定声《せつもんつうくんていせい》』、『説文解字』以降の歴代の字書を参照して編纂された『康熙字典《こうきじてん》』などが著されている。

王念孫も戴震に師事した。『方言《ほうげん》』『爾雅』『釈名《しゃくみょう》』といった字書のあとに成立した蒐集範囲の広い魏代の字書『広雅《こうが》』の誤謬を正し、その意義を考察した『広雅疏証《こうがそしょう》』を著した。王念孫のみならず清代の学者が音韻研究を重視したのは、訓詁の学が音韻を基本とすると考えたからである。『広雅疏証』、諸子の著作の文言を検討した『読書雑志《どくしょざっし》』のほか、子の王引之による『経伝釈詞《けいでんせきし》』『経義述聞《けいぎじゅつぶん》』をあわせて「王氏四種」という。王念孫・引之父子の学問は、細かい資料も集め、慎重に判断を下している点に特徴があり、以後の学者の尊敬を集め、清朝考証学者の代表格とされている。

（四）阮元《げんげん》（一七六四―一八四九）

揚州《ようしゅう》で生まれた阮元は、郷里では礼学で知られた凌廷堪《りょうていかん》（一七五七―一八〇九）を友とし、江蘇督学《とくがく》（督学は学校教育指導官）の謝墉《しゃよう》（一七一九―一七九五）に見出だされ、都へ出て以降、『爾雅正義《じがせいぎ》』を著した邵晋涵《しょうしんかん》（一七四三―一七九六）や王念孫らと親交を得た。王引之は、阮元に師事している。

阮元は、「字学即経学《じがくそくけいがく》」を唱え、訓詁なしには経書は解明し得ず、訓詁によって経書が解明されれば、聖人賢者の意図が明らかになる、と考えた。これは、戴震の経学観を継承したものである。阮元の訓詁学の真髄は、『経《けい》籍籑詁《せきせんこ》』や『性命古訓《せいめいこくん》』などに現れている。また、自らの書斎を積古斎《せきこさい》と名づけ、古代の金文や石刻資料の拓本を集め、畢沅《ひつげん》（一七三〇―一七九七）との共著『山左金石志《さんさきんせきし》』や『積古斎鐘鼎彝器款識《せきこさいしょうていいきかんしき》』を著し、古代文字の研究に重要な資料を提供した。さらに、明末に毛晋《もうしん》（一五九九―一六五九）の汲古閣《きゅうこかく》から刊行された『十三経注疏《ちゅうそ》』に誤字が多いことに不満を抱き、宋本『十三経注疏』を刊刻する際に、異同のある文字の横に丸印を付け、各巻末に「校勘記《こうかんき》」を附した。この校勘作業の際に、日本の山井鼎《やまのいてい》（一六九〇―一七二六）の『七経孟子考文《しちけいもうしこうぶん》』が参照されたことは有名である。ちなみに、『七経孟子考文』は、例外的に『四庫全書』に入れられた。

清朝考証学史上における阮元の意義は、「乾嘉の学」を集大成し、「漢学」重視を提唱した最後の学者である、という点にある。「漢学」重視の立場から、明学を引きずっている黄宗羲や顧炎武の著作のほか、胡渭《こい》（一六三三―一七一四）の『易図明辯《えきとめいべん》』や閻若璩の『尚書古文疏証』を漢代の儒者を批判したものとして排斥した。暦算学にも造詣が深く、数学者の李鋭《りえい》（一七七三―一八一七）と共同で中国と西洋の天文暦算学者の列伝『疇人伝《ちゅうじんでん》』を著した。

後進の育成のために、浙江巡撫《じゅんぶ》（巡撫は知事クラスの官職）在任中の一八〇一年、杭州《こうしゅう》に詁経精舎《こけいせいしゃ》を建て、王《おう》昶《ちょう》（一七二四―一八〇六）や孫星衍《そんせいえん》（一七五三―一八一八）を講席に招き、科挙のための暗記主体の勉強を退け、試験の際にテキストやノートの参照を許可した新しい教育を実践した。一八二〇年には広州に学海堂《がっかいどう》を建てて南海の地を新たな学問の場に仕立て上げ、この地で五年の歳月をかけて清朝学者の経学研究を集成した『皇清経解《こうせいけいかい》』一千四百巻（一八二九年刊）を完成させた。

（五）今文学派の活躍

今文学の中心は、公羊学であった。『十三経注疏』において『春秋公羊伝』は漢の何休の『春秋公羊伝解詁』

と唐の徐彦の疏が採用されたが、それ以来、何休の理論については新見解がなく、公羊学は絶学になりかけていた。

こうした情況の下、当時の学者の関心が古文から今文へ移っていく中で、今文学の中心である公羊学が勢いを盛り返し、何休『解詁』を理解しようとする動きが現われるようになった。戴震の門弟の孔広森《こうこうしん》（一七五二―一七八六）が『公羊通義《くようつうぎ》』を著したのをはじめ、当時の公羊学の主流であった常州学派《じょうしゅうがくは》（江蘇省常州に起こった学派）からは、荘存与《そうそんよ》（一七一九―一七八八）が『春秋正辞《しゅんじゅうせいじ》』を著し、彼の後輩の劉逢禄《りゅうほうろく》（一七七六―一八二九）は『春秋公羊経伝何氏釈例《しゅんじゅうくようけいでんかししゃくれい》』を著し、段玉裁の外孫にあたり段玉裁に訓詁学を学んだ龔自珍《きょうじちん》（一七九二―一八四一）は経の解釈を荘存与と劉逢禄の説に依拠し、陳立《ちんりゅう》（一八〇九―一八六九）は自著『公羊義疏《くようぎそ》』に漢儒の説や孔広森・荘存与・劉逢禄の説を採り入れるなどし、何休の主張は次第に解明されていった。

こうした公羊学の流れがある一方で、劉逢禄は『左氏春秋考証《さししゅんじゅうこうしょう》』を著して『左伝』を劉歆の偽作と疑い、邵懿辰《しょういしん》（一八一〇―一八六一）は『礼経通論《れいけいつうろん》』を著して『逸礼』を劉歆の偽作と疑い、魏源《ぎげん》（一七九四―一八五七）は『詩古微《しこび》』『書古微《しょこび》』を著して『毛詩』や『古文尚書』の真偽を疑い、四川地域を地盤とした廖平《りょうへい》（一八五二―一九三二）は、古文はすべて劉歆の偽作であるとする（ただし廖の考えは六回変わったとされる）など、いずれも古文の偽作を主張した。こうした議論は、清末の康有為《こうゆうい》（一八五八―一九二七）の『新学偽経考《しんがくぎけいこう》』、さらに『孔子改制考《こうしかいせいこう》』へとつながっていく。

69　魏源

70　康有為

四　民間宗教と秘密結社

（一）民間宗教

明代中期、中国北部で、万物は一体であると悟ることによって輪廻の苦しみから解脱できると説く羅教《らきょう》が成立した。羅教は開祖の死後、主に二つの系統に分かれる。

一つは、明代後期から清代にかけて中国南部に伝わった系統である。そこで四―五万人を下らない信者を獲得し、新たに斎教《さいきょう》という民間宗教に生まれ変わった。その後、明末に中国北部で成立した大乗円頓教《だいじょうえんとんきょう》が中国南部に伝わって斎教と結びつき、弥勒《みろく》による救済を説く青蓮教《せいれんきょう》が生まれた。斎教徒も青蓮教徒も、布教活動を展開する一方で、武力組織と結びつき、各地で反乱を起こした。一八四五年に大規模に青蓮教徒が弾圧されたが、一部の教徒が生き延び、青蓮教は近現代にかけて中国北部に伝わって、世界の本体「無極」を神格化した無生《むしょう》老母《ろうぼ》を最高神とする一貫道《いっかんどう》が生まれるに至った。

もう一つの系統は、江南の物資（米穀など）を水路で北送する運輸業者の間で広まった羅教であり、水夫たちや大運河・水路沿いの住民を組織化した。水夫たちの多くは山東や河南の失業者で占められ、水路が凍結する冬季には仕事がない。その不安定な境遇ゆえに、心の拠り所を宗教に求めざるを得なかったのである。清末、太平天国軍の北上や黄河の決壊により運河を通行できなくなると、彼らの中から失業者があふれ、塩の密売や略奪行為が行われた。これがのちの青幇《チンパン》の起こりとされる。

（二）秘密結社

清朝は、満族による王朝である。そのため、「反清復明」をスローガンに掲げて清朝転覆を図る漢族主義の強い会党が組織され、各地で暴動を繰り返し、地方秩序を揺るがした。このうち、四川を中心とする内陸部を拠点とした哥老会《かろうかい》は、太平天国の乱の鎮圧に功績を挙げた曾国藩《そうこくはん》（一八一一―一八七二）率いる湘軍《しょうぐん》の内部に滲透し、長江下流域へ進出した。この系統の哥老会を紅幇《ホンパン》と呼ぶ。

青幇と紅幇は、碼頭《まとう》（船着場や水陸交通の要衝）をめぐって抗争することもあったが、太平天国の乱で長江下流域に地主を失った広大な荒地が生まれてよそからの無産の民衆が流入したこと、水運が海運に転換して杭州・蘇州・揚州・鎮江など大運河沿いの諸都市が衰退する一方で上海が外国貿易によって急成長し江南経済の中心となっていったこと、長江をルートとする資金源として塩とアヘンの密輸が盛んになったこと、こうした事情を背景として、一時期、共生の関係を取り結んでいった。しかし、それも長続きはせず、依然として抗争や暴動を起こすことに手を焼いた清朝政府は、弾圧を繰り返す一方で、頭目たちを官僚として取り込む懐柔策をとり、社会秩序の維持を図ったのである。

五　世界の中の中国――『海国図志』

一八三八年に欽差大臣《きんさだいじん》（臨時特設大臣）として広東《かんとん》に派遣された林則徐《りんそくじょ》（一七八五―一八五〇）は、外国商人からアヘンを厳格に取り締まった。林則徐は、西洋、特にイギリス事情の把握に努めて関連資料の翻訳に従事し、『四洲志《ししゅうし》』『各国律令《かっこくりつりょう》』の著訳書をもつほど、西洋事情に精通していた。一八四〇年、両広《りょうこう》（広東と広西）総督《そうとく》に任命された林則徐は、アヘン戦争勃発後、義勇兵を動員してイギリス軍に損害を与えた。しかし、中国側が北方で敗戦すると、林則徐は敗戦の責任をとらされ、伊犁《いり》（新疆《しんきょう》）へ左遷された。伊犁へ向かう途中、林則徐は鎮江で魏源と会い、自らが集めた海外の資料を託し、『海国図志《かいこくずし》』編纂を依頼した。

71　林則徐

魏源は、今文学者として知られる一方で、中国社会の現実的な課題から海外事情にまで強い関心をもった経世思想家でもあった。彼の経世思想家としての側面は、西洋に学んで西洋を制すべき技術として大砲と軍艦を挙げた『海国図志』（一八四二年初版、一八五二年最終増補）のほか、賀長齢《がちょうれい》（一七八五―一八四八）とともに清初以来の経世思想文献を集めた『皇朝経世文編《こうちょうけいせいぶんぺん》』一百二十巻（一八二六年）や、明代に倍する領土を獲得した清朝のアヘン戦争までの軍事記録をまとめた『聖武記《せいぶき》』

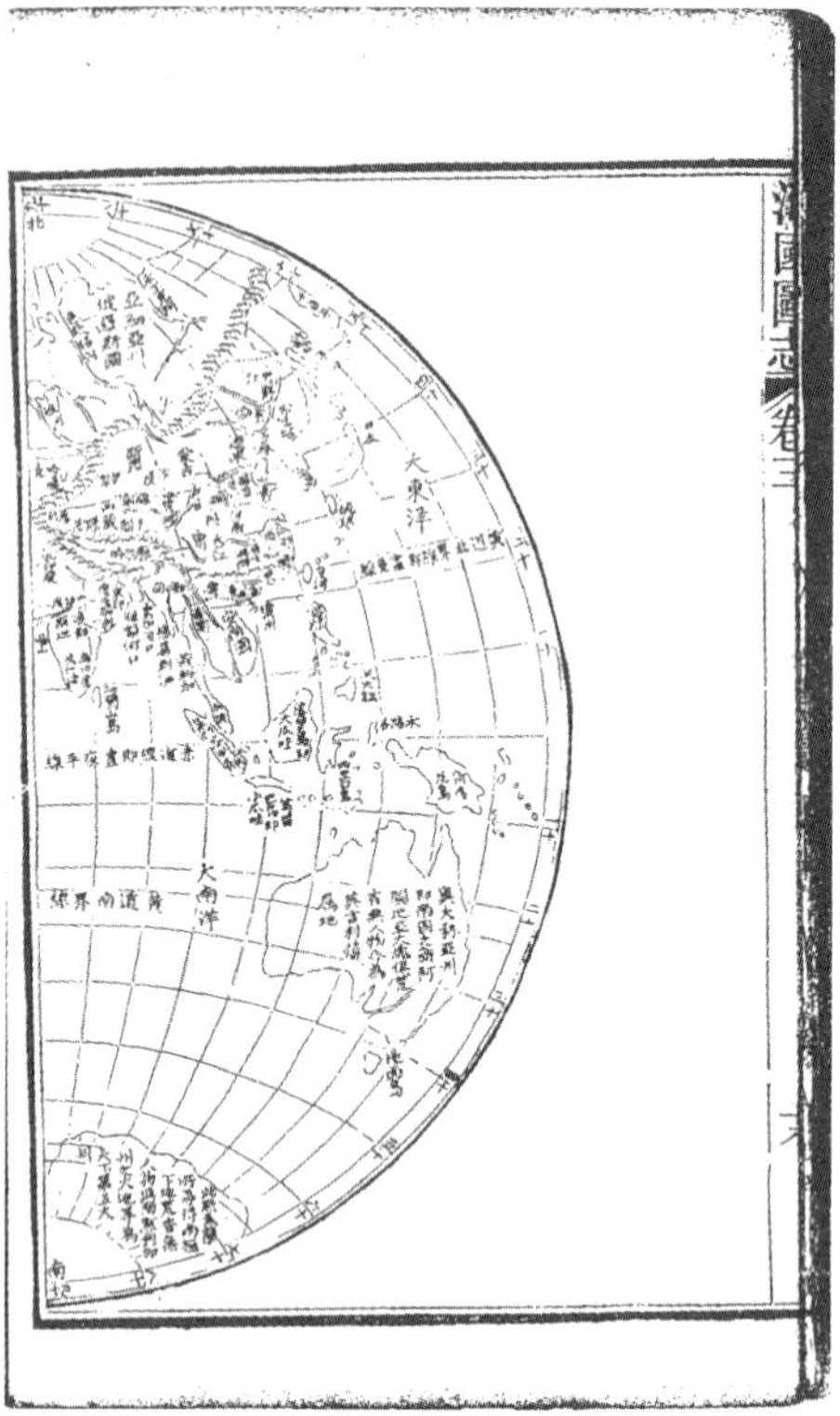

72　『海国図志』(部分)

(一八四二年)によく現れている。『聖武記』が中国を中心とした地続きの世界を示すのに対し、『海国図志』は世界の諸国家を大陸別ではなく大洋別に把握し、中国は海洋国家の一つとして位置づけられた。

魏源の著作は幕末の日本に輸入され、西洋を含む新しい世界に眼を向けたその経世思想は、佐久間象山《さくましょうざん》(一八一一―一八六四)や吉田松陰《よしだしょういん》(一八三〇―一八五九)ら幕末の志士に大きな影響を与えた。

六　洪秀全の夢

一八二八年に続けて二度目の科挙の院試に臨んだが不合格におわった一八三三年、洪秀全《こうしゅうぜん》(一八一四―一八六四)は『勧世良言《かんせいりょうげん》』という書物を「明代の服装をした外国人」から入手した。一八三七年、彼は三度目の院試にも不合格となり、故郷の広東に帰って落胆による重病の床につき、不思議な夢を見た。それは、『勧世良言』の一場面であり、「老人」から孔子が詰問されて罪を悔い、洪秀全が「長兄」とともに邪神を斬り滅ぼす、という夢であった。一八四三年、四度目の院試にも不合格となった後、『勧世良言』を詳細に読んだ彼は、数年前の夢に出てきた「老人」がエホバ、「長兄」がイエスだと知り、自らはイエスの弟であると悟り、この夢が孔子（＝伝統中国）を否定する夢であると理解した。この年、洪秀全ら四名から成る『勧世良言』の読書会、すなわち拝《はい》上帝会《じょうていかい》が結成された。彼らは故郷の人々に容《い》れられなかったが、一八四四年以降、世直しの思想と「同家食飯（みな一緒に飯を食べよう）」というスローガンを掲げて信者を獲得し、金田村《きんでんそん》（広西）を根拠地として大規模な集団となっていった。

一八五一年、金田村で「太平天国」の建国が宣言され、北京を目指して北伐《ほくばつ》を開始し、道中、参加する者があとを絶たない中、一八五二年には長江に達し、一八五三年に南京を陥落し、そこを首都「天京《てんけい》」とした。この時点での太平天国軍は総数百万人と言われ、このうち、二十万の北伐軍が北京へ進撃し、清朝政府を震え上がらせた（が、一八五五年、北伐軍は天津近辺で清朝軍に敗北し壊滅した）。

73　曾国藩

74　李鴻章

一八五三年、湖南省の曾国藩は、咸豊帝《かんぽうてい》（一八三一―一八六一）の命令に従って武装自衛団を組織したが、太平天国軍に勝つためには清朝の正規軍にない新しい軍事力の創出が必要であると考え、士気の高い義勇軍である湘軍を編成し、太平天国軍との対決のために遠征した。また、李鴻章《りこうしょう》（一八二三―一九〇一）は淮軍《わいぐん》を組織し、第二次アヘン戦争（一八五六―一八六〇）でイギリスから赴任したゴードン（一八三三―一八八五）率いる常勝軍《じょうしょうぐん》とともに、太平天国軍を挟み撃ちにした。一八五六年以降、太平天国は、指導者間で内部抗争が生じ、一八六四年にリーダーの洪秀全が没して弱体化し、湘軍との戦いで天京が陥落した。こうして田畝《でんぽ》をみなで耕し収穫物をみなで分ける平均主義をうたった天《てん》朝田畝制度《ちょうでんぽせいど》を理想とした洪秀全の夢は、完全に醒めてしまったのである。

75　江南機器製造局翻訳館

76　郭嵩燾

七　洋務運動――「自強」をめざして

アヘン戦争敗北後の中国の関心は、西洋の富強を支えるものは何か、にあった。

魏源の『海国図志』は、西洋に学ぶべき技術として大砲と軍艦を挙げた。その後、第二次アヘン戦争直後に執筆されたと見られる馮桂芬《ふうけいふん》（一八〇九―一八七四）の『校邠廬抗議《こうひんろこうぎ》』は、西洋の富強を支える原理として、数学や物理学などの西洋の自然科学の導入を主張した。太平天国の討伐で頭角を顕した人のうち、左宗棠《さそうとう》（一八一二―一八八五）は福州船政学堂《ふくしゅうせんせいがくどう》を設立し、曾国藩と李鴻章は一八六五年に銃砲・軍艦の製造を目的とする江南機器製造局《こうなんききせいぞうきょく》を上海に設立した。ここには一八六八年に附属施設の翻訳館が設立されて西洋書籍の翻訳が行われ、多数の翻訳書が刊行された。これらの翻訳書は、西学に関心のある知識人にとって、日清戦争以前における最大の情報源であった。

また、イギリス・フランスへ公使として派遣されてヨーロッパでの見聞を深めた郭嵩燾《かくすうとう》（一八一八―一八九一）は、洋務運動を推進すべきことを主張した。さらに、一八八〇年代以降、王韜《おうとう》（一八二八―一八九七）や鄭観応《ていかんおう》（一八四二―一九二二）らは、西洋の富強の根拠を議会制度や学校制度にもとめた。

しかし、西学の影響力の拡大は、経学に立脚した学者＝官僚の既得権益と存在理由を危うくするという危機感と常に表裏一体であり、西学の導入の正当化と限定化のために、両者の関係は「中体西用《ちゅうたいせいよう》」などと呼ばれた。

77　梁啓超

78　光緒帝

79　西太后

八　日本への意識

清は、日清戦争（一八九四―一八九五）で敗北した。これは、清にとって、「自強」をめざして続けてきた洋務運動の限界を示すできごとであり、富強を支えるものが大砲や軍艦ではないことを思い知らされた。敗戦の翌年一八九六年には、日本に学ぶため、公費による初めての中国人留学生十三名が、早速、日本に派遣された。

国内では、康有為・梁啓超《りょうけいちょう》（一八七三―一九二九）・譚嗣同ら改革派知識人が、日本の勝利の鍵は、明治維新、言い換えれば、中国には無かった「文明開化」を通じて西洋の学問や諸制度をいち早くとり入れた点にあると考え、「変法《へんぽう》（制度改革）」の必要性を唱えた。一八九八年六月、康有為らの意見を採用した若き光緒帝《こうしょてい》（一八七一―一九〇八）の主導で「戊戌《ぼじゅつ》の変法《へんぽう》」に着手した。北京大学の前身である京師大学堂《けいしだいがくどう》が創立されたのは、この時である。しかし、同年九月、守旧派の西太后《せいたいごう》（一八三五―一九〇八）らのクーデターに遭って「変法」は頓挫し、光緒帝は幽閉され、康有為・梁啓超は日本へ亡命し、捕まった譚嗣同は処刑された。これが戊戌《ぼじゅつ》の政変《せいへん》である。

その後、各国の中国侵略に反抗して蜂起した義和団《ぎわだん》が、日本を含む八ヶ国連合軍に鎮圧された義和団事件《ぎわだんじけん》（一九〇〇年）を踏まえ、一九〇一年から排外政策を根絶するための「新政」が行われた。その一環として、一九〇四年五月、最後の科挙が実施され、翌一九〇五年、科挙は廃止されるに至った。これにより、西洋の学術を摂取することに何の障害もなくなり、外国に留学する人が増加した。留学先として、西洋の学術の蓄積があり距離の近さや費用・文字の点で都合のよかった日本へ殺到し、一九〇五年の日本への留学生は八千人をこえた（前年は約千三百人）。中国人留学生たちは、思考の道具として日本製の訳語を採用し、幕末・明治の日本が約五十年かけて蓄積した西洋の学術をたちまちに吸収した。彼らが日本で吸収した学術のうち、母国・清の実情をよく説明できた理論が、社会進化論にほかならない。

九　社会進化論（ソーシャル・ダーウィニズム）

社会進化論は、イギリスのスペンサー（一八二〇―一九〇三）に始まる。スペンサーは、進化（evolution）を一（単純）から多（複雑）への変化と捉え、未開社会から文明社会への変遷も進化であり、理想的な人類社会の到達点を自由主義国家とした。

イギリスでダーウィン（一八〇九―一八八二）の『種の起源』が刊行されたのは一八五九年一一月のことである。ダーウィンの生物進化論を初めて日本に紹介したのは、アメリカの動物学者で大森貝塚の発見者として有名なモース（一八三八―一九二五）であった。モースは、一八七七年に来日し、一八七八年から二年間、東大で生物学科動物学の主任教授をつとめた。その時の講義が、聴講生の石川千代松《いしかわちよまつ》（一八六〇―一九三五）によって翻訳されて一八八三年に『動物進化論』として刊行された。「適者生存《てきしゃせいぞん》」（survival of the fittest、スペンサーの造語、井上哲次郎《いのうえてつじろう》（一八五五―一九四四）の訳語）、「生存競争《せいぞんきょうそう》」などの訳語が安定して用いられている。

生物学の分野は、進化論ブームに湧いたが、日本社会一般の進化論への関心は、人間社会の生存競争・優勝《ゆうしょう》劣敗《れっぱい》・自然淘汰《しぜんとうた》・適者生存を説く社会進化論にあった。この社会進化論の流れに乗って、十八世紀欧米の啓蒙思想家が唱え日本にも影響を与えた天賦人権論を否定し放棄した『人権新説《じんけんしんせつ》』（一八八二年一〇月）が加藤弘之《かとうひろゆき》（一八三六―一九一六）によって著されると、自由民権論者から反対論が続出し、当時の知識人の間に一大センセーションを巻き起こした。

一方、中国では、イギリス留学の経験をもつ厳復《げんぷく》（一八五三―一九二一）の全訳によってイギリスのハックスレー（一八二五―一八九五）の著書『進化と倫理』が『天演論《てんえんろん》』というタイトルで刊行されたのが一八九八年であった。社会進化論を主題とする『天演論』は、内憂外患に危機感を抱く多くの知識人に対し危機の原因と危機への対処とを整合的に説明することに成功したため、『天演論』は知識人の間で爆発的なブームとなった。

しかし、社会進化論の普及に貢献したのは、古典中国語で翻訳した厳復でなく、日本人の造った訳語を用いた梁啓超であり、また日本に留学した中国人学生たちであった。一八九八年の戊戌の政変で日本に亡命した梁啓超は、横浜を拠点に活動し、日本人の著作を読み漁り、その中で最も熱中したのが社会進化論であった。梁啓超は、『清議報《せいぎほう》』（一八九八年創刊）や『新民叢報《しんみんそうほう》』（一九〇二年創刊）などの雑誌を刊行して平易な文言で社会進化論の紹介と宣伝に努め、これらの雑誌が日本から中国にもたらされると、特に多くの若者たちに新鮮な感動を与え、社会進化論が中国社会に普及していった。

80　厳復像（天津市・古文化街）

十　国学と章炳麟の思想

科挙の廃止により、西学を摂取することに何の障害もなくなったが、西学の摂取が盛んになる中で、西学との対抗意識に基づきナショナリズ

81　章炳麟

ムの観点から中国の伝統的学問を捉え直す「国学」が起こった。その代表的な学者が章炳麟《しょうへいりん》（一八六九―一九三六）である。

浙江省余杭《よこう》出身の章炳麟は、二十代の頃、阮元が杭州に建てた詁経精舎で学び、古文の『春秋左氏伝』の学問を支持した。当時、康有為は『新学偽経考《しんがくぎけいこう》』（一八九一年）で劉歆による古文経書の捏造を説きセンセーションを巻き起こしたが、章には受け入れられなかった。

やがて「変法」運動に参加するが、「変法」頓挫後は革命運動に参加し、「変法」派の康有為を駁《ばく》した文章「駁康有為論革命書（康有為を駁して革命を論ずる書）」が一九〇三年に雑誌『蘇報《そほう》』に掲載されると、その中の清朝を否定した革命思想の文章が問題となって牢獄に繋がれた。獄中で仏教書やショーペンハウアー（一七八八―一八六〇）の著作を読んだことが、章の思想転換の契機となった。一切の存在は因縁によって成立するとし煩悩からの解脱を説く仏教の見方が、ショーペンハウアーの「意志」の考え方――あらゆるものの根源である「意志」の作用により人は絶えず欲望を追いかけるので「意志」を滅却しなければ人生は苦痛に満ち幸福になれない――に通底すると見たのである（ショーペンハウアー自身もインド哲学を研究した人である）。

一九〇六年に出獄すると日本に渡り、中国同盟会《ちゅうごくどうめいかい》に参加するかたわら、「国粋」「国学」を深く意識し追究し始める。それは、ヒンドゥイズムをナショナルな独立運動の精神的支柱としつつあったインドの文化を見直し、それから刺激されて仏教への志向を強めたものであった。ちなみに、「国粋」とは、nationalityに対する日本製の訳語である。

章は、中国同盟会の機関誌『民報《みんぽう》』の主筆となって、当時支配的であった公理《こうり》・進化《しんか》・惟物《いぶつ》・自然《しぜん》という四惑《しわく》を批判し、仏教思想に基づく五無《ごむ》（無政府《むせいふ》・無聚落《むしゅうらく》・無人類《むじんるい》・無衆生《むしゅじょう》・無世界《むせかい》）を説き、来たるべき新しい中国を「中華民国《ちゅうかみんこく》」と名づけた。

第十一章　学術の分類と目録学

ある漢籍（漢籍とは中国人が漢字だけで記した論著をいう）を閲覧することが必要となった時、目録学に関する知識をもっていなければ、漢籍目録を手がかりにすることはおろか、その漢籍を見つけることは容易ではない。中国学の道に入った者は、だれもが目録学を身につける必要がある。

目録学とは、漢籍を分類したり解題（提要）を記す作業のほか、その漢籍のよってきた学術の源流や流派を明らかにする学問であり、中国で特殊に発達した。目録学の重要性は、清代の王鳴盛の『十七史商榷』巻一に、次のように説かれている。

目録の学は、学問の中で何よりも大切なことである。ここから学問の道をもとめてこそ、学問の門を見つけて入ることができる。しかしこのことは、苦労して研鑽を積み、すぐれた師にその意味を問いたださなければ、簡単にわかるものではない。

本章は、目録学の意義を理解するために、現存最古の漢籍目録である『漢書』藝文志、四部分類が確立する『隋書』経籍志、今日の漢籍目録に多大な影響を与えている清代の一大コレクション『四庫全書』の三つについて、詳説するものである。

一　『漢書』藝文志

（一）劉向による中秘書の整理事業

目録学は、前漢時代の劉向・劉歆父子に始まる。前二六（河平三）年、劉向は、中秘書（宮中の図書）の校讎を命ぜられた。校讎とは、同一書のいくつかのテキストを突き合わせ、木竹簡の配列を確定し、素《しろきぬ》（帛ともいう）に清書する作業である。

では、残されている記録を頼りに、劉向の書籍整理について、やや詳しく述べていこう。まず、『漢書』藝文志には、次のように記録されている。

> 成帝の時代になると、書籍が散佚したことを受けて、謁者《えっしゃ》の陳農《ちんのう》にのこっている書籍を世の中から集めさせた。成帝は詔をくだして光禄《こうろく》大夫《たいふ》の劉向に経伝・諸子・詩賦を校讎させ、歩兵校尉《ほへいこうい》の任宏《じんこう》に兵書を校讎させ、太史《たいし》令《れい》の尹咸《いんかん》に占卜の書籍を校讎させ、侍医《じい》の李《り》柱国《ちゅうこく》に医薬の書籍を校讎させた。一書の校讎が終わるたびに、劉向はその書籍の篇目を列挙し、その趣意をつまみとり、記録してそれを奏上した。

劉向は、一つの書物の校讎がおわるたびに、その書物に関する記録をとった。これを書録《しょろく》（または叙録《じょろく》）という。この各書の書録については、梁の阮孝緒《げんこうしょ》（四七九―五三六）が、むかし劉向は書籍を校讎するたびに書録をつくり、その書籍の趣旨を筋道立てて説明し、その書籍の誤りを識別した。校讎をおえたものから奏上し、いずれの書録も当該書に附載した。当時また別に多くの書録を集め、これを『別録《べつろく》』といった。すなわち今の『別録』がこれである。

（『広弘明集』巻三所収「七録序《しちろくじょ》」）

と述べている。書録を集めて別に一書にしたものを『別録』といった。『別録』は、唐末五代の動乱で亡佚したが、『管子』『晏子春秋《あんししゅんじゅう》』『荀子』『列子』『鄧析子《とうせきし》』『関尹子《かんいんし》』『韓非子』『戦国策《せんごくさく》』『山海経《せんがいきょう》』の書録は今日に伝わる（このうち『山海経』の書録は劉歆撰）。

宮中に集められた書籍は、具体的にどのように校讎されたのか。当時の書写材料に注目して、次の記述を見てみよう。

劉向の『別録』によれば、「殺青《さっせい》」とは、ただ竹を処理して簡書を作ることにほかならない。新しい竹には汁があり、腐ったり虫に喰われやすい。およそ竹簡を作る場合は、いずれも火の上で竹をあぶって乾燥させる。陳や楚の地域では、この作業を「汗《かん》」と言うが、「汗」とは竹の汁を除去することである（＝汗簡《かんかん》）。呉や越の地域では（この作業を）「殺《さつ》」と言うが、やはり（竹の青みを）処理することである（＝殺青）。劉向は成帝のために書籍の校讎を二十数年担当したが、どの書籍もまず竹簡に記してから、それを改変して稿本を定め、清書してよいものは素《しろきぬ》（帛書）に記したのである。

（『太平御覧』巻六百六所引『風俗通義《ふうぞくつうぎ》』）

すなわち、宮中で整理される書籍は、まず竹簡に記される。これは、あくまで下書きにすぎない。そして、同一書のいくつかのテキスト、例えば、『荀子』であれば、各地から集められた複数の『荀子』のテキストを突き合わせ、文言や木竹簡の配列を照合し確定させる作業を行う。そうしてできあがるのが稿本となる。稿本を検討して問題がないばあい、高級な書写材料である素《しろきぬ》に清書された。清書することは、決定版であることを意味する。高級な書写材料である素に記される段階は、文言を改変することのない決定版の清書の段階だったのである。

（二）劉歆の『七略』

中秘書の整理事業は、劉向一代では終わらなかった。劉向の没後、息子の劉歆がこの事業を継続することになった。次の文章は、その顛末を記したものである。

劉向が死ぬと、哀帝は向の子で侍中奉車都尉《じちゅうほうしゃとい》の歆に父の業務を〔継続させ〕完了させた。歆はその際〔宮中の〕群書を総括して『七略』を〔編んで〕奏上した。〔『七略』には〕輯略《しゅうりゃく》・六藝略《りくげいりゃく》・諸子略《しょしりゃく》・詩賦略《しふりゃく》・兵書略《へいしょりゃく》・術数略《じゅっすうりゃく》・方技略《ほうぎりゃく》〔の七部門〕がある。いま〔わたくし班固は〕『七略』の枢要をとって、この書〔『漢書』〕に入れた。

（『漢書』藝文志）

劉歆は、父・向の没後、宮中の書籍整理の業務を継いで完了させた。『七略』は、劉歆によって編纂された中国最初の漢籍目録であるが、父・向が記した書録があってこそ成ったものであり、これは、父子二代にわたる仕事である。「略」は、境界・区分を意味する。

ところで、『隋書』経籍志の史部・簿録《ぼろく》には、

七略別録　二十巻　劉向撰

七略　七巻　劉歆撰

が著録されている。『七略別録』について、姚振宗《ようしんそう》（一八四二—一九〇六）は、

劉向は校讎を担当したが、〔彼が死んで〕仕事を終えていない以上、『別録』は成書の過程を経ていない。二十巻が伝わってきたが、おそらくは子駿《ししゅん》〔劉歆の字《あざな》〕が『七略』を奏上した時に成ったのであろう。『七略別録』といっているのは、『七略』のほかに、別にこの書録があった、という意味である。劉向の当時は〔『別録』は〕まだ奏上されていなかったのである。

（姚振宗『七略別録佚文《しちりゃくべつろくいつぶん》』叙《じょ》）

と考察している。『七略』も唐末五代の動乱で亡佚し伝わらないが、劉歆の没後約六十年を経て、『漢書』を編纂していた班固が『七略』の枢要をとって『漢書』に編入した。これが『漢書』藝文志である。したがって、亡佚した『七略』の分類の大要は、『漢書』藝文志を通して、間接的に知ることができる。

（三）『漢書』藝文志の分類システム

『七略』は、前述したように、輯略・六藝略・諸子略・詩賦略・兵書略・術数略・方技略で構成されていたようである。しかし、現在伝わる『漢書』藝文志は、六藝略・諸子略・詩賦略・兵書略・数術略《すうじゅつりゃく》・方技略で構成される。両者の違いは、二つある。

一つは、輯略の有無である。顔師古が「「輯」は「集」と同じで、多くの書物の総まとめを意味する。」と注しているように、輯略はおそらく他の六略《りくりゃく》に収められる書籍の総論であり、少なくとも書籍の目録部分に該当しない、と思われる。二つは、「術数略」か「数術略」かの違いである。これについては、後漢時代に術数も数術もほぼ同様の意味で使われている形跡があり、術数ないし数術と呼ばれる独立した学問領域があったものと解しておくのがよい。したがって、『漢書』藝文志の分類は、輯略をのぞく六略で考えればよい、ということになり、

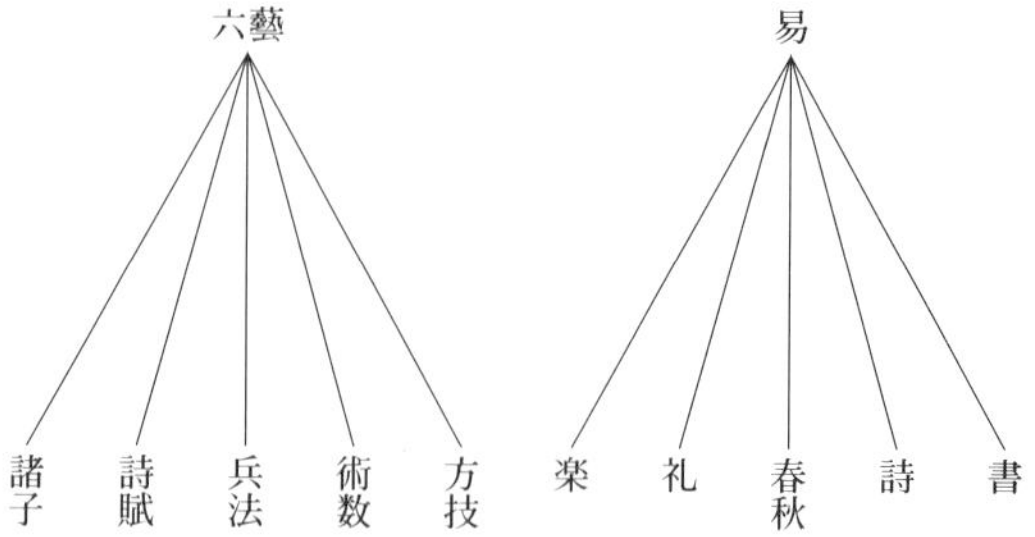

六藝略の分類構造

『七略』の分類構造

82　六分法による分類

つまるところ、『七略』は六分法を採用していたのである。

ところが、この六分法は、『七略』本体の分類のみならず、その一部門である六藝略の分類にも採用されている。六藝略の分類構造について、次のような記述がある。

六経の文について言えば、『楽』は精神を柔和にする。「仁」の表れである。『詩』は言を正す。「義」のはたらきである。『礼』は秩序を明らかにする。明らかというのは顕著に現れるということであり、それゆえ〔「礼」の〕字義解釈は無いのである。『書』はあまねく政治を行う。「知」の術策である。『春秋』は事の是非を決する。「信」のしるしである。五者は、五常〔仁・義・礼・知・信〕の道であり、お互いを必要としあって完備する。そして『易』はこれらの源である。それゆえ〔『易』繫辞上伝に〕「『易』が見られないのであれば、乾坤《けんこん》〔天地陰陽のはたらき〕はおそらく終息したに等しい。」というのであるが、これは〔『易』が〕天地と終始をともにする〔＝『易』は不易である〕という意味である。〔一方、『詩』『書』『礼』『楽』『春秋』の〕五学は、時代によって変易する。それはまるで五行《ごぎょう》が交互に勢力をふるうようなものである。

〔『漢書』藝文志・六藝略・大序〕

六藝略の分類構造と『七略』本体の分類構造とが、ともに六分法を採用していることを図示すると、82のようになる。

この六分法により、経学至上主義のシステムが確立し、以後の中国の学術に強い影響を与えた。しかし、学術の六分法はやがて姿を消し、学術は四分されるようになる。

二　『隋書』経籍志

（一）四部分類の出現

現存最古の漢籍目録は『漢書』藝文志であり、現存する二番目に古い目録が『隋書』経籍志である。両者の時間的な隔たりは約六百年であり、その間にいくつか目録が編まれたが、それらは今日伝わらない。そのうち、王倹《おうけん》の『七志《しちし》』と阮孝緒の『七録《しちろく》』については、目録の構成が伝わっている。劉歆の『七略』からの影響であろうか、『七志』『七録』も「七」という数に、構成のバランスをもとめたようである。『七略』『七志』『七録』の構成は、以下のとおりである。

『七略』　輯略・六藝略・諸子略・詩賦略・兵書略・術数略・方技略
『七志』　経典志・諸子志・文翰志・軍書志・陰陽志・術藝志・図譜志　附道・佛
『七録』　経典録・記伝録・子兵録・文集録・技術録・佛録・道録

その後、はじめて経《けい》・史《し》・子《し》・集《しゅう》の名で四部を立てたのが『隋書』経籍志であるが、『七録』の七部の子目が、『隋書』経籍志の四部（＋道経部・佛経部）の子目の基準となっている（ここでは、子目の詳しい比較や説明は、省略する）。すなわち、細かい子目を七部の体系から類別意識の明確な四部（この時の実質は六部だが道経部・佛経部は後に子部に吸収される）の体系に組み換えたのが『隋書』経籍志であった。

実は、経・史・子・集の四部は、もともとは甲《こう》・乙《おつ》・丙《へい》・丁《てい》であった。『隋書』経籍志・総序には、以下のとおり、このことを伝える記述がある。

　魏が漢にかわると、散佚した書籍を採集し、秘書省《ひしょしょう》・中閣《ちゅうかく》・外閣《がいかく》の三ヶ所に収蔵した。魏の秘書郎の鄭黙《ていもく》は、最初に『中経《ちゅうけい》』を作り、秘書監の荀勗《じゅんきょく》は、『中経』に基づいて、さらに『新簿《しんぼ》』を著し、四部に分け、群書を総括した。第一は甲部《こうぶ》といい、六経や小学などの書物をしるす。第二は乙部《おつぶ》といい、むかしの諸子百家・近時の諸学派・兵書・兵家・術数を収める。第三は丙部《へいぶ》であり、歴史書・故事・〔類書の〕皇覧簿・雑事を収める。第四は丁部《ていぶ》であり、詩賦・画賛・〔二八〇年頃出土した〕汲冢書を収める。

　これによると、四部分類は、荀勗の『中経新簿』に始まる。しかし、この甲・乙・丙・丁の四部は固有の名称ではなく、ABCDのような便宜的なものにすぎず、書籍の分類と学術の分類とがまだうまく合致していない段階であり、後の類別意識の明確な経・史・子・集の四部分類とは異なるものであった。

(二)『隋書』経籍志と史部の独立

『隋書』経籍志において、類別意識を特に明確にさせたのは、六朝期における歴史書の飛躍的な増大であった。大量に著された歴史書をどう整理分類するかが課題となるのは自然の流れであり、『七録』記伝録の段階でおおむねその枠組がととのったと言える。しかし、「史部」を四部分類の一部門として明確に独立させたのは、やはり『隋書』経籍志の編纂者の意図にかかるのである。『隋書』経籍志には、こう述べられている。

　班固は歴史書を〔『漢書』藝文志・六藝略の〕『春秋』の項に附載したが、いまその部類を開設し、全部で十三種、史部として独立させる。

（『隋書』経籍志・史部・後序）

事実、『漢書』藝文志では、『戦国策』や『太史公』（＝『史記』）が六藝略の『春秋』の項に列挙されている。『隋書』経籍志における「史部」の明確な独立は、史学が『春秋』学（経学）から離れ、一つの学問領域として成立したことを意味している。

四部分類は、『隋書』経籍志で枠組が確定し、その分類（子目の設定）や配列は後代の目録の基準となり、清代の『四庫全書総目提要《しこぜんしょそうもくていよう》』に至るまで、基本的な部分は踏襲された。わが国へも影響を及ぼし、藤原佐世《ふじわらのすけまさ》編『日《に》本国見在書目録《ほんこくげんざいしょもくろく》』（八九一年頃成立）は、『隋書』経籍志の体裁をほぼ取り込んだ、当時の日本に現存した漢籍の目録である。

三　『四庫全書』

（一）蔵書家の出現

人はなぜ書籍を蔵するのか。書籍を大量に所有する者は、みな真の蔵書家であろうか。

戦国時代の恵施は車五台分の簡牘《かんとく》の書籍を所有し、晋の張華《ちょうか》（二三二―三〇〇）は車三十台分の書籍をもち、梁の任昉《じんぼう》（四六〇―五〇八）は一万余巻をあつめ、唐の李泌《りひつ》（七二二―七八九）は三万巻以上の巻子本の書籍を蔵した、という。

手書きの木竹簡や巻物の書籍は大量生産が容易でなく、また流通システムが未整備で、購入資金の調達や大量の書籍を収める莫大な空間が必要なことを考えると、蔵書は誰にでも可能なことではなかった。ところが、宋代の印刷技術の革新にともない、多くの人が万巻の書籍をもつことが可能となった。宋代の晁公武《ちょうこうぶ》編『郡斎読書《ぐんさいどくしょ》志《し》』（一一五一年）は晁氏数代にわたる個人蔵書の最初の目録である。

中国の現存最古の蔵書楼は、一五六一年に建てられた范欽《はんきん》（一五〇六―一五八五）の天一閣《てんいつかく》である。その他、

83　范欽像（浙江省寧波市・天一閣）

有名な蔵書楼に毛晋の汲古閣や祁承㸁《きしょうかん》（一五六三―一六二八）の澹生堂《たんせいどう》がある。

真の蔵書家とは、ただヤミクモに書籍を蒐集する人でなく、その書籍の由来を知り、古い文献や善本を保存し、珍本や天下の孤本をさがし求めるなど、書籍に対する鑑識眼を備えて蒐集する人を指す。ここに挙げたのは、そのような真の蔵書家たちである。

（二）『四庫全書』の成立――乾隆帝の文化事業

乾隆帝の在位期間は、一七三六年―一七九五年と長く、清朝で最も安定した時代と言ってよい。乾隆帝は、長い治世の間に、台湾・ミャンマーなどに十回遠征して清朝の版図を最大規模に拡大し、また社会政策として減税を実施した。文化事業も盛んに行われ、『大清一統志』のほか、皇朝三通《こうちょうさんつう》（『欽定皇朝文献通考《きんていこうちょうぶんけんつこう》』『欽定皇朝通典《きんていこうちょうつてん》』『欽定皇朝通志《きんていこうちょうつうし》』）、続三通《ぞくさんつう》（『欽定続文献通考《きんていぞくぶんけんつこう》』『欽定続通典《きんていぞくつてん》』『欽定続通志《きんていぞくつうし》』）、『大清通礼《だいしんつうれい》』、『大清会典《だいしんかいてん》』などが次々と編纂され、漢籍愛好者であった乾隆帝は、文字通り、右文《うぶん》（学問重視）の君主として知られる。乾隆帝の文化事業の最たるものが、『四庫全書』編纂事業にほかならない。

①『四庫全書』編纂の経緯　一七七二年、乾隆帝は文治を広めるという名目で全国の書籍の調査を命じた。この時点では、乾隆帝の念頭に『四庫全書』編纂の意図はなかったという。それまでは、亡佚した書籍の記述を幅広く蒐集した一大文献集成として『永楽大典』（一四〇七年成書）が知られていた。この全国書籍調査の過程で、安徽学政《あんきがくせい》（学政は教育監察官）の朱筠《しゅいん》（一七二九―一七八一）が『永楽大典』の価値に着目し、翌一七七三年、朱筠は『永楽大典』中の散簡零編の校定編輯の重要性を述べ、四庫全書館の開館を上奏した。そこで、乾隆帝は、

『永楽大典』の記述に関連する輯佚・校勘を軸とした『四庫全書』の作成を決定した。四庫全書館が開かれて以降、『永楽大典』中に散見し世に伝本のまれなものはもとより宮中の蔵書・民間の書籍が広く集められた。そして、選別・校勘を経て解題を加えて写本をつくり、最初の一セットが一七八一年に完成した。実際の著録は三四五七部・七九〇七〇巻、存目（目録のみの記載）は六七六六部・九三五五六巻に達した（以上の部数・巻数の数え方は必ずしも一定しているものではない）。乾隆帝は寵臣の和珅《わしん》（一七五〇―一七九九）らを四庫全書館正総裁に据え、謝墉は四庫全書館総閲として、紀昀は総纂官として、戴震・邵晋涵・朱筠・翁方綱《おうほうこう》（一七三三―一八一八）・姚鼐《ようだい》（一七三一―一八一五）ら当時の第一線の学者が纂修官として、それぞれ編纂作業に従事した。

書籍の蒐集に際しては、蔵書家の果たした役割が小さくない。天一閣からは六三八種の書籍が献上され、父の代からの蔵書家である鮑廷博《ほうていはく》（一七二八―一八一四）は宋版・元版を含む六〇〇余種の善本を寄進した。紫禁城《しきんじょう》の書庫である文淵閣《ぶんえんかく》は、天一閣をモデルとした。

ちなみに、『四庫全書』は、経・史・子・集の四部ごとに、各冊の表紙が黄色（経部）・赤色（史部）・青色（子部）・灰色（集部）に色分けされている。

84　『欽定武英殿聚珍版程式』（部分）

②武英殿聚珍版《ぶえいでんしっちんばん》　武英殿とは中央官庁の出版所、聚珍版とは活字版の別名で乾隆帝が与えた名称である。四庫全書館副総裁の金簡《きんかん》（一七九四没）が、後学のために『四庫全書』の中で特にすぐれた書籍を選択して印刷しようとした際、書籍の種類が多いため版木にほるのは数が膨大となって容易でないと考え、費用が安く仕事がはやくはかどる方法として、木活字を組んで印刷することを奏上して裁可された。金簡の著書『武英殿聚珍版程式《ぶえいでんしっちんばんていしき》』は、その経験をもとに書かれた出版事業報告書である。この『程式』

によって活字印刷法が世に紹介されて以降、少部数の印刷に能率的な活字印刷が中国各地で盛行した。

③『四庫全書総目提要《しこぜんしょそうもくていよう》』　『四庫全書』の（「存目」書も含む）解題目録が、『四庫全書総目提要』である。これは、『四庫全書』編纂の過程で作成された、経・史・子・集の四部分類に区分した各文献の提要（解題）をまとめた、中国最大の解題目録である。『四庫全書』の各著録書の巻頭にも提要が附されているが、『総目提要』の文章との間に異同があるものもある。この目録で確立した分類が、以後の漢籍目録に与えた影響は大きい。

④禁書《きんしょ》と文字《もんじ》の獄《ごく》――『四庫全書』成立の裏側　『四庫全書』は、集められるかぎりの中国全土の書籍をあますところなく採録したものであったのだろうか。いや、そうではなかった。乾隆帝が全国から書籍を蒐集してみると、清朝政府の体面をそこなう著作、華夷の区別を論じ満族に対し侮蔑・反感を示すものが少なからずあった。そのため、宋応星『天工開物』や徐光啓『農政全書』など明朝の富強に役立つ実学書、『明実紀』など明末の野史、マテオ・リッチ『天主実義』など西洋科学技術書、銭謙益《せんけんえき》（一五八二―一六六四）・呂留良《りょりゅうりょう》（一六二九―一六八三）・屈大均《くつだいきん》（一六三〇―一六九六）ら特定の文人の著作、『揚州十日記《ようしゅうじゅうじつき》』『明朝破邪集《みんちょうはじゃしゅう》』や『明史』外国伝など宋《そう》元明清《げんみんしん》約八〇〇年にわたる民族意識に関する書籍が禁書の対象となった。禁書とされた書籍は、十九年間で約三一〇〇点にのぼる。『四庫全書』編纂に従事した人々は禁書リストを作成させられ、この禁書リストに基づいて、禁書は組織的に捜索され、焼かれたり、対象の版木が破壊されたり、原本と内容が全く異なる書籍をもとの題名で出版させたりした。これは、言論弾圧にほかならない。裏を返せば、『四庫全書』編纂事業とは、大多数の漢族に対し少数の満族の支配の正当性を示すための国家事業であったのである。

中国では筆禍事件のことを文字《もんじ》の獄《ごく》という。清朝は漢族にとって異民族王朝であるため、たびたび文字の獄がおこって犠牲者が出た。たとえば、顧炎武は一六六八年に告発されて半年間入獄の憂き目にあった。また、『明史』に不満をもち南明《なんみん》政権の年号を使用し清朝を康熙《こうき》から始まるとした戴名世《たいめいせい》（一六五三―一七一三）は死刑となった。さらに、死後四十余年経った一七二八年に、呂留良は、彼が唱えた夷狄が皇帝になったという点を雍正帝に『大義覚迷録《たいぎかくめいろく》』で批判されたのを皮切りに、一七三二年には屍《しかばね》をさらされ、一族も殺されたり流刑となった。このほか、『四庫全書』編纂中の一七七七年から一七八三年の間に盛んに行われた禁書の抽燬《ちゅうき》（部分的焼却）や改字も、文字の獄にほかならない。人々は、乾隆期が終わるまで文字の獄をおそれた。人々が禁書が緩んだと実感したのは嘉慶期、特に十九世紀に入ってからであった。

しかし、厳しい禁書によって、来たるべき近代に向かうには、中国はあまりにも外国情報に乏しい国となっていた。

（三）『四庫全書』のたどった運命

『四庫全書』は、正本七部・副本一部が用意され、正本は、

（i）文淵閣《ぶんえんかく》（北京・紫禁城）
（ii）文源閣《ぶんげんかく》（北京・円明園）
（iii）文溯閣《ぶんそかく》（奉天《ほうてん》〔今の瀋陽〕・瀋陽故宮）
（iv）文津閣《ぶんしんかく》（熱河《ねっか》〔今の承徳〕・避暑山荘《ひしょさんそう》）
（v）文匯閣《ぶんわいかく》（揚州）
（vi）文宗閣《ぶんそうかく》（鎮江）
（vii）文瀾閣《ぶんらんかく》（杭州）

にそれぞれ収められた。また、副本一部は、

85　円明園遺址（北京市）

86　旧文瀾閣の門前（杭州市）

（viii）翰林院《かんりんいん》（皇族に経書を進講し国史・起居注・詔を作成する中央の役所）

に収蔵された。

正本七部と副本一部は、同じ運命をたどったわけではなかった。現在までの経緯を年代順に整理すれば、以下のようになる。

（vi）文宗閣本は、アヘン戦争で破壊された後、一八五三年の太平天国軍による鎮江攻撃で消滅した。

（v）文匯閣本は、一八五四年の太平天国軍による揚州攻略の際に破壊された。

（ii）文源閣本は、一八六〇年の英仏連合軍による北京攻撃の際、円明園と共に焼失した。

（vii）文瀾閣本は、一八六一年の太平天国軍の杭州攻略時に大半が失われたが、のちに補写して復旧し、一九一一年からは浙江省図書館で保管されている。

（viii）翰林院の副本は、管理が杜撰で盗まれたり虫に喰われたりしたのち、一九〇〇年に八ヶ国連合軍が北京に攻め入った時にバラバラに散じてしまい、散じたものの一部は中国国家図書館や地方の図書館・蔵書家が収蔵している。

（iv）文津閣本は、一九一五年に京師《けいし》図書館（今の中国国家図書館）に移された。

（i）文淵閣本は、満洲に駐留していた日本軍の攻撃や戦火から守るべく、一九三三年、国民政府によってその他の重要文物とともに上海経由で南京に運ばれたが、日本軍が南京へ攻め入ると四川省に運ばれた。第二次世界大戦後、重慶・南京を経て北京の故宮博物院にもどされたが、国共内戦の激化で中華民国政府の形勢が不利になると、一九四八年秋、中華民国政府により故宮博物院から『四庫全書』を含む約三千箱の所蔵品が台北へ運ばれた。この中の『四庫全書』こそ、現在、台北市の国立故宮博物院に所蔵される『四庫全書』である。

（iii）文溯閣本は、（偽）満洲国が東北三省を支配した時は（偽）満洲国の管轄下にあったが、解放後の一九六六年、甘粛省図書館に移された。

87　北京故宮博物院

したがって、作られた当時のまま、あるいはそれに近い状態で現存する『四庫全書』は、中国国家図書館（文津閣本）・甘粛省図書館（文溯閣本）・浙江省図書館（文瀾閣本）・台湾故宮博物院（文淵閣本）の四部である。

現在、『四庫全書』はCD−ROMにデータベース化され、万巻単位の膨大な書籍はパソコン一台の中にすべて収まる時代となった。

四　四部分類の限界

『四庫全書総目提要』の採用した四部分類は、あくまでも『四庫全書』までの中国国内の漢籍（学術）に通用する分類であった。十九世紀後半以降、四部分類で収まりきれない漢籍（学術）が出現し、新たな分類のしかたが必要となってきた。

四部のうち二部以上の分野にわたり、数多くの漢籍を収録した書を叢書《そうしょ》という。言うまでもなく『四庫全書』は叢書であり、『四庫全書』編纂を契機として、多数の叢書が登場し、張之洞《ちょうしどう》（一八三七—一九〇九）の『書目《しょもく》答問《とうもん》』に経・史・子・集以外の分類として叢書が設けられたことに見られるように、今日では第五の分類として叢書部《そうしょぶ》が定着している。ただ、叢書部は四部の応用であることから、まだ従来の漢籍（学術）の分類の枠内にあると言ってよい。ちなみに、叢書部を含むこの分類体系をわが国で早くに踏襲したのが、『京都大学人文科学研究所漢籍分類目録』（一九六三年）である。

ところが、近代になって中国に新たに入ってきた西洋世界の書籍（学術）については、それがたとい中国人が漢字だけで記した論著であるにせよ、従来の四部で分類すること自体に無理があった。ここに、四部で分類できる「旧書」に対し、四部で分類できない「新書」という概念が誕生した。また、二十世紀前半の白話文学や現代の中国人の著作も、四部分類に収まりきらず、「近人雑著部《きんじんざっちょぶ》」「新学部《しんがくぶ》」「現代中国書《げんだいちゅうごくしょ》」などという分類が新たに加わった。ちなみに、現代中国書は、十進分類法で分類されていることが多い。

さらに、近年、物理的な書籍の形をとらない電子媒体での文献（電子書籍・インターネット上の論著など）が増加しており、この種の漢籍をどう分類すればよいのか、という新たな課題が浮上している。

諸子略	儒	子部	儒	子部	儒家類	
	道		道		道家類	
	陰陽					
	法		法		法家類	
	名		名			
	墨		墨			
	縦横		縦横			
	雑		雑		雑家類	雑学
						雑考
						雑説
						雑品
						雑纂
						雑編
	農		農		農家類	
	小説		小説		小説家類	雑事
						異聞
						瑣語
兵書略	兵権謀		兵		兵家類	
	兵形勢					
	陰陽					
	兵技巧					
数術略（術数略）	天文		天文		天文算法類	推歩
	暦譜		暦数			
						算書
	五行		五行		術数類	陰陽五行
	蓍亀					占卜
	雑占					雑技術
	形法					相宅相墓
						数学
						占候
						命書相書
方技略	医経		医方		医家類	
	経方					
	神仙	道経部	経戒			
			餌服			
			符録			
	房中		房中			
		仏経部	経		釈家類	
			律			
			論			
					藝術類	書画
						琴譜
						篆刻
						雑技
					譜録類	器用
						食譜
						草木
						鳥獣虫魚
					類書類	
詩賦略	賦	集部	楚辞	集部	楚辞類	
	賦					
	賦					
	雑賦					
	歌詩					
			別集		別集類	
			総集		総集類	
					詩文評類	
					詞曲類	詞集
						詞選
						詞話
						詞譜
						詞韻
						南北曲

88 『漢書』藝文志（『七略』）・『隋書』経籍志・『四庫全書総目提要』の分類比較

『漢書』藝文志（『七略』）		『隋書』経籍志		『四庫全書総目提要』		
輯略						
六藝略	易	経部	易	経部	易類	
	書		書		書類	
	詩		詩		詩類	
	礼		礼		礼類	周礼
						儀礼
						礼記
						三礼通義
						通礼
						雑礼書
	楽		楽		楽類	
	春秋		春秋		春秋類	
	論語		論語		五経総義類	
					四書類	
	孝経		孝経		孝経類	
	小学		小学		小学類	訓詁
						字書
						韻書
			讖緯			
		史部	正史	史部	正史類	
			古史		編年類	
			雑史		雑史類	
			覇史		載記類	
			起居注			
			旧事			
			職官		職官類	官制
						官箴
					政書類	通制
			儀注			典礼
						邦計
						軍政
			刑法			法令
			雑伝			考工
					伝記類	聖賢
						名人
						総録
						雑録
						別録
			地理		地理類	総志
						都会郡県
						河渠
						辺防
						山川
						古蹟
						雑記
						遊記
						外紀
			譜系			
			簿録		目録類	
					紀事本末類	
					別史類	
					詔令奏議類	詔令
						奏議
					時令類	
					史鈔類	
					史評類	

第Ⅲ部　古典再評価の時代

第十二章　儒教のない世界をもとめて――中華民国

一　孫文と辛亥革命

日清戦争での敗北、戊戌の政変や科挙の廃止などによって、日本に滞在または留学する中国人が増加したが、日本は新しい学問を吸収するための場であったとともに、列強による中国分割（瓜分《かぶん》）に危機意識をもち、中国救亡のために弱体化した清朝の打倒を目指す革命人士たちの交流の場でもあった。戊戌の政変で日本に亡命した康有為や梁啓超、『革命軍《かくめいぐん》』（一九〇三年刊）を著して革命の気運を盛り上げた鄒容《すうよう》（一八八五―一九〇五）、『警世鐘《けいせいしょう》』（一九〇四刊）において対外的な危機意識から「排外」を唱えた陳天華《ちんてんか》（一八七五―一九〇五）、革命団体華興会《かこうかい》の中心メンバーの黄興《こうこう》（一八七四―一九一六）や宋教仁《そうきょうじん》（一八八二―一九一三）、アナーキストの劉師復《りゅうしふく》（一八八四―一九一五）のほか、陳独秀《ちんどくしゅう》（一八七九―一九四二）、魯迅《ろじん》（一八八一―一九三六）そして孫文《そんぶん》（一八六六―一九二五）は、いずれもこの時期に日本に渡って活動した人々である。

一八九〇年代、孫文は、ハワイ・香港での活動を経て、横浜で政治結社興中会《こうちゅうかい》の活動を維持していたが、戊

89　溥儀

戌の政変で亡命した広東出身の康有為によって興中会に吸引された同郷出身の横浜華僑、また日露戦争を清朝打倒の好機と捉えて結成された華興会、一九〇四年に結成された光復会《こうふくかい》の蔡元培《さいげんばい》（一八六八―一九四〇）らとともに、一九〇五年八月、東京で中国同盟会を結成した。中国同盟会は、機関誌『民報』で革命理論を宣伝し、世界各地に支部組織を設置して華僑の支援を集め、中国南部で武装蜂起を展開した。

辛亥革命は、孫文率いる中国同盟会が武力で清朝を打倒した革命であるというイメージがあるかもしれない。しかし、そうではない。一九一一年一〇月、武昌《ぶしょう》で軍隊が蜂起し、これが拡大して無秩序状態が蔓延するのを避けるために十三の省が次々と清朝からの独立を宣言した。独立した各省の代表者から成る臨時参議院で協議した結果、中華民国臨時政府が樹立されたが、内部対立が生じた。そこで、華僑の支援を受けに出かけたアメリカで辛亥革命の勃発を知った孫文が、辛亥革命と無関係であるために臨時大総統に選出されたのである。これが、辛亥革命の実情であり、辛亥革命は特定の個人や党派の企図した革命ではなかったのである。清朝は打倒されたのではなく、清朝政府の実権を握った袁世凱《えんせいがい》（一八五九―一九一六）が革命派と妥協し、優待条件と引き換えに、宣統帝《せんとうてい》溥儀《ふぎ》（一九〇六―一九六七）の退位をもとめ、一九一二年二月に溥儀が退位して清朝は幕を閉じたのである。この妥協の結果、臨時大総統の地位は孫文から袁世凱の手にわたり、袁世凱の独裁化が進むことになった。

二　新文化運動と文学革命

科挙が受験者に要求したことは、古典や先例に基づく詩文作成能力と経書の知識の運用能力であり、科挙は学者＝官僚を生み出す制度であった。科挙の廃止は、教育システムと知識人のあり方に根本的な変更をもたらし、中国社会に甚大な影響を及ぼした。たとえば、秦の始皇帝以来の「皇帝」を頂点とするヒエラルキーは形骸化し、辛亥革命で清朝が幕を閉じたことにより、完全に消滅した。教育システムは、新しい価値観に基づく教育（大学などの新式学校）が整備されることになり、民国期になって外国留学からの帰国者が教壇に立ち、最新の西洋の学術を教えることがふつうのこととなっていった。

しかし、漢代の「儒学の官学化（儒教の国教化）」以来、約二千年間、経学を中心とした知的営為が続いたことは紛れもない事実であり、「儒教」は中国社会の奥深くにまでしみついており、科挙の廃止で知識人の意識ががらりと変わったわけではなかった。西洋化一辺倒に対抗し、孔子を教主とする孔教を樹立して中国文化による中国の変革を企図した康有為の運動もあったが、大勢としては、「儒教」からの真の解放を目指して中国の再生を企図した新文化運動が主流となり、その中核が文学革命であった。文学革命の舞台となったのが陳独秀によって一九一五年に創刊された雑誌『新青年《しんせいねん》』（創刊当初は『青年雑誌《せいねんざっし》』）であり、また北京大学であった。

『新青年』の代表的スローガンは「民主」と「科学」であり、執筆者たちは、「民主」と「科学」を基調とする新文化の建設をうったえた。この背景には、辛亥革命が「儒教」社会の構造や人間の倫理規範を何ら改変することなく、第一次世界大戦（一九一四―一九一八）に参戦中の列強による「瓜分」が深刻になってきたことに加え、袁世凱政権が参戦国の日本からの「対華二十一ヶ条要求」（一九一五年）を受け入れたことへの挫折感・屈辱感・危機感があったと言える。『新青年』の執筆者のうち、『天演論』の影響を受け進化論の「適者生存」にちなんで改名した胡適は、留学中のアメリカから「文学改良芻議《ぶんがくかいりょうすうぎ》」（一九一七年）を寄稿し、古典に典拠をもとめないことや俗字俗語の使用を避けないことなど、文章の表現形式に関する改革をうったえたが、要するに、これは、科挙の影響を受けた知識人が使う古典文言文の使用をやめ、庶民の用いる白話文を用いて文章を綴ろうという主張である。この胡適の主張を受けて、陳独秀は正式に「文学革命」を提唱し、二千年にわたる「儒教」という呪縛からの個人の解放をうったえた（「文学革命論《ぶんがくかくめいろん》」、一九一七年）。また、魯迅は、「狂人日記《きょうじんにっき》」（一九一八年）を著して、

90　李大釗像（北京大学内）

91　蔡元培像（北京大学内）

92　現代の北京大学（南門）

表では礼節を説く「儒教」が裏では生命の抑圧者として「人を食」ってきたことを指摘し、「食人」から脱却して「真の人間」になることを説いた。ここには、「儒教」による暗黒の伝統社会とその一員である自己とを否定することで、未来の子供たちには自分たちがこれまで経験したことのない人間らしい生活を準備しようとする魯迅の犠牲の精神と彼の進化論とが横たわっている。さらに、一九一七年のロシア革命の影響を受けた李大釗《りだいしょう》（一八八九―一九二七）は、人々を革命にたち上がらせる理論としてマルクス主義思想を中国で最初に紹介し、一九二一年の中国共産党の結党へと導いた先駆者であった。

陳独秀・胡適・李大釗や魯迅の弟の周作人《しゅうさくじん》（一八八五―一九六七）は、いずれも北京大学校長の蔡元培に招かれて北京大学教授として活躍した新文化運動の担い手たちであった。

三　第一次世界大戦の影響

日露戦争（一九〇四―一九〇五）の敗北と総力戦を余儀なくされた第一次世界大戦とによって帝政ロシアは弱体化し、一九一七年、レーニン（一八七〇―一九二四）率いるボリシェビキ（ロシア社会民主労働党の分派）が、慢性的な食糧不足に苦しみ、土地の均等配分・共同所有・利用上の平等を要求する農民勢力を取り込んで、帝政ロシアを崩壊させソヴィエト政権の樹立を推進した（ロシア革命）。ソヴィエトとは（本来は会議・評議会のことであるが）、独立した地方権力を意味する。内紛を制して、一九一八年三月、ボリシェビキがロシア共産党となって、ロシアは一党制国家となった。ロシア革命がもたらしたのは、共産党というこれまでに無かった新政治組織である。ロシア共産党の目標は、社会民主主義から脱却し、世界革命を経て共産主義に向かうことにあり、第二インターナショナル（世界各国の社会民主主義の国際組織）に対抗する第三インターナショナル（世界各国の共産党の国際組織＝コミンテルン）の結成を呼びかけた。

一九一九年一月、第一次世界大戦の戦後処理としてパリ講和会議が開かれた。その講和会議で、敗戦国ドイツが保有していた山東省の利権を継承したいという日本側の要求が通り、その返還や「対華二十一ヶ条要求」の破棄をもとめた中国側の要求が退けられたため、五月四日、北京の学生たちによる対日抗議デモが展開され、二十一ヶ条交渉時の担当者であった曹汝霖《そうじょりん》（一八七七―一九六六）の自宅が放火され、駐日公使の章宗祥《しょうそうしょう》（一八七九―一九六二）を殴打した。抗議行動は中国各地に飛び火し、特に上海では日本製品の不買運動や数万人の労働者によるストライキが起こった。結局、パリ講和条約に調印することに同意した政府によってこの騒ぎは鎮圧された。これが五《ご》・四運動《しうんどう》である。

五・四運動の過程で、現実社会の腐敗を憤る人々は、新生ロシア（ソヴィエト連邦）とマルクス主義思想に期待を寄せていった。ロシア革命の衝撃のもと、ソヴィエト連邦にできたコミンテルンの指導と援助を受け、陳独

93　周恩来

秀・李大釗らによって上海で、毛沢東（一八九三―一九七六）らによって湖南で、さらに北京や広東でもそれぞれ共産党小組が結成された。

一九一九年から一九二〇年にかけて、「勤工倹学《きんこうけんがく》（労働しながら学問を修める）」で一六〇〇名余の留学生が生活費の安いフランスに渡ったが、これは中国の教育の不備を補おうとする運動であった（第一次大戦後の荒廃でフランスも人手不足に陥って中国人労働者の手を借りたい情況であったし、中国国内の経済も悪化していた）。「勤工倹学」でフランスに渡っていた周恩来《しゅうおんらい》（一八九八―一九七六）や李立三《りりつさん》（一八九九―一九六七）が共産党結成の運動に着手し、一九二一年に上海のフランス租界で秘密裏に中国共産党が成立するに至った。なお、陳毅《ちんき》（一九〇一―一九七二）や若き鄧小平《とうしょうへい》（一九〇四―一九九七）ら後の中国共産党の幹部たちも「勤工倹学」に参加している。

一方、同年末には、孫文率いる国民党にもコミンテルンの指導者がやってきて、孫文は各階級を統合し革命のための武装組織をつくることに同意し、翌一九二二年、中国共産党員は国民党に入って組織活動を行うように、というコミンテルンの指示を受け、陳独秀・李大釗ら中共の幹部が国民党に入党した。周恩来も一九二三年に国民党に入党し、四年にわたるヨーロッパ留学を終え、一九二四年に帰国した。

四　新文化運動の反動

西洋文明の優位性を説く新文化運動に対しては、その反動として、文化的なナショナル・アイデンティティをもとめ物質文明へ懐疑の眼を向ける人々によって、東洋と西洋の二項対立を軸として論争が起こった。

「変法」の時期に西洋文明に憧れていた梁啓超は、一九一八年から一九二〇年にかけて、第一次世界大戦後のヨーロッパを視てまわり、西洋世界の荒廃にショックを受けた。それと同時に、予期していなかったソヴィエト政権の樹立を知って衝撃を受け、西洋の物質文明や科学万能主義に見切りをつけて、東西文化の融合をうったえた（『欧游心影録《おうゆうしんえいろく》』）。また、蔡元培によって北京大学に招かれてインド哲学を講じていた梁漱溟《りょうそうめい》（一八九三―一九八八）は、『東西文化及其哲学《とうざいぶんかおよびそのてつがく》』（一九二二年）を著して、初級段階の西洋文化・中間段階の中国文化・最終段階のインド文化を語り、新文化運動の拠点である北京大学の中で、同僚の胡適らの批判を浴びながらも、東方文化を高く評価した。さらに、杜亜泉《どあせん》（一八七三―一九三三）も、全面欧化主義に対して、東西文明の調和を主張した。これら一連の議論を「東西文化論争」という。

この議論の延長として、一九二三年、張君勱《ちょうくんまい》（一八八七―一九六九）は科学や物質文明で人生観の問題は解決できない旨を説いた。これに対し、丁文江《ていぶんこう》（一八八七―一九三六）は張の形而下的な科学の捉え方に誤りがあると応酬した。また、呉稚暉《ごちき》（一八六五―一九五三）は西洋の物質文明を賛美し、東洋文明を評価する梁啓超や梁漱溟を批判した。これら一連の議論を「科学と人生観論争」という。

はじめ梁漱溟は章炳麟の影響を受けて仏教を信仰した。当時、中国では、欧陽漸《おうようぜん》（一八七一―一九四九）の支《し》那《な》内学院《ないがくいん》と、釈太虚《しゃくたいきょ》（一八九〇―一九四七）の中華仏教総会《ちゅうかぶっきょうそうかい》（一九一三年発足）が仏教の発信地であり、梁漱溟や熊十力《ゆうじゅうりき》（一八八五―一九六八）・馬一浮《ばいっぷ》（一八八三―一九六七）・馮友蘭らに影響を与えた。梁漱溟は『東西文化及其哲学』で仏教放棄の決意を述べ、陽明学左派へ接近した。熊十力は唯識学《ゆいしきがく》と格闘し、仏教と儒教を融合して『新唯識論《しんゆいしきろん》』（一九四四年）を著した。アメリカへ留学し、デューイ（一八五一―一九三一）・ベルグソン（一八五九―一九五二）・ラッセル（一八七二―一九七〇）らの哲学に影響を受けた馮友蘭は、朱子学を継承し発展させて『新理学《しんりがく》』（一九三九年）を著した。彼らは、「現代新儒家」と呼ばれ、仏教や西洋哲学と融合させることで、儒教に新たな息吹を与えて蘇らせようとした点に特徴が認められる。

熊十力の門下や系統からは、唐君毅《とうくんき》（一九〇九―一九七八）・牟宗三《ぼうそうざん》（一九〇九―

94　熊十力

95　徐復観

96　纏足の女性

一九九五）・徐復観《じょふくかん》（一九〇三―一九八二）らが輩出し、「新儒家」の第二世代とされる。「新儒家」の第二世代は、返還前の香港（唐）や戦後の台湾（牟・徐）を活躍の舞台とし、中国語圏（特に大陸）の思想界に大きな影響を与えたことを特徴とする。さらに、現在、「新儒家」の第三世代とされる学者たちは、アメリカなど非中国語圏において欧米人研究者の育成に携わっている点に特徴がある。

五　束縛から自由へ

従来の儒教的倫理規範を揺さぶった翻訳小説は、『新青年』四巻六号（一九一八年六月）に紹介されたイプセン（一八二八―一九〇六）の『人形《にんぎょう》の家《いえ》』であった。この作品中の家出したノラは、「家」の束縛から逃れる女性として受容され、辛亥革命後も何ら変わらない家父長制の抑圧に反発し家を出て自由（恋愛結婚）をもとめる若者があらわれた。

一九二〇年前後には『婦女雑誌《ふじょざっし》』『婦女評論《ふじょひょうろん》』といった女性雑誌が多く創刊され、恋愛・結婚・人口問題・産児制限・優生学などが話題とされた。纏足《てんそく》も社会問題化し、一九二八年頃から中国各地で纏足の禁止が大きく叫ばれたが、纏足がほぼ姿を消したのは一九五〇年代といわれる。

列強の租界があり西洋式近代建築や映画が発展していた上海は、伝統的な儒教の価値観に縛られていた中国女性にとって新天地であった。その代表が宋家三姉妹《そうけさんしまい》である。三姉妹は上海で生まれ、欧米式教育を受け、アメリ

97　宋家三姉妹
（左から慶齢・靄齢・美齢）

98　1930年代の面影が残る黄浦江沿いの建物

99　阮玲玉

カへ留学した。長女の宋靄齢《そうあいれい》（一八八八―一九七三）は国民政府の高官となった孔祥熙《こうしょうき》（一八八〇―一九六七）と、次女の宋慶齢《そうけいれい》（一八九三―一九八一）は孫文と、三女の宋美齢《そうびれい》（一八九七―二〇〇三）は蔣介石《しょうかいせき》（一八八七―一九七五）と、それぞれ結婚し、国際的に活躍した。

当時の上海の経済発展を牽引した地域は、外灘《わいたん》にほかならない。外灘は、黄《こう》浦《ほ》江《こう》沿いの共同租界に位置し、中外資本による銀行や大型デパートなどの近代的な建築物が林立した（上海バンド）。近代的な価値観と生活習慣の現れとしては、たとえば、上海美術専門学校では教材として女性ヌードモデルをはじめて採用し（一九二五年に事件化）、めざましい成長を遂げていた映画では上海出身の女優・阮玲玉《げんれいぎょく》（一九一〇―一九三五）が人気を博したほか、街には、背広や人民服を着たホワイトカラー層が目立つようになり、旗袍《チーパオ》（チャイナドレス）を着たモダン・ガールが闊歩した。

その一方で、経済的に恵まれない労働者や失業者などの下層庶民も大量に出現し、資本家との格差が歴然としているのも当時の上海の偽らざる姿であった。茅盾《ぼうじゅん》（一八九六―一九八一）の『子夜《しや》』（一九三三年）は、一九三〇年代の上海を舞台に、資本家の苦闘や各階層の人々を描き出した作品である。

上海の人口は、辛亥革命から日中戦争勃発（一九三七年）までのわずか二十数年間に、主に流入によって一三〇万から三八五万に膨れあがった。その大半は下層庶民・流氓《りゅうぼう》であり、幇会《パンホイ》の温床となった。一九三〇年代の青幇《チンパン》のボス・杜月笙《とげつしょう》（一八八七―一九五一）は、裏社会の黒色稼業（アヘン・売春・賭博）で

100　梅蘭芳像（北京市・梅蘭芳紀念館）

得た富を表社会の白色稼業（銀行経営や商工業）に投じ、上海の名士となった。（「黒」とは悪の意味のほか、アヘンが黒い色だったことに起因する）。

六　文学・藝術

中国近代における翻訳という営為は、六朝隋唐期の仏典翻訳以来の画期的なできごとであった。しかし、当初は外国文学は翻訳の対象からはずされていた。小説の翻訳が量産されるようになったのは二十世紀に入ってからのことであった。翻訳の名手として知られたのは林紓《りんじょ》（一八五二—一九二四）であり、小デュマ（一八二四—一八九五）の『椿姫《つばきひめ》』の翻訳は、口語体で記さず古文体を用いたのが逆に評判となり、一世を風靡した。翻訳小説でよく読まれたのはシャーロック・ホームズもので、周桂笙《しゅうけいしょう》（一八七二—一九三六）訳『ホームズ探偵全集』（一九一六年版）は二十版を重ねた。『小説月報《しょうせつげっぽう》』（一九一〇年創刊）や『礼拜六《リーバイリウ》』（一九一四年創刊）などの小説雑誌が流行し、作品に中・日・欧の色彩をとり入れた蘇曼殊《そまんしゅ》（一八八四—一九一八）らが活躍した。

中国の伝統劇の代表である京劇《きょうげき》は、一九二〇年代に女形の梅蘭芳《メイランファン》（一八九四—一九六一）が、一九三〇年代に入ると悲劇役者の程硯秋《ていけんしゅう》（一九〇四—一九五八）が人気者となり、活況を呈した。これに対し、新劇として会話中心の話劇《わげき》が流行し、劇作家・曹禺《そうぐ》（一九一〇—一九九六）による『日出《リーチュー》』（一九三五年）は、下層社会の暗闇に照らして日の出を明るい未来として描いており、話劇の代表とされる。

これらの演劇を基礎として、中国映画が誕生することになる。映画は一八九五年にフランスで産声をあげたが、

101　李香蘭

102　徐悲鴻像（北京市・徐悲鴻紀念館）

中国で最初に上映されたのは一八九六年に上海で上映されたものらしい。一九三〇年頃に、それまでのサイレント（無声）映画にとって代わるトーキー（有声）映画が発明されたが、サイレントからの転換期に満洲事変が勃発し（一九三一年）、映画界は大打撃を受けた。この時期は、上海映画から女優・阮玲玉がスターとなり、田漢《でんかん》（一八九八―一九六六）の脚本で阮玲玉が主演した『三個《さんにんの》摩登《モダン》女性《ガール》』（一九三三年）が大ヒットした。一方、満洲映画では、李香蘭《りこうらん》（山口淑子《やまぐちよしこ》、一九二〇―二〇一四）が活躍し、歌手としても数々のヒット曲を放った（彼女は、戦後、「漢奸」とされ断罪されそうになるが、日本人と判明して釈放され帰国した）。中国映画は抗日戦争勝利後に息を吹き返し、日本軍の侵略などを扱ったリアリズム路線の作品が観客を動員した。新聞・雑誌・小説を「読む」ことと異なり、話劇や映画は「観る」と同時に「聴く」文化であるが、一九二八年に開始された南京のラジオ放送とともに、大衆が広範囲で同じ言葉を「聴く」ことが、国語形成に一定の役割を果たした。

美術界では、徐悲鴻《じょひこう》（一八九五―一九五三）・劉海粟《りゅうかいぞく》（一八九六―一九九四）・林風眠《りんふうみん》（一九〇〇―一九九一）らが、西洋の手法を中国絵画の世界にもたらし、新たな地平を開拓した。これとは別に、舞台劇を絵画化した連環画《れんかんが》や、東西文化を融合させて庶民の日常生活を描いた豊子愷《ほうしがい》（一八九八―一九七五）の漫画、新女性《しんじょせい》を描いたカラー印刷のポスター類が、大衆アートとして歓迎された。

103　豊子愷による『小説月報』の扉絵（1927年）

文学界が活況を呈したのは一九三〇年前後以降のことである。上海に遊学してその自由なムードを体得していた女流作家の丁玲《ていれい》（一九〇四―一九八六）は、『沙菲《ソフィ》女士《じょし》的《の》日記《にっき》』（一九二八年）で性と自我に目覚めた女性を描いて注目された（彼女は共産党員であったが、一九三三年に国民党の特務に捕まって三年間幽閉された。このことにより、この時期に転向したかどうかの議論がその後の彼女を苦しめることとなった）。巴金《ぱきん》（一九〇四―二〇〇五）は「家」からの脱出をテーマとした『家《いえ》』（一九三三年）が反響を呼び、『寒夜《かんや》』（一九四七年）では国民党治下の暗部と青年の苦悩を描き出した。老舎《ろうしゃ》（一八九九―一九六六）は『駱駝祥子《らくだのシアンツ》』（一九三九年）で一人の車夫の生きざまを通して一九三〇年代の北京を描いて人気を博し、『四世同堂《しせいどうどう》』（三部構成、一九四六年―一九五一年）では抗日戦争期の北京の人々の苦悩を描いた。

このほか、農村に視線を注いだ作家として、次の二人を挙げることができる。アメリカの女流作家パール・バック（賽珍珠《さいちんしゅ》、一八九二―一九七三）は、誕生から一九三四年までの間、鎮江・宿州《しゅくしゅう》・南京などに住み、中国農民の過酷な生活を『大地《だいち》』（一九三一年）に描き、一九三八年にノーベル文学賞を受賞した。また、趙樹理《ちょうじゅり》（一九〇六―一九七〇）は、農村青年の自由結婚をテーマとする小説『小二黒結婚《シャオアルヘイジエフン》』（一九四二年）が大きな反響を呼んだ。

抗日戦争下、日本軍の情報統制（検閲）に抵抗して、中国人ジャーナリストは英米人を発行人名義とする新聞『文匯報《ぶんわいほう》』を発行して大衆から歓迎され、発行部数で上海の新聞の首位に立った。また、当時、エドガー・スノー（一九〇五―一九七二）やアグネス・スメドレー（一八九二―一九五〇）といったアメリカのジャーナリストが中国で精力的に戦争や中共の取材を行っていた。鄭振鐸《ていしんたく》（一八九八―一九五八）らは中華復興の意をこめた「復社《ふくしゃ》」

104　エドガー・スノーの墓（北京大学内）

105　魯迅

を組織して秘密裏にスノーの『中国《ちゅうごく》の赤《あか》い星《ほし》』（一九三七年）を翻訳して『西《さい》行漫記《こうまんき》』として出版したり、一九三六年に没した魯迅の『魯迅全集《ろじんぜんしゅう》』二十巻を出版するなどの活動を行い、租界内外に少なからぬ影響を与えた。

七　大学

（一）義和団事件の賠償金

義和団事件の賠償金は、中国にとって、国家経済を揺るがすほどの、長期（一九〇二年—一九二七年）にわたる負担のきわめて大きいものであった。逆に言えば、列強にとっては、莫大な金額を獲得したことになる。一九二〇年代・一九三〇年代を中心に、この賠償金を元手として中国に対する文化事業が国際的に繰りひろげられた。その先鞭をつけたのはアメリカである。

アメリカは、賠償金を返還することにしたが、その返還金の使い道を特定した。一九一一年、返還金によって北京に清華学堂《せいかがくどう》が創設された。この学校は、アメリカに留学させる優秀な人材の養成を目的とし、学校側もアメリカに送り込むことを前提として中国各地から優秀な人材を集めて研鑽を積ませ、アメリカに留学させた。彼らは、中国にとって、将来の国家の幹部候補生であり、アメリカにとっても自国を発展させる優秀な頭脳である。この学校は、現在の清《せい》華大学《かだいがく》として、アメリカへ留学する伝統が今も継承されている。

日本は、賠償金を基に、外務省が、一九二五年、北京に日中合同の学術委員会として東方文化事業委員会を設立し、一八八六年の進士で『清史稿《しんしこう》』（一九二七年完成）編纂の責任者をつとめた柯劭忞《かしょうびん》（一八五〇—一九三三）を委員長とする『続修四庫全書総目提要《ぞくしゅうしこぜんしょそうもくていよう》』（『四庫全書』編纂以降に刊行された漢籍の解題集）の編纂事業を推進した。また、中国の文化・学術の研究を目的として、一九二九年、東方文化学院が東京と京都に設立された（その東京研究所は現在の東京大学東洋文化研究所であり、京都研究所は現在の京都大学人文科学研究所である）。

（二）西南連合大学《せいなんれんごうだいがく》

一九三七年七月に盧溝橋《ろこうきょう》事件（日中戦争）が起きると、戦火を避けるべく、北京の北京大学・清華大学と天津の南開大学《なんかいだいがく》が連合して湖南の長沙に合同の臨時大学を組織したが、同年一二月に南京が陥落して以降、臨時大学は雲南の昆明《こんめい》に移転することになった。一九三八年から一九四六年の間、昆明に置かれたこの臨時大学を西南連合大学という。教員約三百五十名・学生約三千名（当時の全国の大学生の約一割）が、図書や実験器具が不足する中、ここで過ごすことを余儀なくされた。

他の教育機関や通信・新聞・出版業・芸術組織・工場などが次々と戦火を避けて雲南に移転し、昆明はにわかに近代都市化し、地元の雲南大学《うんなんだいがく》をはじめとして雲南の教育の質が向上した。抗日戦争の終結後、西南連合大学は解散した。

八　毛沢東の台頭

民族の独立・民権の伸長・民生の安定という三民主義を唱えた革命家・孫文が一九二五年に世を去ると、他の実力者をおさえて国民党の後継者となったのが蒋介石であった。蒋は国家再統一の手段として、一九二六年、広州から北伐を開始した。一九二七年には、蒋の黙認のもと、杜月笙率いる青幇が、中共勢力に壊滅的な打撃を与え、蒋は南京に国民政府を樹立した。

一方、生き残った毛沢東らの中共勢力は、湖南と江西の境の山間部に身を潜め、瑞金《ずいきん》を中心として活動を継続し、江西ソヴィエトを組織したが、国民党の攻勢が強まるにつれ、中共勢力は脱出を選択するしかなく、一九三四年一〇月、八万六千人に及ぶ中共勢力の大半が「長征《ちょうせい》」の旅に出た。敗走・脱出に始まった「長征」は、途中の遵義《じゅんぎ》において指導体制を立て直し、ここで毛沢東が党の実権を握るに至った（一九三五年、遵義会議《じゅんぎかいぎ》）。全行程一万二千五百キロメートルの想像を絶する困難な道のりを制覇して一九三六年に陝西の延安《えんあん》にたどり着いた時、中共勢力はわずか三万人に減っていた。その中には、周恩来・朱徳《しゅとく》（一八八六―一九七六）・鄧小平らが含まれていた。

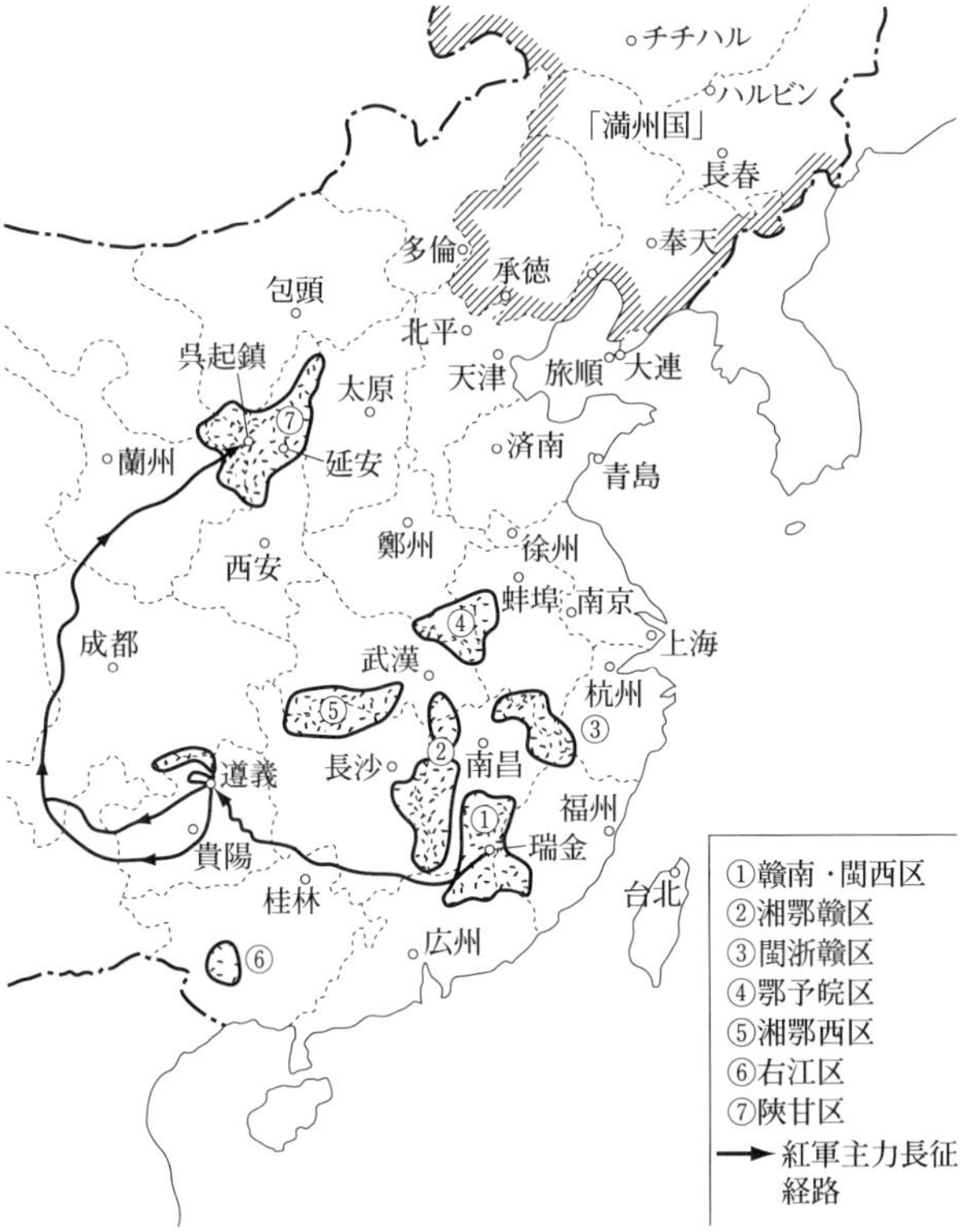

106　中国各地のソヴィエトと長征のルート

　蒋は、延安の中共勢力をさらに追い詰めようと考え、張学良《ちょうがくりょう》（一九〇一―二〇〇一）にその任を命じたが、父の張作霖《ちょうさくりん》（一八七五―一九二八）を関東軍《かんとうぐん》によって爆殺された張

107　盧溝橋

108　中国人民抗日戦争紀念館

学良は、中共と協力して抗日戦線を築くことを重視し、一九三六年一二月、西安に乗り込んできた蒋を捕え、抗日統一戦線を築くことをしぶしぶ約束させて蒋を解放した（西安事変《せいあんじへん》）。

中国の東北地方は日本によって占領されており、すでに溥儀を皇帝とする傀《かい》儡《らい》国家の（偽《ぎ》）満洲国《まんしゅうこく》がつくられていた。一九三七年には、日本軍によって、七月に盧溝橋事件（日中戦争）が勃発し、一二月には南京が陥落し（いわゆる「南《なん》京大虐殺《きんだいぎゃくさつ》」が十二月十三日のこととされる）、日本軍の攻撃は激しくなっていった。これに対し、一九三八年、国民党内部で汪兆銘《おうちょうめい》（一八八三―一九四四）を中心とする親日派が和平に動き出した。彼らは国民党から除籍処分となったが、汪兆銘は一九四〇年、南京に国民政府を樹立し、日本側に承認された傀儡政権となった。作家の中では、日本人の妻をもつ親日派の周作人が対日協力者として活動し、中国の知識人たちに衝撃を与えた。

一九四一年一二月、太平洋戦争が勃発すると、日本軍は上海租界へ進攻しイギリス領香港を占領した。上海の出版業・大学などは業務を停止せざるを得ず、多くの知識人は上海を離れた。また、香港は、国民党が中央政府を遷していた重慶と欧米列強とをつなぐ中継基地であり、ここを日本軍に押さえられたことで、軍需物資輸送の主要ルートを絶たれ、国民党にとって大打撃となった。一方、中国共産党は農民と強固な関係を構築し、農民は中共軍の組織したゲリラ戦に補充され、抗日戦争の主力部隊は、事実上、中共軍となった。それでも国共両党は一致団結して外敵に向かうという目標自体は共有し、抗日統一戦線を築いていたが、一九四五年八月の抗日戦争勝利までの間に内部対立による亀裂が生じた。

戦火を避けて農村へ移動した知識人たちは、都会の文化に馴染んだ自らの個性を押し殺す以外になかった。一九四二年、毛沢東は整風運動《せいふううんどう》（中国共産党内における「マルクス主義の中国化」教育運動）の一環として「文芸講話《ぶんげいこうわ》」を発表し、知識人の労農化を唱えた。これは、労働者・農民の知識人化ではなく、知識人が労働者・農民にまで高まるのだと考えるべきで、そのための思想改造が必要だ、と呼びかけたもので、文学・芸術の使命は労農兵の讃歌であるとし、知識人は労農兵に奉仕しなければならない存在とされた。「文芸講話」を受け、田植え歌や民謡など、土着的な歌謡が盛んに収集されたものの、それらの多くは地主に代表される旧社会を否定し共産党による新社会を讃美する内容に変容していった。なかでも、「東の方角が紅くなる（＝太陽が昇る）」という毛沢東讃歌に変容した『東方紅《ドンファンホン》』（一九四四年発表）はその典型であった。

第十三章　失脚と復活——中華人民共和国

一　中華人民共和国の成立

一九四五年八月一五日、日本は降伏した。中国では、この日が抗日戦争勝利の日となっている。しかし、抗日戦争の勝利によって、国共両党には、一致団結して外敵に向かうという目標がなくなった。日本の敗戦によって、日本軍・南京の汪兆銘の国民政府・対日協力者（漢奸）による財産が、国共両党にとって、共通の接収対象となり、内戦の火種となることは必至であった。八月二八日には、蒋介石と毛沢東が重慶で会談し、当面の内戦回避などを話し合ったが、翌一九四六年七月、内戦を開始するに至った。軍事力では国民党が共産党を凌駕していたが、毛沢東は蒋介石に対する人心の向背を説いて大衆の支持獲得にはしり、中共軍は内戦を戦い抜いた。また、市民による反戦運動が全国の主要都市で展開され、中央政府の屋台骨を揺るがすこととなった。中共軍は次第に勢力を増し、主要都市の実権を次々と手中におさめ、一九四九年一〇月一日、毛沢東は北京の天安門《てんあんもん》において中華人民共和国の成立を宣言した。蒋介石率いる国民党は、大陸での支配をあきらめざるを得ず、台湾へ敗走した。

二　百花斉放・百家争鳴と反右派闘争

109　天安門で中華人民共和国成立の宣言をする毛沢東

建国直後の新中国の軍事的関心は、チベットと台湾とにあった。しかし、期せずして朝鮮戦争（一九五〇年六月―一九五三年七月休戦）が勃発して北朝鮮側の援護に国力を費やすこととなり、新中国が国共内戦後の経済復興に本格的に取り組めたのは、朝鮮戦争休戦後のことであった。朝鮮戦争により、アメリカ文化はボイコットされ、「ソ連に学ぶ」方針が採られた。

一九五六年二月、ソ連では、スターリン（一八七八―一九五三）の死後に政権を継いだフルシチョフ（一八九四―一九七一）が、スターリンの個人崇拝・独裁・大粛清の事実を公表し批判する演説をおこなった。この演説が、中国では、当時すでに個人崇拝が深まり自己の権力を拡大していた毛沢東に対する暗黙の批判として受けとられた。そこで、毛沢東はスターリンの誤りを指摘することでモデルとしてのソ連を相対化し、一九五六年五月には、あらゆる意見や考え方を自由に発揮する「百花斉放《ひゃっかせいほう》・百家争鳴《ひゃっかそうめい》」を呼びかけ、中国共産党に対する意見も自由に発言してよいとの方針を打ち出した。これは、スターリンやフルシチョフに比して、中国共産党が人民内部の矛盾に対し、すばらしい対応をしていることを内外に示そうとしたものであった。

やがて、指導者の無能を暴露した劉賓雁《りゅうひんがん》（一九二五―二〇〇五）の『橋梁工事現場《きょうりょうこうじげんば》にて』や、党幹部と知識人の軋轢《あつれき》を指摘した王蒙《おうもう》（一九三四―）らによる批判が起こった。そして、中共批判が毛沢東・周恩来への批判にまで及んだところで、「百花斉放・百家争鳴」は影を潜めて「反右派闘争《はんうはとうそう》」に転化され、右派分子のレッテルを貼られた知識人とその親族が厳しく糾弾された。すなわち、毛沢東は、「反右派闘争」を通じて、自らを批判する人物や有力な知識人を排除し、自らの権力をさらに伸長させようとしたのである。そのためには、濡れ衣を着せることも容赦なく、一九五二年にスターリン文学賞を受賞して最も高名な作家となっていた丁玲は、国民党の特務に捕まって幽閉された過去を問われ、「百花斉放・百家争鳴」と無関係の過去の作品に遡って非難され、一九八四年に名誉回復されるまで苦難を受け続けた。

三　二つの大躍進——出産大躍進と生産大躍進

出産大躍進とは、経済的に恵まれない生活を送っている農家が労働力を確保して収入を増加させる方策として、多くの子どもをもうけることである。経済学者で北京大学学長の馬寅初《ばいんしょ》（一八八二—一九八二）は、一九五七年七月五日の『人民日報《じんみんにっぽう》』に「新人口論《しんじんこうろん》」という論文を発表し、晩婚の奨励・避妊の実施など、産児制限を説いた。当時の中国の人口は約六億であった。これに対し、毛沢東は、人が多いほど熱気も高まりやる気も沸くと主張して人口抑制論を批判し、馬寅初は一九六〇年に北京大学学長の職を追われた（馬寅初は一九七九年に名誉回復された）。

「産めよ殖やせよ」の結果、一九四九年に五億四千万だった中国の人口は、今日では世界の人口約七十億の五分の一を占めるに至った。人口抑制のため、一九七九年から（二〇一五年末まで）「一人《ひとり》っ子政策《こせいさく》」が実施された。これは都市部では比較的厳格にまもられ、両親と双方の祖父母からの愛情を一身に受ける「小皇帝《しょうこうてい》」と呼ばれる一人っ子が育つことになった。しかし、農村部では、依然として複数の子どもをもうける例が多く、戸籍のない「黒孩子《ヘイハイズ》」を数千万人規模で生み出した。現在、「小皇帝」たちは、今後の中国を担う人材となり（「八〇後《バーリンホウ》」と呼ばれる）、「小皇帝」同士のカップルから子が誕生している。

一方、生産大躍進とは、工業分野においては、鉄鋼生産を中心として十五年でイギリスを追い越してアメリカに追いつき、農業分野においては、人民公社《じんみんこうしゃ》（数千戸規模から成る農・工・商・学・兵の共産主義的組織）のもと穀

110　人民公社の大食堂

111　子どもたちが乗っても倒れない稲穂（合成写真）

物生産を中心として生産力の向上を目指す、というものであった。生産力の大躍進によって共産主義社会が早期に実現すれば、食費は不要となり、全てのモノが必要に応じて分配される、とのふれこみに人々は踊らされた。しかし、地方の指導者たちは、自らの地位に応じた高い目標を設けて下位の者に目標の達成をもとめたため、目標不達成でも下位の者からは虚偽の報告がなされ、流されるニュースは捏造され、たわわに実った稲の上に子どもたちが立っている合成写真までが公表されるほどであった。このように、食事の無料化と虚偽の報告による穀物税の増加から、人民公社の貯蔵穀物が慢性的に不足しているところへ、一九五九年から一九六二年にかけて、自然災害で大飢饉が発生し、三千万人規模（数字は諸説ある）の餓死者が出て、国家経済はますます困窮を極めた。

一九五九年四月、毛沢東は国家主席を辞任し、劉少奇《りゅうしょうき》（一八九八—一九六九）が国家主席となった。既にカリスマ化が進んでいた毛沢東は政策実務から離れようとしていたが、一九五九年七月、江西省の廬山《ろざん》で会議が開かれた折（廬山会議《ろざんかいぎ》）、国防相の彭徳懐《ほうとくかい》（一八九八—一九七四）は毛沢東に意見書を提出して人民公社化と生産大躍進の問題点を指摘した。これが毛沢東の逆鱗にふれ、彭徳懐は「毛沢東に下野を迫った偽君子」とのレッテル

112　1959年4月、毛沢東（右）に代わって劉少奇（左）が国家主席に就任。

113　農家の女性と話をする彭徳懐（左）

を貼られ、失脚した。

一九六一年、北京市の副市長をつとめていた歴史学者の呉晗《ごがん》（一九〇九―一九六九）は、直言して君主を諫めた明代の清廉潔白な官僚の海瑞《かいずい》（一五一四―一五八七）を題材とした歴史劇『海瑞免官《かいずいめんかん》』を発表し、脚光を浴びていた。しかし、毛沢東は、この歴史劇を廬山会議で毛沢東の生産大躍進政策に異議を唱えた彭徳懐を失脚させたことに対する当てこすりである、と考えた。これが、文化大革命《ぶんかだいかくめい》の始まりである。

四　文化大革命

『海瑞免官』を書いた呉晗は、胡適に師事した明代史研究者であり、当時は北京市の副市長であった。事の発端は、新進評論家の姚文元《ようぶんげん》（一九三二―二〇〇五）による『海瑞免官』の批判文「新編歴史劇『海瑞免官』を評す」（『文匯報』一九六五年一一月一〇日）であった。姚文元は、この歴史劇の目的は歴史の解釈にあるのでなく、人民公社からの田土の返還をもとめる見方を支持し、資本家・地主・富農の復活をはかったものであると論じた。これは毛沢東が妻の江青《こうせい》（一九一五―一九九一）に手を回させて姚文元に書かせたものとされている。

毛沢東は、この姚文元による呉晗批判を受けて、呉晗の『海瑞免官』の核心は「免官」にあって、廬山会議で毛沢東に意見を述べた彭徳懐を失脚

114　天安門広場に集う紅衛兵たち

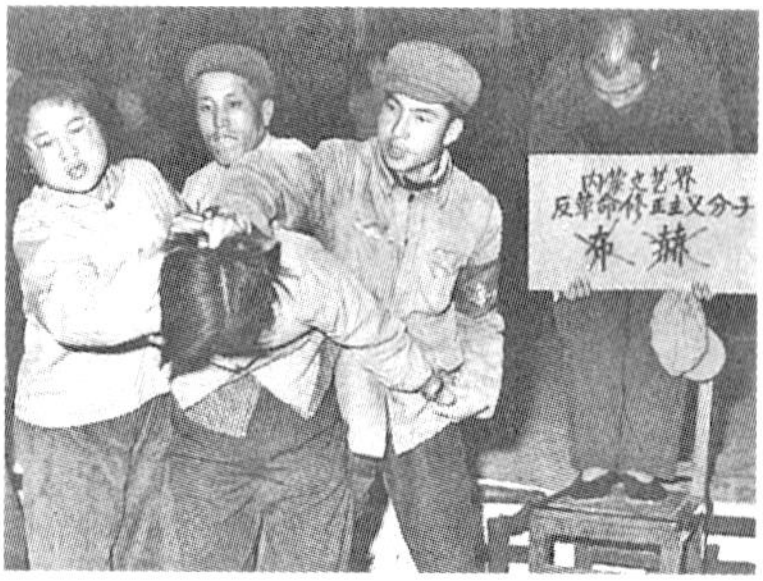

115　批判集会の様子

させたことに対する当てこすりである、と指摘した。すなわち、呉晗は、毛沢東に忠誠でないとみなされ、また北京市の副市長であったことから、呉晗の反動的な考えは官僚主義に由来するとされ、毛沢東は北京市長の彭真《ほうしん》（一九〇二―一九九七）に呉晗について調査を命じた。ところが、彭真を代表とする北京市党委員会は、終始呉晗を弁護し、呉晗を何とかして窮地から救い出そうとする立場をとり続けた。実は、これは、毛沢東の思うツボであった。官僚主義の調査をもとめることにより、毛沢東にとって、この国にもう一度革命を起こす契機を作り出すことを明確にすることができたからである。

毛沢東にとって、文化大革命の目的は、資本主義の復活をはかる全ての隠れた勢力とその社会的基盤を一掃し、無産階級の代表である毛自身が掌握している最高権力を強固に守り続けることにほかならなかった。そのためには、社会の基層単位から党内の最高指導者層までに存在する資本主義者や資本主義復活の世論を形成する学者を徹底的に消滅させ、資本主義復活の社会的基盤と言える作家・芸術家・俳優・教師・医師などにも打撃を加え、地主・富農・反革命分子などのレッテルを貼られた人々もあらためて処分しなければならなかった。こうして攻撃の対象は一挙に拡大し、一九六六年、北京の大学などで学生の集団が「紅衛兵《こうえいへい》」を組織し、批判集会が至る所で開かれ、自分たちの教師を吊るし上げた。こうした動きは急速に広まり、全国規模に拡大した。紅衛兵をはじめ批判集会に参加する人々は「造反有理《ぞうはんゆうり》」をスローガンとし、『毛主席《もうしゅせき》語録《ごろく》』を手にもち、着衣には「毛沢東バッジ」を付けて、毛に忠誠を示した。毛は、天空の紅い太陽になぞらえられた。

　紅衛兵の運動は、やがて、革命の体験を農民と共有し、また農民から学習できることを目的として、都市の若者による「上山下郷《じょうざんかきょう》（山へ登り農村へ下る）」へと変容し、若者はチベット・内モンゴル・青海《せいかい》省などの過酷な環境へ向かった。これを「下放《かほう》」という。この「下放」は、知的労働と肉体労働、都市と農村、男と女といった

116　『毛主席語録』と毛沢東バッジ

117　林彪

差異を解消し、仕事と機会の平等化を説いたものであるが、実際は「下放」の機会を利用して自分たちの街から望ましくない若者を追放する手段とされた。

　毛沢東自身は権力奪回をねらい、国家主席の劉少奇を標的とした。劉は、何度も批判集会に引きずり出され、投獄されて獄死した。鄧小平も批判の対象とされ、失脚した。指導者層内部での権力争いはこれにとどまらず、老齢の毛沢東に代わって実権を握ろうともくろんでいたのが、彭徳懐の後任の国防相・林《りん》彪《ぴょう》（一九〇八―一九七一）であった。一九七一年、林は毛沢東の乗る列車を爆破しようと計画していたらしいが、毛に気付かれた。経緯はよくわからないが、林彪は家族とともにジェット機でソ連へ飛び立ったが、飛行機が内モンゴルで墜落して死亡した。この結果、一九七三年から一九七四年にかけて、林彪は孔子とセットにされて批判の対象となった（「批林批孔《ひりんひこう》」運動）。

　一九七六年一月、周恩来首相が死去した。周恩来の人柄と実践的な政治手法に対して栄誉をたたえる人々が天安門広場の人民英雄記念碑に自然に集まりはじめ、四月五日に、警察が集会を解散させようとしたが、群衆と衝突した（第《だい》一次天安門事件《いちじてんあんもんじけん》）。一九七三年四月に復活していた鄧小平は、この責任を負わされて、再び失脚した。そして、七月には朱徳が死去し、一九七六年九月九日、

118　周恩来首相追悼のために天安門広場に集まった群衆

119　閲兵する鄧小平

毛沢東が死去した。毛沢東から後継指名されていたという華国鋒《かこくほう》（一九二一―二〇〇八）は、毛沢東死去の翌日、中国共産党内部で勢力を伸張した江青・姚文元・王洪文《おうこうぶん》（一九三五―一九九二）・張春橋《ちょうしゅんきょう》（一九一七―二〇〇五）の「四人組《よにんぐみ》」の逮捕を決断し、一〇月六日、逮捕に至った。一九七七年八月、全国人民代表大会で、文化大革命の終結と四人組の犯罪が認定された。華国鋒政権は約三年続く。

文化大革命は、前代未聞の政治・社会における権力闘争であり、思想・文化における破壊活動であった。十一年間にわたる文化創造の途絶は、それ以前の世界観からプッツリと切り離されたことを意味し、その後遺症は各方面で今日まで尾を引いている。

五　改革・開放政策

（一）経済発展のための種まき

周恩来・毛沢東の死と四人組の逮捕によって最も恩恵を受けたのは、鄧小平であった。彼は、一九七七年、三たびの復活を果たし、一九七八年末以降、事実上の最高実力者となった。鄧は、文革の終結をうけて政策を改革・開放路線へと転換し、厦門《アモイ》・汕頭《スワトウ》・深圳《しんせん》・珠江《しゅこう》・海南島《かいなんとう》を経済特区とし、市場経済を導入して経済発展を重要視した。こうした経済政策は、社会主義という国家体制（「かご」）の中に資本主義経済（「鳥」）

を閉じ込めるという陳雲《ちんうん》（一九〇五―一九九五）の「鳥かご経済理論」や、「白猫であれ黒猫であれ、鼠を捕るのが良い猫だ」という鄧小平の「白猫黒猫論」によく示されている。

（二）教育の再建

文革の期間中、学校・教育システムは機能不全に陥っていたが、大学は一九七七年から一九七八年にかけて正常化し、新入生の受け入れを再開した。この時の新入生は、年齢は十代から三十代とまちまちであり、概して優秀である。彼らは、文革で迫害を受けた世代より一つ若い世代であり、文革時代に青少年期を過ごし、文革後の開放的雰囲気の中で学生生活を送り、自由溌剌とした考え方をする一方で政治問題にも大いに関心がある人々である。現在、この世代の人々が、「改革・開放」しか知らない青少年を教育している。

（三）「言論の自由」を目指して

改革・開放後、反右派闘争や文化大革命で迫害された知識人たちが次々と名誉回復された。生き残って表舞台に帰ってきた人々は、自らの胸の内にたまっていた思いを表現し始めた。たとえば、反右派闘争以来、表舞台から退けられていた劉賓雁や王蒙も復活した。劉賓雁は『人か妖怪か』（一九七九年）で黒龍江省の国営企業の汚職事件をレポートし、その女性首謀者の悪事をあばき、彼女は銃殺刑となった。また、王蒙は、「反思文学《はんしぶんがく》（反右派闘争や文化大革命への反省・回顧をテーマとした内省的文学）」の代表とされる『胡蝶《こちょう》』（一九八〇年）が、一九八一年に全国優秀中編小説の最優秀に輝いた。

メディア文化での改革・開放も進んだ。一九七九年、上海テレビは初めてコカ・コーラのCMを流し、北京ではピエール・カルダンのファッションショーが開催された。一九八〇年、ファッション雑誌『時装《じそう》』が創刊され、パーマ・化粧・サングラス・ジーンズが流行し、男性の服装も人民服が激減してスーツが一般的になっていった。

120　陳凱歌

121　演技指導中の張芸謀

一九八〇年代半ば、中国映画が世界の注目を浴び始めた。陳凱歌《チェンカイコー》（一九五二―）による『黄色《きいろ》い大地《だいち》』（一九八四年）は一九八五年にスイスのロカルノ映画祭で銀賞を受賞し、呉天明《ウーティエンミン》（一九三九―）による『古井戸《ふるいど》』（一九八七年）は一九八七年に東京国際映画祭でグランプリを受賞し、張芸謀《チャンイーモウ》（一九四九―）による『紅いコーリャン』（一九八七年）は世界的に大ヒットし、一九八八年に西ベルリン国際映画祭で金熊賞を受賞した。中国映画の第四世代にあたる呉天明は、西安映画製作所の所長をつとめ、そこで第五世代の陳凱歌や張芸謀を育てた「中国映画ニューウェーブの父」と言われる。その後、陳凱歌は、『さらば、わが愛／覇王別姫《はおうべっき》』で一九九三年のカンヌ国際映画祭のパルム・ドール（グランプリ）に輝き、張芸謀は『秋菊《しゅうぎく》の物語』（一九九二年）や『初恋のきた道』（一九九九年）などでさらに注目を集めたほか、二〇〇八年の北京オリンピックでは開幕式と閉幕式の演出をつとめた。

一方、テレビの普及率は、一九八〇年代後半に五十パーセントへと飛躍し（都市と農村で格差がある）、四人組の裁判の中継や日本のドラマ「阿信《おしん》」・アニメが高視聴率を獲得した。また、日本の映画もよく鑑賞され、主演した山口百《やまぐちもも》恵《え》（一九五九―）や高倉健《たかくらけん》（一九三一―二〇一四）は、今でも知名度が高い。

大衆向けの音楽では、台湾の歌手・鄧麗君《デンリージュン》（テレサ・テン、一九五三―一九九五）の歌声が大陸の人々に浸透し、また、中国ロックのパイオニア・崔健《ツイジエン》（一九六一―）の『俺には何もない』（一九八六年）は一世を風靡し、一九八九年の天安門広場の運動学生の愛唱歌となった。

一九八六年五月、党総書記の胡耀邦《こようほう》（一九一五―一九八九）は「百花斉放・百家争鳴」を再提唱して言論の自

122　四人組の裁判の様子（左から張春橋・王洪文・姚文元・江青）

123　『阿信少女篇』の市販本

由化に寛容な姿勢を示し、人民による中国の民主化を後押しするかのように見えた。しかし、事はそんなに単純ではなかった。

六　抑圧される民主化

（一）北京の春

一九七八年、北京では、西単《シーダン》地区に長く続くまっさらな壁にポスターや壁新聞を貼って率直な意見を表明することが許された。この壁は「民主の壁」と呼ばれ、その一帯は多くの人々の集まる場所となり、壁のそばでは新しく創刊された『今天《ジンティエン》』『探索』といったガリ版刷りの雑誌が売られ、瞬く間に売り切れた。詩人の北島《ペイダオ》（一九四九―）は、『今天』の書き手として一躍有名になり、その人道主義の詩は、当時の青年たちに愛唱された。『探索』の編集者・魏京生《ぎきょうせい》（一九五〇―）は、当時の中国共産党が唱えた「四つの近代化（農業・工業・科学技術・国防）」では足りないとし、「第五の近代化（政治の民主化）」をうったえ、鄧小平の独裁を批判した。当時の北京でこのように自由に意見を開陳できた雰囲気を「北京の春」という。

しかし、民主化活動家の弾圧が始まり、一九七九年三月、魏京生は逮捕されて十五年の懲役刑を言い渡された。「民主の壁」への意見の貼り出しは禁じられ、新しい刊行物はほとんど廃刊となって責任者が逮捕された。

（二）胡耀邦の解任

一九八〇年、党総書記に胡耀邦が就任した。改革・開放政策が進められる中で、一九八六年五月、胡はかつて毛沢東が提唱した「百花斉放・百家争鳴」を再提唱し、言論の自由化に寛容な姿勢を示した。しかし、党の保守派長老たちは、胡の方針に批判的であった。

こうした中、天文物理学者で中国科学技術大学副学長の方励之《ほうれいし》（一九三六―二〇一二）は、講演「知識人と中国社会」（一九八六年一一月）で、「中国で三権分立は可能である」「中国には民主がない」と主張し、一九八六年一二月に合肥《ごうひ》（安徽省の省都）で学生とデモを起こすと、全国に飛び火して各地で学生デモが頻発した。このことは、中国共産党の首脳たちを震撼させ、胡は責任を問われて、一九八七年一月に党総書記を解任され、学生デモは鎮静化していった。胡の後任には、趙紫陽《ちょうしよう》（一九一九―二〇〇五）が就任した。

（三）「河殤《かしょう》」

その頃、日本でNHKの番組「大黄河《だいこうが》」（一九八六年）が放映された。これは、雄大な黄河の流れを映像でたどりながら、歴史・地理・民俗などの角度から黄河文明を紹介する番組であった。

この番組を共同制作したCCTV（中国中央テレビ）では、この映像資料を新たな視点から捉え直し、中国の社会と文化を考える番組の制作を企図し、TV番組「河殤」を制作して、一九八八年六月、放映された。

「殤」とは、夭折を意味する。この番組は、黄河流域に興った文明は成熟しないまま近代の「西洋の衝撃」によって衰退した、という筋書きで、これは黄河文明に端を発する中国伝統文化に対する死の宣告を意味するものであった。この番組は大きな反響を呼んで再放映され、番組のシナリオもよく売れたが、党首脳部の怒りを招いて政治問題化し、番組再放映とシナリオ発売が禁止された。

（四）胡耀邦の死とゴルバチョフの訪中

一九八九年は、フランス革命二百周年、五・四運動七十周年、中華人民共和国建国四十周年にあたる。方励之や北島ら三十三名の知識人たちは、三重の意味で象徴的な年であるとして、中国政府に魏京生の釈放をもとめる公開書簡を送った。

そんな折、四月一五日、胡耀邦が死去し、胡を追悼する人々や党に不満をもつ人々が自然発生的に天安門広場に集まりはじめた。群衆は膨れあがり、民主化要求を含むものとなった。五月一五日、ソ連の書記長でペレストロイカの旗手・ゴルバチョフ（一九三一―二〇二二）が訪中し、政治意識の高い学生はこれに呼応して鄧小平や李鵬《りほう》（一九二八―二〇一九）らの辞任を要求した。人々は広場にテントを張り、学生たちは改革要求のハンガーストライキを実行し、各地のごろつきや世界各国の報道陣も加わり、広場の群衆は膨れ上がって百万人に達した、といわれる。五月末には、中央美術学院の学生が制作した、松明《たいまつ》を高く掲げた巨大な女性像「自由の女神」が建てられ、広場の運動は盛りあがった。

124　胡耀邦追悼のデモ

（五）（第二次）天安門事件

一九八九年六月四日未明、戦車・装甲車をしたがえた人民解放軍の部隊は、地下通路から天安門広場の隅にひそかに現れ、無差別に発砲し、バリケードを押しつぶして人々をひき殺し、広場のデモ隊を一掃した。これが（第二次）天安門事件（いわゆる六《リウ》・四《スー》）

125　天安門広場に集まった学生たち

126　天安門広場に現われた中国人民解放軍の戦車

である。この模様は、世界各国のマスメディアがリアルタイムで衛星放送し、世界中を震撼させ、中国政府は非難の的となったが、中国政府はこの事件を黙殺した。報道統制・病院の記録の隠滅・服喪の禁止・死体の撤去と焼却が徹底された（中国国内のインターネットでは、現在もこの事件に関する情報の閲覧ができない）。運動学生や活動家・支援者の多くは逮捕され、逃げのびた運動学生・民主化活動家・反体制知識人たちは身を潜め機会をみて中国を脱出し、海外で生きるしか選択肢がなくなった。事件前にハンストの学生を見舞って声をかけた趙紫陽は党総書記を解任され政治生命を絶たれた。趙の後任には江沢民《こうたくみん》（一九二六―二〇二二）が就任した。

同年十月、ダライ・ラマ十四世（一九三五―）のノーベル平和賞受賞が決定し（中国政府は抗議し）た。同年十一月には、ドイツで「ベルリンの壁」が崩壊し、やがて東欧諸国も崩壊し、一九九一年十二月には、ついにソ連も崩壊するに至った。中国はそうした世界的な民主化の流れとは一線を画し、独自の道を進むこととなった。

（六）南巡講話《なんじゅんこうわ》

六・四に対する世界の反応は、民主化弾圧・人権蹂躙への非難と経済制裁という形で現れた。改革・開放政策は暗礁に乗り上げたかに思えたが、鄧小平は六・四で逮捕した活動家を次々に釈放したり、アメリカ大使館にかくまわれていた方励之の出国を黙認するなど、各国と関係修復をはかる一方で、経済力の強化につとめた。

一九九二年の春節、八十八歳の鄧小平は、深圳・珠江・上海など南方の諸都市を巡察し、改革・開放を再加速するよう指示した。これが「南巡講話」である。言いかえれば、これは、社会主義にも経済発展の手段である市場があってもおかしくなく、社会主義か資本主義かの論争はしてはならない、という主張であった。約半年後、鄧のこの主張は、「社会主義市場経済論《しゃかいしゅぎしじょうけいざいろん》」として正式に党の基本路線とされ、改革・開放が再加速された。

指導部の体制は、鄧がすべての役職から引退し、江沢民・李鵬・朱鎔基《しゅようき》（一九二八—）を核としたものとなり、次世代への継承を視野に入れて胡錦濤《こきんとう》（一九四二—）を抜擢し要職に起用した。「南巡講話」以降、中国経済は毎年驚異的なGNP成長率を誇り続け、二〇〇一年にはWTO加盟に漕ぎ着けたが、その最大の功労者は、物価の安定や金融政策に奔走した朱鎔基であった、と言われる。

（七）言論の改革・開放という課題

中国は、六・四による世界からの孤立化を、改革・開放の再加速による経済発展でしのいできたが、言論の改革・開放は進展していない。

中国大陸では、政治体制の違いを理由に、台湾や香港の書籍は、基本的に流通していない。イギリス在住のユン・チアン（一九五二—）の『ワイルド・スワン』（一九九一年）は、清末から文革後までの祖母・母・彼女自身の三代にわたるノンフィクション作品であり、世界的な大ベストセラーとなったが、文革がもたらした負の面を記しているため、中国では出版されていない。張芸謀による映画『活きる』（一九九四年）も、大躍進や文革が人々にもたらした負の面を描いているため、中国国内での放映が認められなかった。また、賈平凹《チアピンワァ》（一九五二―）の『廃都《はいと》』（一九九三年）、二〇一二年のノーベル文学賞受賞者の莫言《モーイエン》（一九五五―）の『豊乳肥臀《ほうにゅうひでん》』（一九九六年）、衛慧《ウェイフィ》（一九七三―）の『上海ベイビー』（一九九九年）は、性的描写が問題となり発禁対象となった。

このほか、「北京の春」の弾圧で逮捕された魏京生は、刑期を終えて一九九三年に釈放されたが、六・四や人権問題を批判したため、再び投獄された。しかし、人権団体からの圧力で一九九七年に仮釈放され、アメリカへ亡命した。六・四を機に政治亡命しフランス国籍を取得した作家の高行健《こうこうけん》（一九四〇―）の作品は、中国では発禁対象とされたが、二〇〇〇年のノーベル文学賞は、中国を捨てた彼に授与された。中国の民主化運動を描いた『時《とき》が滲《にじ》む朝《あさ》』（二〇〇八年）で芥川賞に輝いた中国出身の作家・楊逸《ヤンイー》（一九六四―）の活躍の場は日本である。民主化運動に従事して投獄され服役していた劉暁波《りゅうぎょうは》（一九五五―二〇一七）は二〇一〇年のノーベル平和賞受賞者に選ばれたが、釈放されることなく逝去した。

七　中国文化論ブーム

一九八〇年代・一九九〇年代は、文革で否定された伝統的学術が再評価され、また西洋近代の行き詰まりによるその裏返しとしてオリエンタリズム（非西洋）がもてはやされた時期であった。「批林批孔」で批判された孔子や儒家が名誉回復され、儒教が復活した。近年では、国学を盛り上げる目的のもと、世界各地や中国国内に、「孔子」を冠する孔子学院・孔子研究院が設置されている現象が目につく。

文化なき文化大革命の反動から「文化熱《ブーム》」が起こり、とりわけ李沢厚《りたくこう》（一九三〇―二〇二一）のベストセラー『美的歴程《びのれきてい》』は美学ブームを巻き起こした。また、一九九〇年代の国学ブームの中では、陳寅恪《ちんいんかく》（一八九〇―一九六九）・銭穆《せんぼく》（一八九五―一九九〇）・銭鍾書《せんしょうしょ》（一九一〇―一九九八）ら近代の学者の業績が見直され脚光を浴びた。

六・四後に『学人《シュエレン》』や『読書《ドゥーシュー》』といった雑誌を編集し、若手の研究や海外の思想・学術動向を積極的に紹介して中国の学術に新風を吹き込んできた汪暉《おうき》（一九五九―）は、「モダニティ」を思想的問題としてとりあげ、中国の言論界で注目を集めている。

127　李沢厚

128　陳寅恪

129　銭穆

130　北京オリンピックスタジアム（通称:鳥の巣）

八　二十一世紀の中国

二〇〇二年一一月に党総書記に就任した胡錦濤の政権下では、有人宇宙船「神舟《しんしゅう》５号」の帰還成功（二〇〇三年）、青海＝チベット鉄道の全通（二〇〇六年）、北京オリンピック（二〇〇八年）、上海万博（二〇一〇年）、と世界が注目する事業を着実に進めてきた。

その一方で、食品の安全性、著作権・人権の侵害、民族間の紛争、都市と農村の経済格差などの諸問題が表面化し、世界から注視されている。また、ＳＡＲＳ（非典《フェイディエン》）の流行（二〇〇三年）や四川大地震（二〇〇八年）に見舞われ、高速鉄道事故とその対応をめぐって議論を呼んだ（二〇一一年）。

胡錦濤引退後の現政権に対して注目されるこ

とは、①このまま中国の経済発展が続くかどうか、②同じ社会主義国家として中国を手本とするアフリカ諸国との関係、③北朝鮮（朝鮮民主主義人民共和国）情勢や中国周辺海域での領有権問題をめぐる東アジア地域および東南アジア各国に対する外交姿勢、④都市部を中心に深刻化している大気汚染（ＰＭ2.5）を国際的な問題として解決できるかどうか、特にこの四点ではなかろうか。

あとがき

最初に、ただ一人の執筆者が中国思想史を叙述することが、いかに困難なことであると考えられているか、このことを述べている次の五つの文章を読んでいただきたい。

①……、中国の悠久三千年に及ぶ哲学思想の骨組みやその起伏を、一人の手で概述することは、今日のように学問研究が精密化した時代にはむしろ冒険であろう。それよりも、それぞれの専門家が分担執筆して統一を計るほうが、特色もで信頼のおけるものとなることは疑いない。

（阿部吉雄編『中国の哲学』の阿部吉雄「後記」）

②通史を書くことは、一般に、むつかしいことである。ことに中国思想史は、対象が、何千年もの長い時間を経て、南北の広い地域にわたり、そして漢字で書かれた難解な書物の、しかも莫大な量に及ぶものであるから、容易に叙述しきれるものではない。

（小島祐馬『中国思想史』の平岡武夫「あとがき」）

③思想史全体を一人で執筆する場合、文章表現をその執筆者の文体で一貫することができ、記述内容についても執筆者の視点をもって一貫することができよう。しかし、かなり長い時代にわたって相当数の思想家を偏りなく、しかもそれぞれ問題にすべき思想内容についてある程度の質的な密度をもって取りあげる、ということになると、やはり多くの研究者の協力を得て分担執筆することが必要である。まして儒教に加え老荘・道教・仏教などの諸思想をも組み入れて中国思想史を編成するには、どうしても各分野の研究者の協力が必要となる。

（橋本高勝編『中国思想の流れ（上）両漢・六朝』の橋本高勝「はしがき」）

④もう20年以上経つだろうか。当時、一人の先輩が中国哲学あるいは中国思想を研究する者が心しておくことを語ってくれた。それは、いつの日か、各人がそれぞれの仕方で中国哲学史あるいは中国思想史を書くべきである、というものであった。その情熱的な言葉に聞き入り、その壮大な構想に驚きながらも、わたしにはとても無理だと思わずにはいられなかった。それは、わたしがまだ修士論文を書いたばかりの頃で、一本の論文を書くことにさえ四苦八苦していたからというわけではない。何よりも、中国哲学史／中国思想史という形式で、一人の著者みずからの観点で書ききることが、極めて困難だと思われたからである。

（アンヌ・チャン著、志野好伸・中島隆博・廣瀬玲子訳『中国思想史』の中島隆博「解説」）

⑤学問が極度に細分化された現在の学界では、一人で中国思想史を書き下ろすことなど到底不可能である。どうしても分担執筆とならざるをえない。

（湯浅邦弘編著『概説　中国思想史』の湯浅邦弘「あとがき」）

筆者は、こうした種々の意見の前に、いったんは本書の執筆を休み、たじろがずにはおれなかった時期があった。しかし、複数の執筆者による中国思想史が、たとい執筆者同士がお互いの意見を充分にすり合わせてあるとしても、複数の執筆者の叙述である以上、あたかもいくつかのパーツを組み合わせたパズルであるかのような錯覚を与えられる面も無きにしも非ずである。

そんなふうに感じていた頃、中国思想史の類書の中にも、

⑥「中国思想は広漠であり難解であるが、一気に読み通して大体を知ることが出来て、それを階梯として専門的に研究しようとすれば、其の手がゝりも書いてあるといふやうな中国学術思想史は無いものでせうか」と、こんな質問を学生から受けたことが再三あつた。私は其の度に適当な書名を挙げかねた。なるほど専門の研究書はある。立派な研鑽の結果生れた好著も少くないが、稍一般向きではないし、一部分に偏してゐた

りして意に満たない気もする。そこで学生諸君の希望するやうな中国思想を大観し、学藝を紹介し、しかも研究講学の入門となるやうな本を書いてみたいといふ大外れた考を抱いてから数年になる。……。幸にも二三年間つゞけて高校生に講義した中国思想史の概説があった。之を基礎として更に諸書に尋ね、諸家の研究を参酌して、難を去り、繁を削り、要を得て大観出来るものをといふ目的のもとに書いたのが本書である。従ってこれは新しい研究発表ではない。過去の幾多の学者の業績を抜萃解明したものである。しかし其の学説思想の叙述に於いては、いさゝか年来の考究を整理して現代的解説を加へ、一読して直ちに中国思想の全貌が把握出来るやうに工夫を試みたのである。

（吉田賢抗『中国思想史』の「題辞」）

という筆者の思いとかなり重なる著作があったことを見つけ、さらに、一人で中国史を叙述している山本英史『中国の歴史』（河出書房新社、二〇一〇年一〇月）が出版されたことに、大きな勇気を与えられた。そして、何よりも、筆者には、学部生時代に抱いた初志を貫徹したいという強い思いがあった。

本書『入門　中国思想史』ができあがるまでの経緯を記しとどめておきたい。

国立大学の法人化がスタートした二〇〇四年四月、筆者は東京学芸大学教育学部（人文社会科学系 哲学・倫理学分野／教育系 社会科教室 哲学分野）に着任した。東京学芸大学で、筆者は、「東洋哲学史」という講義を担当することになった。この講義で中国思想史を講じることは決めていたものの、その範囲をどうするかについては、かなり悩んだ。筆者は、学部時代から一貫して漢代（特に後漢時代）の思想を研究対象としてきた。したがって、いっそのこと、「東洋哲学史」の範囲を漢代に限定し、漢代思想史を講じることに決めてしまってもよかったのである。しかし、漢代思想史に限定してしまう講義には、以下に述べる四つの理由で、抵抗を覚えざるを得なかった。

一つは、「東洋哲学史」で漢代思想史ばかりを毎年度講義することは、自らの専門の学問をその都度確認し深めることにつながりはするものの、専門外のことは全く何も知らないにひとしい、いわゆる「専門バカ」になってしまうのではないか、そしてそのことによって、筆者自身が小さくまとまったコジンマリとした研究者におさまってしまうのではないか、そこに自らの学問の発展は望めないのではないか、という自らへの危惧である。

二つは、東京学芸大学で、中国思想の講義を担当するただひとりの教員として、漢代思想史しか知らないままで、今後やっていけるのであろうか、たとえば、学生から、朱子学や中国近代思想あるいは日本の江戸儒学などの話をされ、指導してほしいと言われたばあい、学内唯一人の中国思想担当教員として、その申し出を拒絶することはあまりにも無責任でないか、との思いである。これは、裏を返せば、筆者にとって、漢代以外の時代の思想について勉強するチャンスにほかならない、そう思ったのも事実である。

三つは、中国思想史全体の流れを把握したうえで、自らの研究対象である漢代思想を客観的に視る目を持ちたい、との考えである。研究テーマの個別化・細分化・多様化が指摘されて久しい。筆者の知る限りにおいても、重箱の隅を楊枝でほじくるような研究をしている若手研究者が少なくない。中国学の専攻者ではない人から、「あなたは何を研究しているのですか？」と問われた時、「○○時代の△△という資料の中に見える◇◇という問題についてです。」と説明したところで、門外漢の人たちはそれを理解してくれるであろうか。もちろん、一見ささいなものと思われる研究テーマから、関連する研究が大きな方向転換を迫られることは往々にしてあるものであるし、またいくつかの論著の積み重ねによって大きな体系をもつ研究になる、ということを筆者は承知している。決してそれを否定しているわけではない。しかし、自らの研究テーマを推進することで中国思想（史）研究にどのような貢献をなしえるのか、その研究テーマはわが国のあるいは世界の中国思想（史）研究においてどのような意味をもつものなのか、こうしたことの説明ができなければ、それは研究の意義を自ら見失っていることと同じであろう。筆者は、「漢代思想が専門である」ことを主張し、そこに安住することだけはどうしても避けたかった。そして、このことは、自らの専門領域をきわめることとは何ら齟齬をきたさない、と考えている。
四つは、筆者自身、学部生・院生の頃に中国思想の通史の講義を受けた経験がなかったので、自らが大学の教壇に立った時に、この種の講義を是非とも実現させたい、との宿願があったことによる。では、筆者自身は、どうやって中国思想の通史を勉強したのかというと、学部生時代に日原利国編『中国思想史』（上下二冊、ぺりかん社、一九八七年三月・一九八七年七月）を読み、人物伝による通史を通じて大まかな中国思想史の流れをつかんだ。そして、大学院受験にそなえて、馮友蘭『中国哲学史』（商務印書館、一九三四年）や狩野直喜『中国哲学史』（岩波書店、一九五三年）に目を通したり、また日原利国編『中国思想辞典』（研文出版、一九八四年）の各項目をノートに筆写して暗記したり、という程度のことであった。いま振り返れば、何とも要領を得ない稚拙な学習方法であったと思うが、当時は、それ以外の手っ取り早い学習方法を見出だせずにいた。こうした経験をした者として、筆者は、学部生時代に古代から現代に至る中国思想史の講義があって然るべきだ、との考えを強く抱くようになり、それを自らの講義で実現させたかったのである。

中国思想史を講じる機会は、本務校の東京学芸大学だけでなく、ありがたいことに、他大学でも得ることができている。後藤昭雄先生（成城大学）の御世話によって二〇〇九年四月から出講している成城大学で、共通教育科目の一つ「東洋思想入門」を担当させていただいている。また、宇野茂彦先生（中央大学）の御世話によって二〇〇九年四月から出講している中央大学文学部でも、二〇一一年度から「中国哲学史」を担当する機会に恵まれている。この両校では、いずれも一年間で中国思想史を完結する講義をおこなっている。実際に講義をして感じるのは、「現代の中国を知るためには、過去の中国を学ぶ必要があります。この講義では、一年間で夏王朝から中華人民共和国までの中国思想史をやります。」と呼びかけると、学生の反応がとてもよい、ということである。複数の大学での講義を通じて、こうした学生の反応を肌で感じ、筆者は、中国思想研究に従事する者は、教育の場においては「中国思想の伝道師」であるべきだ、との思いを強くしている。中国学が衰退し危機に瀕している今、中国思想を俯瞰的に分かりやすく講義することこそが、結果的に、中国学の裾野を拡げることにつながっていくのではないだろうか。本書が、中国学の裾野を拡げることの一助となれば、幸いである。

勁草書房編集部の永田悠一氏は、インターネット上に公開されている東京学芸大学の筆者のシラバスに目をとめてくださり、私にお声をかけてくださった。実は、永田氏が見てくださったシラバスは、「東洋哲学史」ではない別の講義のそれであったが、その講義も「東洋哲学史」の講義をベースにして、あるテーマのもとでかなりアレンジしたものであった。そこで、筆者は永田氏にこれまでの経緯をお話しし、本書『入門　中国思想史』を刊行することを諒としてくださった。筆者の長年の宿願であった本書を世に問う機会を与えてくださったことに、深く御礼を申し上げる。

本書の下原稿を通読して難解な所を指摘してもらったほか、索引の作成と掲載図表の選定と校正作業を手伝ってくれたのは、東京学芸大学教育学部二年生の石田優太君である。石田君には、学部生が読んで抵抗のないものかどうかを、特に確認してもらった。石田君の点検は、細部にまで注意が行き届いていて、いつも助けられている。厚く御礼を申し上げる。

こうして脱稿を迎えられたことを、いつも筆者を支えてくれている妻と喜びたい。

最後に、本書の執筆中に他界した父の霊前に、本書をささげたいと思う。

二〇一二年一月一〇日　東京学芸大学の研究室にて

井ノ口　哲也

書名・作品名索引

さ

し

す

せ

そ

た

め

も

ゆ

よ

ら

り

れ

ろ

わ

人名索引（伝説上の存在を含む）

こ

さ

な

は

ひ

ふ

へ

ほ

ま

め

も

や

ゆ

よ

ら

り

図表出典一覧

1　著者提供。
2　著者提供。
3　今谷明・大濱徹也・尾形勇・樺山紘一編『20 世紀の歴史家たち（1）日本編上』（刀水書房, 1997 年）17 頁。
4　尾形勇・樺山紘一・木畑洋一編『20 世紀の歴史家たち（4）世界編下』（刀水書房, 2001 年）143 頁。
5　岡村秀典『夏王朝　中国文明の原像』（講談社, 2007 年）146 頁。
6　東京国立博物館・朝日新聞社『中国国宝展』（朝日新聞社, 2004 年）38 頁。
7　『内藤湖南全集』第九巻（筑摩書房, 1969 年）口絵。
8　江上波夫編著『東洋学の系譜　第 2 集』（大修館書店, 1994 年）281 頁。
9　著者提供。
10　尾形勇・樺山紘一・木畑洋一編『20 世紀の歴史家たち（4）世界編下』（刀水書房, 2001 年）285 頁。
11　著者提供。
12　東京国立博物館・朝日新聞社『中国国宝展』（朝日新聞社, 2004 年）46 頁。
13　森三樹三郎『老子・荘子』（講談社, 1994 年）19 頁。
14　著者提供。
15　齋藤龍一編『道教の美術』（読売新聞大阪本社・大阪市立美術館, 2009 年）41 頁。
16　湯浅邦弘『諸子百家　儒家・墨家・道家・法家・兵家』（中央公論新社, 2009 年）281 頁。
17　森三樹三郎『老子・荘子』（講談社, 1994 年）69 頁。
18　貝塚茂樹『孟子』（講談社, 2004 年）41 頁。
19　内山俊彦『荀子――古代思想家の肖像――』（評論社, 1976 年）口絵。
20　鶴間和幸監修『大兵馬俑展――今, 甦る始皇帝の兵士たち――』（産経新聞社, 2004 年）21 頁～22 頁。
21　信立祥『中国漢代画像石の研究』（同成社, 1996 年）215 頁。
22　著者提供。
23　殷周秦漢時代史の基本問題編集委員会編『殷周秦漢時代史の基本問題』（汲古書院, 2001 年）336 頁～337 頁。
24　藤田勝久『司馬遷とその時代』（東京大学出版会, 2001 年）口絵
25　尾形勇・樺山紘一・木畑洋一編『20 世紀の歴史家たち（4）世界編下』（刀水書房, 2001 年）3 頁。
26　江上波夫編『東洋学の系譜』（大修館書店, 1992 年）181 頁。
27　菊地章太『老子神化　道教の哲学』（春秋社, 2002 年）137 頁。
28　『中国書法選 10　木簡・竹簡・帛書　戦国・秦・漢・晋』（二玄社, 1990 年）34 頁。
29　毎日新聞社・（財）毎日書道会編, 西林昭一総合監修『湖南省出土古代文物展　古代中国の文

字と至宝』(毎日新聞社・(財)毎日書道会, 2004 年) 86 頁。
30 著者提供。
31 著者提供。
32 本田済『易学』(平楽寺書店, 1960 年) 4 頁。
33 金谷治編『唐抄本鄭氏注論語集成』(平凡社, 1978 年) 238 頁。
34 『中国書法選 10 木簡・竹簡・帛書 戦国・秦・漢・晋』(二玄社, 1990 年) 71 頁。
35 永田英正編『漢代石刻集成 圖版・釋文篇』(同朋舎出版, 1994 年) 219 頁。
36 安居香山『緯書と中国の神秘思想』(平河出版社, 1988 年) 193 頁
37 鈴木修次『荘子』(清水書院, 1973 年) 135 頁。
38 著者提供。
39 鈴木修次『荘子』(清水書院, 1973 年) 157 頁。
40 吉川忠夫『王羲之――六朝貴族の世界』(岩波書店, 2010 年) 口絵。
41 著者提供。
42 尾形勇・樺山紘一・木畑洋一編『20 世紀の歴史家たち (3) 世界編上』(刀水書房, 1999 年) 103 頁。
43 長澤和俊『法顕伝訳注・解説 北宋本・南宋本・高麗大蔵経本・石山寺本四種影印とその比較研究』(雄山閣出版, 1996 年) 190 頁。
44 曽布川寛・出川哲朗監修『中国☆美の十字路』(大広, 2005 年) 65 頁。
45 銭国紅『日本と中国における「西洋」の発見 19 世紀日中知識人の世界像の形成』(山川出版社, 2004 年) 96 頁。
46 森三樹三郎『老子・荘子』(講談社, 1994 年) 423 頁。
47 長澤和俊『法顕伝訳注・解説 北宋本・南宋本・高麗大蔵経本・石山寺本四種影印とその比較研究』(雄山閣出版, 1996 年) 134 頁。
48 宮林昭彦・加藤栄司訳『現代語訳 南海寄帰内法伝――七世紀インド仏教僧伽の日常生活――』(法藏館, 2004 年) 口絵。
49 安居香山『緯書と中国の神秘思想』(平河出版社, 1988 年) 171 頁を一部改変。
50 下定雅弘『柳宗元――逆境を行きぬいた美しき魂』(勉誠出版, 2009 年) 6 頁。
51 鈴木修次『荘子』(清水書院, 1973 年) 195 頁。
52 佐伯富『王安石』(中央公論社, 1990 年 3 月) 表紙カバー絵。
53 周藤吉之・中嶋敏『五代と宋の興亡』(講談社, 2004 年) 289 頁。
54 周藤吉之・中嶋敏『五代と宋の興亡』(講談社, 2004 年) 289 頁。
55 高田淳『易のはなし』(岩波書店, 1988 年) 94 頁。
56 島田虔次『朱子学と陽明学』(岩波書店, 1967 年) 73 頁。
57 著者提供。
58 東京国立博物館・朝日新聞社・NHK・NHK プロモーション編『日中国交正常化 40 周年・東京国立博物館 140 周年特別展 北京故宮博物院 200 選』(朝日新聞社・NHK・NHK プロモーション, 2012 年) 39 頁~40 頁。
59 著者提供。
60 溝口雄三『伝習録 王陽明』(中央公論新社, 2005 年) カバー見開き部。
61 劉岸偉『明末の文人 李卓吾』(中央公論社, 1994 年) 2 頁。
62 岡本さえ『イエズス会士と中国知識人』(山川出版社, 2008 年) 17 頁。
63 岡本さえ『イエズス会士と中国知識人』(山川出版社, 2008 年) 25 頁。
64 著者提供。

65　岡本さえ『イエズス会士と中国知識人』（山川出版社，2008 年）34 頁。
66　石橋崇雄監修・執筆『北京故宮博物院展　清朝末期の宮廷芸術と文化』（アサツーディ・ケイ，2006 年）22 頁。
67　石橋崇雄監修・執筆『北京故宮博物院展　清朝末期の宮廷芸術と文化』（アサツーディ・ケイ，2006 年）24 頁。
68　石橋崇雄監修・執筆『北京故宮博物院展　清朝末期の宮廷芸術と文化』（アサツーディ・ケイ，2006 年）26 頁。
69　銭国紅『日本と中国における「西洋」の発見　19 世紀日中知識人の世界像の形成』（山川出版社，2004 年）93 頁。
70　高洪興著，鈴木博訳『図説　纏足の歴史』（原書房，2009 年）355 頁。
71　銭国紅『日本と中国における「西洋」の発見　19 世紀日中知識人の世界像の形成』（山川出版社，2004 年）87 頁。
72　銭国紅『日本と中国における「西洋」の発見　19 世紀日中知識人の世界像の形成』（山川出版社，2004 年）106 頁。
73　銭国紅『日本と中国における「西洋」の発見　19 世紀日中知識人の世界像の形成』（山川出版社，2004 年）260 頁。
74　銭国紅『日本と中国における「西洋」の発見　19 世紀日中知識人の世界像の形成』（山川出版社，2004 年）265 頁。
75　銭国紅『日本と中国における「西洋」の発見　19 世紀日中知識人の世界像の形成』（山川出版社，2004 年）172 頁。
76　銭国紅『日本と中国における「西洋」の発見　19 世紀日中知識人の世界像の形成』（山川出版社，2004 年）278 頁。
77　高洪興著，鈴木博訳『図説　纏足の歴史』（原書房，2009 年）355 頁。
78　『日中国交正常化 25 周年記念　北京故宮博物院展　紫禁城の后妃と宮廷芸術　図録』（セゾン美術館，1997 年）114 頁。
79　石橋崇雄監修・執筆『北京故宮博物院展　清朝末期の宮廷芸術と文化』（アサツーディ・ケイ，2006 年）69 頁。
80　著者提供。
81　小林武『章炳麟と明治思潮――もう一つの近代――』（研文出版，2006 年）口絵。
82　川原秀城『中国の科学思想――両漢天学考』（創文社，1996 年）76 頁。
83　著者提供。
84　金子和正『中国活字版印刷法――武英殿聚珍版程式』（汲古書院，1981 年）62 頁。
85　著者提供。
86　著者提供。
87　著者提供。
88　姚明達『中国目録学史』（商務印書館，1938 年）の附表を参考にして作成。
89　石橋崇雄監修・執筆『北京故宮博物院展　清朝末期の宮廷芸術と文化』（アサツーディ・ケイ，2006 年）119 頁。
90　著者提供。
91　著者提供。
92　著者提供。
93　矢吹晋『文化大革命』（講談社，1989 年）187 頁。
94　東アジア出版人会議編『東アジア人文書 100』（みすず書房，2011 年）22 頁。

95 東アジア出版人会議編『東アジア人文書 100』(みすず書房, 2011 年)89 頁。
96 高洪興著, 鈴木博訳『図説 纏足の歴史』(原書房, 2009 年)口絵。
97 伊藤純・伊藤真『宋姉妹～中国を支配した華麗なる一族～』(角川書店, 1998 年)第一章の扉。
98 著者提供。
99 石子順『中国明星物語』(社会思想社, 1995 年)11 頁。
100 著者提供。
101 山口淑子・藤原作弥『李香蘭 私の半生』(新潮社, 1987 年)口絵。
102 著者提供。
103 西槇偉『中国文人画家の近代——豊子愷の西洋美術受容と日本』(思文閣出版, 2005 年)220 頁。
104 著者提供。
105 周海嬰『わが父 魯迅』(集英社, 2003 年)53 頁。
106 小島晋治・丸山松幸『中国近現代史』(岩波書店, 1986 年)147 頁。
107 著者提供。
108 著者提供。
109 矢吹晋『毛沢東と周恩来』(講談社, 1991 年)109 頁。
110 矢吹晋『文化大革命』(講談社, 1989 年)57 頁。
111 矢吹晋『文化大革命』(講談社, 1989 年)60 頁。
112 矢吹晋『毛沢東と周恩来』(講談社, 1991 年)131 頁。
113 矢吹晋『毛沢東と周恩来』(講談社, 1991 年)125 頁。
114 矢吹晋『文化大革命』(講談社, 1989 年)20 頁。
115 矢吹晋『文化大革命』(講談社, 1989 年)150 頁。
116 著者提供。
117 矢吹晋『文化大革命』(講談社, 1989 年)142 頁。
118 矢吹晋『毛沢東と周恩来』(講談社, 1991 年)167 頁。
119 寒山碧著, 伊藤潔編訳『鄧小平伝』(中央公論社, 1988 年)163 頁。
120 戸張東夫『スクリーンの中の中国・台湾・香港』(丸善, 1996 年)111 頁。
121 戸張東夫『スクリーンの中の中国・台湾・香港』(丸善, 1996 年)24 頁。
122 矢吹晋『文化大革命』(講談社, 1989 年)128 頁。
123 著者提供。
124 串田久治『天安門落書』(講談社, 1990 年)63 頁(第三章の扉)。
125 串田久治『天安門落書』(講談社, 1990 年)9 頁(序章の扉)。
126 串田久治『天安門落書』(講談社, 1990 年)175 頁(第七章の扉)。
127 東アジア出版人会議編『東アジア人文書 100』(みすず書房, 2011 年)34 頁。
128 尾形勇・樺山紘一・木畑洋一編『20 世紀の歴史家たち(4)世界編下』(刀水書房, 2001 年)131 頁。
129 東アジア出版人会議編『東アジア人文書 100』(みすず書房, 2011 年)80 頁。
130 著者提供。

主要参考文献

本書は，筆者のこれまでの学究生活の中で獲得できた知識をつなぎあわせて執筆したものにすぎない。そして，それは，「あとがき」で引用した吉田賢抗『中国思想史』の言葉のとおり，まさに「諸書に尋ね，諸家の研究を参酌して，難を去り，繁を削り，要を得て大観出来るもの」を目指したものである。したがって，本書の記述のもととなる先行研究を漏れなくすべて挙げることなど，到底できない。参照させていただいたすべての先行研究に感謝しつつ，ここでは，中国思想の通史・概論・事典（辞典）の類と本書の各章に関係する主な参考文献（古典の訳注類を除く）を，発行年次順（同年発行のものは編著者の五十音順）に「主要参考文献」として列挙するにとどめる。

本書が，いわゆる研究書でなく，初学者のための入門書であることを考慮に入れ，以下に挙げたものは，すべて日本語の書籍とした。なお，複数の章で参照すべき書籍もあるが，煩雑さを避けるため，それらは初出の章のみに挙げた。

通史・概論・事典（辞典）

武内義雄『中国思想史』 岩波書店 1936 年。

吉田賢抗『中国思想史』 明治書院 1947 年。

東京大学中国哲学研究室編『中国思想史』 東京大学出版会 1952 年。

狩野直喜『中国哲学史』 岩波書店 1953 年。

東京大学中国哲学研究室編『中国の思想家』上・下 勁草書房 1963 年。

阿部吉雄編著『中国の哲学』 明徳出版社 1964 年。

赤塚忠・金谷治・福永光司・山井湧編『思想史』 大修館書店 1967 年。

赤塚忠・金谷治・福永光司・山井湧編『思想概論』 大修館書店 1968 年。

小島祐馬『中国思想史』 創文社 1968 年。

村山吉廣『中国の思想』 社会思想社，1972 年。

本田済編『中国哲学を学ぶ人のために』 世界思想社 1975 年。

近藤春雄『中国学芸大事典』 大修館書店 1978 年。

森三樹三郎『中国思想史』上・下 第三文明社 1978 年。

宇野哲人『中国思想』 講談社 1980 年。

日原利国編『中国思想辞典』 研文出版 1984 年。

大久保隆郎・村上嘉実・今枝二郎『中国思想史 上――古代・中世――』 高文堂出版社 1985 年。

山下龍二・佐野公治・杉山寛行・竹内弘行『中国思想史 下――近世・現代――』 高文堂出版社 1986 年。

山井湧・大久保隆郎・楠山春樹・安本博・佐藤成順・今枝二郎・安居香山『中国思想概論』 高文堂出版社 1986 年。

日原利国編『中国思想史』上・下　ぺりかん社　1987年。

『岩波講座　東洋思想　中国宗教思想』1・2　岩波書店　1990年。

宇野哲人『中国哲学』 講談社　1992年。

金谷治『中国思想を考える　未来を開く伝統』 中央公論社　1993年。

橋本高勝編『中国思想の流れ』上・中・下　晃洋書房　1996年・2000年・2006年。

孟慶遠主編，小島晋治・立間祥介・丸山松幸訳『中国歴史文化事典』 新潮社　1998年。

溝口雄三・丸山松幸・池田知久編『中国思想文化事典』 東京大学出版会　2001年。

溝口雄三・池田知久・小島毅『中国思想史』 東京大学出版会　2007年。

アンヌ・チャン著，中島隆博・志野好伸・廣瀬玲子訳『中国思想史』 知泉書館　2010年。

湯浅邦弘編著『概説 中国思想史』 ミネルヴァ書房　2010年。

第一章

グラネ著，内田智雄訳『中国古代の祭礼と歌謡』 弘文堂書房　1938年/平凡社　1989年。

中江丑吉『中国古代政治思想』 岩波書店　1950年。

貝塚茂樹『古代殷帝国』 みすず書房　1967年。

白川静『金文の世界　殷周社会史』 平凡社　1971年。

白川静『甲骨文の世界　古代殷王朝の構造』 平凡社　1972年。

五井直弘『近代日本と東洋史学』 青木書店　1976年。

林秀一『孝経学論集』 明治書院　1976年。

平岡武夫『経書の成立——天下的世界観——』 創文社　1983年。

張光直著，小南一郎・間瀬収芳訳『中国青銅時代』 平凡社　1989年。

藤枝晃『文字の文化史』 岩波書店　1991年/講談社　1999年。

高木智見『先秦の社会と思想——中国文化の核心』 創文社　2001年。

池澤優『「孝」思想の宗教学的研究　古代中国における祖先崇拝の思想的発展』 東京大学出版会　2002年。

五井直弘『中国古代国家の形成と史学史』 名著刊行会　2003年。

宮本一夫『神話から歴史へ　神話時代　夏王朝』 講談社　2005年。

小南一郎『古代中国　天命と青銅器』 京都大学学術出版会　2006年。

岡村秀典『夏王朝　中国文明の原像』 講談社　2007年。

岡村秀典『中国文明　農業と礼制の考古学』 京都大学学術出版会　2008年。

谷中信一『斉地の思想文化の展開と古代中国の形成』 汲古書院　2008年。

大西克也・宮本徹『アジアと漢字文化』 放送大学教育振興会　2009年。

加地伸行『加地伸行著作集　第三巻　孝研究——儒教基礎論』 研文出版　2010年。

竹内康浩『中国王朝の起源を探る』 山川出版社　2010年。

第二章

西晋一郎・小糸夏次郎『禮の意義と構造』 畝傍書房　1941年。

重澤俊郎『周漢思想研究』 弘文堂　1943年。

木村英一『法家思想の研究』 弘文堂書房　1944年。

重澤俊郎『原始儒家思想と経学』 岩波書店　1949年。

木村英一『老子の新研究』 創文社　1959年。

大濱晧『老子の哲学』 勁草書房 1962 年。

福永光司『荘子 古代中国の実存主義』 中央公論社 1964 年。

小倉芳彦『中国古代政治思想研究 『左伝』研究ノート』 青木書店 1970 年。

木村英一『孔子と論語』 創文社 1971 年。

森三樹三郎『上古より漢代に至る性命観の展開――人性論と運命観の歴史――』 創文社 1971 年。

板野長八『中国古代における人間観の展開』 岩波書店 1972 年。

白川静『孔子伝』 中央公論社 1972 年。

松本雅明『中国古代における自然思想の展開』 松本雅明博士還暦記念出版会 1973 年/弘生書林 1988 年。

渡邊卓『古代中国思想の研究――＜孔子伝の形成＞と儒墨集団の思想と行動――』 創文社 1973 年。

市川本太郎『孟子之綜合的研究』 市川先生記念会 1974 年。

宮崎市定『論語の新研究』 岩波書店 1974 年。

内山俊彦『荀子――古代思想家の肖像――』 評論社 1976 年/『荀子』 講談社 1999 年。

加地伸行『中国論理学史研究――経学の基礎的探究』 研文出版 1983 年。

内山俊彦『中国古代思想史における自然認識』 創文社 1987 年。

好並隆司『商君書研究』 溪水社 1992 年。

滋賀秀三編『中国法制史――基本資料の研究』 東京大学出版会 1993 年。

松川健二編『論語の思想史』 汲古書院 1994 年。

渡辺信一郎『中国古代国家の思想構造――専制国家とイデオロギー――』 校倉書房 1994 年。

楊寛著，西嶋定生監訳，高木智見訳・解説『歴史激流 楊寛自伝――ある歴史学者の軌跡――』 東京大学出版会 1995 年。

池田知久『老荘思想』 放送大学教育振興会 1996 年。

増淵龍夫『新編 中国古代の社会と国家』 岩波書店 1996 年。

栗田直躬『中国思想における自然と人間』 岩波書店 1996 年。

浅野裕一『孔子神話――宗教としての儒教の形成』 岩波書店 1997 年。

沼尻正隆『呂氏春秋の思想的研究』 汲古書院 1997 年。

蜂屋邦夫『荘子＝超俗の境へ』 講談社 2002 年。

小島祐馬・宇野哲人『中国の古代哲学 孟子・老子・荘子・韓非子』 講談社 2003 年。

浅野裕一『古代中国の文明観――儒家・墨家・道家間の論争――』 岩波書店 2005 年。

池田知久『道家思想の新研究――『荘子』を中心として』 汲古書院 2009 年。

神塚淑子『『老子』――〈道〉への回帰』 岩波書店 2009 年。

澤田多喜男『『論語』考索』 知泉書館 2009 年。

中島隆博『『荘子』――鶏となって時を告げよ』 岩波書店 2009 年。

橋本秀美『『論語』――心の鏡』 岩波書店 2009 年。

湯浅邦弘『諸子百家 儒家・墨家・道家・法家・兵家』 中央公論新社 2009 年。

第三章

能田忠亮・藪内清『漢書律暦志の研究』 全国書房 1937 年。

吉川幸次郎『漢の武帝』 岩波書店 1949 年。

金谷治『老荘的世界――淮南子の思想――』 平楽寺書店 1959 年/『淮南子の思想――老荘的

世界――』 講談社 1992年。

金谷治『秦漢思想史研究』 日本学術振興会 1960年。

藤川正數『漢代における礼学の研究』 風間書房 1968年/増訂版 1985年。

曽布川寛『崑崙山への昇仙 古代中国人が描いた死後の世界』 中央公論社 1981年。

佐川修『春秋学論考』，東方書店，1983年。

町田三郎『秦漢思想史の研究』 創文社 1985年。

吉川忠夫『秦の始皇帝』 集英社 1986年/講談社 2002年。

金谷治『管子の研究――中国古代思想史の一面――』 岩波書店 1987年。

W・J・オング著，桜井直文・林正寛・糟谷啓介訳『声の文化と文字の文化』 藤原書店 1991年。

浅野裕一『黄老道の成立と展開』 創文社 1992年。

楠山春樹『道家思想と道教』 平河出版社 1992年。

板野長八『儒教成立史の研究』 岩波書店 1995年。

鄧紅『董仲舒思想の研究』 人と文化社 1995年。

吉川忠夫『古代中国人の不死幻想』 東方書店 1995年。

川原秀城『中国の科学思想――両漢天学考――』 創文社 1996年。

有馬卓也『淮南子の政治思想』 汲古書院 1998年。

芳賀良信『礼と法の間隙――前漢政治思想研究』 汲古書院（発売） 2000年。

殷周秦漢時代史の基本問題編集委員会編『殷周秦漢時代史の基本問題』 汲古書院 2001年。

福井重雅『陸賈『新語』の研究』 汲古書院 2002年。

関口順『儒学のかたち』 東京大学出版会 2003年。

齋木哲郎『秦漢儒教の研究』 汲古書院 2004年。

鶴間和幸『ファーストエンペラーの遺産 秦漢帝国』 講談社 2004年。

福井重雅『漢代儒教の史的研究――儒教の官学化をめぐる定説の再検討――』 汲古書院 2005年。

廣瀬薫雄『秦漢律令研究』 汲古書院 2010年。

武田時昌編『陰陽五行のサイエンス 思想編』 京都大学人文科学研究所 2011年。

第四章

本田済『易学――成立と展開――』 平楽寺書店 1960年。

樋口隆康『古代中国を発掘する――馬王堆，満城 他――』 新潮社 1975年。

大庭脩『木簡』 学生社 1979年。

赤塚忠『赤塚忠著作集第3巻 儒家思想研究』 研文社 1986年。

何介鈞・張維明著，田村正敬・福宿孝夫訳『馬王堆漢墓のすべて』 中国書店 1992年。

池田知久『馬王堆漢墓帛書五行篇研究』 汲古書院 1993年。

信立祥『中国漢代画像石の研究』 同成社 1996年。

大庭脩編著『木簡――古代からのメッセージ』 大修館書店 1998年。

工藤元男『睡虎地秦簡よりみた秦代の国家と社会』 創文社 1998年。

湯浅邦弘『中国古代軍事思想史の研究』 研文出版 1999年。

石川三佐男『楚辞新研究』 汲古書院 2002年。

郭店楚簡研究会編『楚地出土資料と中国古代文化』 汲古書院 2002年。

池田知久編『郭店楚簡儒教研究』 汲古書院 2003年。

黄石林・朱乃誠著，高木智見訳『中国考古の重要発見』 日本エディタースクール出版部 2003

年。

小南一郎『楚辞とその注釈者たち』 朋友書店 2003 年。

冨谷至『木簡・竹簡の語る中国古代――書記の文化史――』 岩波書店 2003 年。

浅野裕一・湯浅邦弘編『諸子百家<再発見>――掘り起こされる古代中国思想』 岩波書店 2004 年。

浅野裕一編『古代思想史と郭店楚簡』 汲古書院 2005 年。

浅野裕一編『竹簡が語る古代中国思想――上博楚簡研究――』 汲古書院 2005 年。

澤田多喜男『老子考索』 汲古書院 2005 年。

朱淵清著，高木智見訳『中国出土文献の世界』 創文社 2006 年。

湯浅邦弘編『上博楚簡研究』 汲古書院 2007 年。

湯浅邦弘『戦いの神――中国古代兵学の展開』 研文出版 2007 年。

李承律『郭店楚簡儒教の研究――儒系三篇を中心にして――』 汲古書院 2007 年。

浅野裕一編『竹簡が語る古代中国思想（二）――上博楚簡研究――』 汲古書院 2008 年。

朱伯崑著，伊東倫厚監訳，近藤浩之編『易学哲学史』全 4 巻 朋友書店 2009 年。

平田昌司『『孫子』――解答のない兵法』 岩波書店 2009 年。

浅野裕一編『竹簡が語る古代中国思想（三）――上博楚簡研究――』 汲古書院 2010 年。

池田知久『郭店楚簡老子の新研究』 汲古書院 2011 年。

工藤元男『占いと中国古代の社会 発掘された古文献が語る』 東方書店 2011 年。

谷中信一編『出土資料と漢字文化圏』 汲古書院 2011 年。

第五章

本田成之『支那経学史論』 弘文堂書房 1927 年。

大川節尚『三家詩より見たる鄭玄の詩経学』 關書院 1937 年。

宇野精一『中国古典学の展開』 北隆館 1949 年/『宇野精一著作集 第二巻』 明治書院 1986 年。

鈴木由次郎『漢易研究』 明徳出版社 1963 年。

加賀栄治『中国古典解釈史 魏晋編』 勁草書房 1964 年。

狩野直喜『両漢学術考』 筑摩書房 1964 年。

鈴木由次郎『太玄易の研究』 明徳出版社 1964 年。

安居香山・中村璋八『緯書の基礎的研究』 国書刊行会 1966 年。

小野沢精一・福永光司・山井湧編『気の思想――中国における自然観と人間観の展開――』 東京大学出版会 1978 年。

鎌田茂雄『中国仏教史』 岩波書店 1978 年。

顧頡剛著，小倉芳彦・川上哲正・小松原伴子・原宗子・星野謙一郎訳『中国古代の学術と政治』 大修館書店 1978 年。

楠山春樹『老子伝説の研究』 創文社 1979 年。

安居香山『緯書の成立とその展開』 国書刊行会 1979 年。

福井重雅『古代中国の反乱』 教育社 1982 年。

安居香山編『讖緯思想の綜合的研究』 国書刊行会 1984 年。

田中麻紗巳『両漢思想の研究』 研文出版 1986 年。

日原利国『漢代思想の研究』 研文出版 1986 年。

戸川芳郎・蜂屋邦夫・溝口雄三『儒教史』 山川出版社 1987 年。

本田済『東洋思想研究』 創文社 1987 年。

堀池信夫『漢魏思想史研究』 明治書院 1988 年。

安居香山『緯書と中国の神秘思想』 平河出版社 1988 年。

内山知也編『中国文学のコスモロジー』 東方書店 1990 年。

大淵忍爾『初期の道教――道教史の研究 其の一――』 創文社 1991 年。

清水茂『中国目録学』 筑摩書房 1991 年。

神楽岡昌俊『中国における隠逸思想の研究』 ぺりかん社 1993 年。

中村璋八編『緯学研究論叢――安居香山博士追悼――』 平河出版社 1993 年。

エーリク・チュルヒャー著，田中純男・成瀬良徳・渡会顕・田中文雄訳『仏教の中国伝来』 せりか書房 1995 年。

東晋次『後漢時代の政治と社会』 名古屋大学出版会 1995 年。

杜石然・范楚玉・陳美東・金秋鵬・周世徳・曹婉如編著，川原秀城・日原伝・長谷部英一・藤井隆・近藤浩之訳『中国科学技術史』全 2 巻 東京大学出版会 1997 年。

稲葉一郎『中国の歴史思想――紀伝体考』 創文社 1999 年。

串田久治『中国古代の「謡」と予言』 創文社 1999 年。

菊地章太『老子神化 道教の哲学』 春秋社 2002 年。

辛賢『漢易術数論研究――馬王堆から『太玄』まで――』 汲古書院 2002 年。

戸川芳郎『漢代の学術と文化』 研文出版 2002 年。

田中麻紗巳『後漢思想の探究』 研文出版 2003 年。

東晋次『王莽 儒家の理想に憑かれた男』 白帝社 2003 年。

稲葉一郎『中国史学史の研究』 京都大学学術出版会 2006 年。

古勝隆一『中国中古の学術』 研文出版 2006 年。

串田久治『王朝滅亡の予言歌――古代中国の童謡』 大修館書店 2009 年。

間嶋潤一『鄭玄と『周礼』――周の太平国家の構想――』 明治書院 2010 年。

第六章

狩野直喜『魏晋学術考』 筑摩書房 1968 年。

窪徳忠『道教史』 山川出版社 1977 年。

松本幸男『阮籍の生涯と詠懐詩』 木耳社 1977 年。

アンリ・マスペロ著，川勝義雄訳『道教』 平凡社 1978 年。

吉川幸次郎『阮籍の「詠懐詩」について 付・阮籍伝』 岩波書店 1981 年。

笠原仲二『中国人の自然観と美意識』 創文社 1982 年。

吉川忠夫『六朝精神史研究』 同朋舎出版 1984 年。

森三樹三郎『老荘と仏教』 法蔵館 1986 年/講談社 2003 年。

福永光司『道教思想史研究』 岩波書店 1987 年。

王瑤著，石川忠久・松岡榮志訳『中国の文人 「竹林の七賢」とその時代』 大修館書店 1991 年。

大上正美『阮籍・嵇康の文学』 創文社 2000 年。

川原秀城『毒薬は口に苦し――中国の文人と不老不死』 大修館書店 2001 年。

増尾伸一郎・丸山宏編『道教の経典を読む』 大修館書店 2001 年。

小林清市『中国博物学の世界――「南方草目状」「斉民要術」を中心に――』 農山漁村文化協会 2003 年。

前田繁樹『初期道教経典の形成』 汲古書院 2004 年。

福永光司『魏晋思想史研究』 岩波書店　2005年。

マイケル・サリヴァン著，中野美代子・杉野目康子訳『中国山水画の誕生』 青土社　2005年。

古橋紀宏『魏晋時代における礼学の研究』 東京大学大学院人文社会系研究科博士論文ライブラリー　2007年。

横手裕『中国道教の展開』 山川出版社　2008年。

菊地章太『神呪経研究　六朝道教における救済思想の形成』 研文出版　2009年。

坂出祥伸『道家・道教の思想とその方術の研究』 汲古書院　2009年。

吉川忠夫『王羲之——六朝貴族の世界』 岩波書店　2010年。

第七章

平岡武夫『経書の伝統』 岩波書店　1951年。

宮崎市定『科挙　中国の試験地獄』 中央公論社　1963年。

宇都宮清吉『中国古代中世史研究』 創文社　1977年。

宮崎市定『科挙史』 平凡社　1987年。

平田茂樹『科挙と官僚制』 山川出版社　1997年。

宮崎市定『九品官人法の研究　科挙前史』 中央公論社　1997年。

野間文史『五経正義の研究　その成立と展開』 研文出版　1998年。

黄華珍『荘子音義の研究』 汲古書院　1999年。

富永一登『文選李善注の研究』 研文出版　1999年。

村上哲見『科挙の話　試験制度と文人官僚』 講談社　2000年。

喬秀岩『義疏学衰亡史論』 白峰社　2001年。

藤善眞澄『隋唐時代の仏教と社会　弾圧の狭間にて』 白帝社　2004年。

野間文史『十三経注疏の研究　その語法と伝承の形』 研文出版　2005年。

鈴木虎雄著，興膳宏校補『駢文史序説』 研文出版　2007年。

下定雅弘『柳宗元——逆境を行きぬいた美しき魂』 勉誠出版　2009年。

第八章

竹内照夫『四書五経——中国思想の形成と展開』 平凡社　1965年。

島田虔次『朱子学と陽明学』 岩波書店　1967年。
T. F. カーター著，L. C. グドリッチ改訂，藪内清・石橋正子訳注『中国の印刷術　その発明と西伝』全2巻　平凡社　1977年。
山田慶児『朱子の自然学』 岩波書店　1978年。

湯浅幸孫『中国倫理思想の研究』 同朋舎　1981年。

佐伯富『王安石』 中央公論社　1990年。

荒木見悟『新版　仏教と儒教』 研文出版　1993年。

小島毅『中国近世における礼の言説』 東京大学出版会　1996年。

小島毅『宋学の形成と展開』 創文社　1999年。

土田健次郎『道学の形成』 創文社　2002年。

小島毅『朱子学と陽明学』 放送大学教育振興会　2004年。

周藤吉之・中嶋敏『五代と宋の興亡』 講談社　2004年。

伊東貴之『思想としての中国近世』 東京大学出版会　2005年。

小島毅『中国思想と宗教の奔流　宋朝』 講談社　2005 年。

米山寅太郎『図説中国印刷史』 汲古書院　2005 年。

吾妻重二『宋代思想の研究——儒教・道教・仏教をめぐる考察』 関西大学出版部　2009 年。

木下鉄矢『朱子——〈はたらき〉と〈つとめ〉の哲学』 岩波書店　2009 年。

第九章

酒井忠夫『中国善書の研究』 弘文堂　1960 年/『増補　中国善書の研究』上・下（『酒井忠夫著作集』1・2） 国書刊行会　1999 年・2000 年。

島田虔次『中国における近代思惟の挫折』 筑摩書房　1970 年。

荒木見悟『明代思想研究——明代における儒教と仏教の交流——』 創文社　1972 年。

溝口雄三『中国前近代思想の屈折と展開』 東京大学出版会　1980 年。

山井湧『明清思想史の研究』 東京大学出版会　1980 年。

佐野公治『四書学史の研究』 創文社　1988 年。

吉田公平『陸象山と王陽明』 研文出版　1990 年。

劉岸偉『明末の文人　李卓吾』 中央公論社　1994 年。

井上徹『中国の宗族と国家の礼制——宗法主義の視点からの分析——』 研文出版　2000 年。

岡本さえ『近世中国の比較思想——異文化との邂逅——』 東京大学出版会　2000 年。

劉香織『断髪　近代東アジアの文化衝突』 朝日新聞社　2002 年。

三浦秀一『中国心学の稜線——元朝の知識人と儒道仏三教——』 研文出版　2003 年。

森田憲司『元代知識人と地域社会』 汲古書院　2004 年。

上田信『海と帝国　明清時代』 講談社　2005 年。

オーバーマイヤー著，林原文子監訳，伊藤道治監修『中国民間仏教教派の研究』 研文出版　2005 年。

杉山正明『疾駆する草原の征服者　遼　西夏　金　元』 講談社　2005 年。

奥崎裕司編著『明清はいかなる時代であったか——思想史論集——』 汲古書院　2006 年。

岡本さえ『イエズス会と中国知識人』 山川出版社　2008 年。

井川義次『宋学の西遷——近代啓蒙への道——』 人文書院　2009 年。

井上進『明清学術変遷史　出版と伝統学術の臨界点』 平凡社　2011 年。

第十章

小野川秀美『清末政治思想研究』 みすず書房　1969 年。

梁啓超著，小野和子訳注『清代学術概論——中国のルネッサンス』 平凡社　1974 年。

アドリアン・グレロン著，矢沢利彦訳『東西暦法の対立——清朝初期中国史』 平河出版社　1986 年。

近藤光男『清朝考証学の研究』 研文出版　1987 年。

濱口富士雄『清代考拠学の思想史的研究』 国書刊行会　1994 年。

加藤祐三編著『近代日本と東アジア——国際交流再考』 筑摩書房　1995 年。

岡本さえ『清代禁書の研究』 東京大学出版会　1996 年。

木下鉄矢『「清朝考証学」とその時代——清代の思想』 創文社　1996 年。

狭間直樹編『共同研究　梁啓超　西洋近代思想受容と明治日本』 みすず書房　1999 年。

佐々木揚『清末中国における日本観と西洋観』 東京大学出版会　2000 年。

銭国紅『日本と中国における「西洋」の発見　19世紀日中知識人の世界像の形成』 山川出版社 2004年。

野口鐵郎編『結社が描く中国近現代』 山川出版社 2005年。

小林武『章炳麟と明治思潮——もう一つの近代——』 研文出版 2006年。

吉田純『清朝考証学の群像』 創文社 2006年。

平野聡『大清帝国と中華の混迷』 講談社 2007年。

岡田英弘編『別冊環⑯　清朝とは何か』 藤原書店 2009年。

陳立新『梁啓超とジャーナリズム』 芙蓉書房出版 2009年。

永田圭介『厳復——富国強兵に挑んだ清末思想家』 東方書店 2011年。

第十一章

倉石武四郎述『目録学』 東京大学東洋文化研究所附属東洋学文献センター 1973年/汲古書院 1979年。

陳国慶著, 沢谷昭次訳『漢籍版本入門』 研文出版 1984年。

銭存訓著, 宇都木章・沢谷昭次・竹之内信子・廣瀬洋子訳『中国古代書籍史——竹帛に書す——』 法政大学出版局 1980年。

澤谷昭次『中国史書論攷』 汲古書院 1998年。

井上進『中国出版文化史——書物世界と知の風景——』 名古屋大学出版会 2002年。

井波陵一『知の座標　中国目録学』 白帝社 2003年。

大木康『明末江南の出版文化』 研文出版 2004年。

井上徹『書林の眺望　伝統中国の書物世界』 平凡社 2006年。

余嘉錫著, 古勝隆一・嘉瀬達男・内山直樹訳注『古書通例——中国文献学入門』 平凡社 2008年。

第十二章

丸山昇『魯迅　その文学と革命』 平凡社 1965年。

野沢豊『孫文と中国革命』 岩波書店 1966年。

増田渉『中国文学史研究——「文学革命」と前夜の人々——』 岩波書店 1967年。

新島淳良『魯迅を読む』 晶文社 1979年。

増田渉『西学東漸と中国事情——「雑書」札記——』 岩波書店 1979年。

今村与志雄『魯迅と一九三〇年代』 研文出版 1982年。

佐藤忠男・刈間文俊『上海キネマポート　甦る中国映画』 凱風社 1985年。

岡本隆三『纏足物語』 東方書店 1986年/福武書店 1990年。

小島晋治・丸山松幸『中国近現代史』 岩波書店 1986年。

河田悌一『中国近代思想と現代——知的状況を考える——』 研文出版 1987年。

山口淑子・藤原作弥『李香蘭　私の半生』 新潮社 1987年。

ポール・A・コーエン著, 佐藤慎一訳『知の帝国主義　オリエンタリズムと中国像』 平凡社 1988年。

R・F・ジョンストン著, 入江曜子・春名徹訳『紫禁城の黄昏』 岩波書店 1989年。

溝口雄三『方法としての中国』 東京大学出版会 1989年。

林毓生著, 丸山松幸・陳正醍訳『中国の思想的危機——陳独秀・胡適・魯迅——』 研文出版

1989 年。

丸山常喜『魯迅 「人」「鬼」の葛藤』 岩波書店 1993 年。

石子順『中国明星物語』 社会思想社 1995 年。

髙橋孝助・古厩忠夫編『上海史 巨大都市の形成と人々の営み』 東方書店 1995 年。

佐藤慎一『近代中国の知識人と文明』 東京大学出版会 1996 年。

藤井省三『中国映画を読む本』 朝日新聞社 1996 年。

楠原俊代『日中戦争期における中国知識人の研究――もう一つの長征・国立西南聯合大学への道――』 研文出版 1997 年。

伊藤純・伊藤真『宋姉妹――中国を支配した華麗なる一族――』 角川書店 1998 年。

佐藤慎一編『近代中国の思索者たち』 大修館書店 1998 年。

ジョナサン・スペンス，アンピン・チン著，姫田光義監修，川尻文彦・鈴木弘一郎・芳賀良信・井ノ口哲也・松下道信・青木隆共訳『フォトドキュメント 中国の世紀』 大月書店 1998 年。

狭間直樹編『西洋近代文明と中華世界』 京都大学学術出版会 2001 年。

陸鍵東著，野原康宏・福田知可志・田口一郎・荒井健訳『中国知識人の運命――陳寅恪最後の二十年』 平凡社 2001 年。

石田収『中国の黒社会』 講談社 2002 年。

藤井省三『中国映画――百年を描く，百年を読む』 岩波書店 2002 年。

松丸道雄・池田温・斯波義信・神田信夫・濱下武志編『世界歴史大系 中国史 5――清末～現在――』 山川出版社 2002 年。

周海嬰『わが父 魯迅』 集英社 2003 年。

石島紀之『雲南と近代中国――〝周辺〟の視点から』 青木書店 2004 年。

溝口雄三『中国の衝撃』 東京大学出版会 2004 年。

山室信一『キメラ――満洲国の肖像 増補版』 中央公論新社 2004 年。

菊池秀明『ラストエンペラーと近代中国 清末 中華民国』 講談社 2005 年。

西槇偉『中国文人画家の近代――豊子愷の西洋美術受容と日本』 思文閣出版 2005 年。

村田雄二郎・C. ラマール編『漢字圏の近代――ことばと国家』 東京大学出版会 2005 年。

佐藤忠男『中国映画の 100 年』 二玄社 2006 年。

高晃公『魯迅の政治思想 西洋政治哲学の東漸と中国知識人』 日本経済評論社 2007 年。

陸偉榮『中国の近代美術と日本――20 世紀日中関係の一断面――』 大学教育出版 2007 年。

工藤貴正『魯迅と西洋近代文芸思潮』 汲古書院 2008 年。

高洪興著，鈴木博訳『図説 纏足の歴史』 原書房 2009 年。

日本上海史研究会編『建国前後の上海』 研文出版 2009 年。

章詒和著，平林宣和・森平崇文・波多野眞矢・赤木夏子訳『京劇俳優の二十世紀』 青弓社 2010 年。

第十三章

矢吹晋『文化大革命』 講談社 1989 年。

寒山碧著，伊藤潔訳編『鄧小平伝』 中央公論社 1988 年。

蘇暁康・王魯湘編，辻康吾・橋本奈都子訳『河殤――中華文明の悲壮な衰退と困難な再建――』 弘文堂 1989 年。

李沢厚著，坂元ひろ子・佐藤豊・砂山幸雄共訳『中国の文化心理構造――現代中国を解く鍵――』

平凡社　1989年。

串田久治『天安門落書』　講談社　1990年。

蘇暁康編，鶴間和幸訳『黄河文明への挽歌　「河殤」と「河殤」論』　学生社　1990年。

陳凱歌著，刈間文俊訳『私の紅衛兵時代　ある映画監督の青春』　講談社　1990年。

矢吹晋『毛沢東と周恩来』　講談社　1991年。

張承志著，小島晋二・田所竹彦訳『紅衛兵の時代』　岩波書店　1992年。

ウーヴェ・リヒター著，渡部貞昭訳『北京大学の文化大革命』　岩波書店　1993年。

橋爪大三郎『崔健――激動中国のスーパースター――』　岩波書店　1994年。

戸張東夫『スクリーンの中の中国・台湾・香港』　丸善　1996年。

西澤治彦『中国映画の文化人類学』　風響社　1999年。

ジョナサン・スペンス著，小泉朝子訳『毛沢東』　岩波書店　2002年。

中嶋嶺雄『北京烈烈　文化大革命とは何であったか』　講談社　2002年。

王文亮『中国農民はなぜ貧しいのか　驚異的な経済発展の裏側で取り残される農民の悲劇』　光文社　2003年。

近藤邦康『毛沢東　実践と思想』　岩波書店　2003年。

天児慧『巨龍の胎動　毛沢東 vs 鄧小平』　講談社　2004年。

青樹明子『「小皇帝」世代の中国』　新潮社　2005年。

汪暉著，村田雄二郎・砂山幸雄・小野寺史郎訳『思想空間としての現代中国』　岩波書店　2006年。

尾崎文昭編『「規範」からの離脱　中国同時代作家たちの探索』　山川出版社　2006年。

宗鳳鳴著，高岡正展編訳『趙紫陽　中国共産党への遺言と「軟禁」15年余』　ビジネス社　2008年。

汪暉著，石井剛・羽根次郎訳『世界史のなかの中国　文革・琉球・チベット』　青土社　2011年。

汪暉著，石井剛訳『近代中国思想の生成』　岩波書店　2011年。

王前『中国が読んだ現代思想　サルトルからデリダ，シュミット，ロールズまで』　講談社　2011年。

著者略歴

1971年　兵庫県神戸市生まれ。
1994年　山口大学人文学部人文学科（中国哲学専攻）卒業。
2003年　東京大学大学院人文社会系研究科博士課程単位取得
　　　　満期退学。
2006年　博士（文学）（東京大学）。
現　在　東京学芸大学教育学部教授。

入門　中国思想史

2012年4月25日　第1版第1刷発行
2025年3月10日　第1版第9刷発行

著　者　井《い》ノ《の》口《くち》　哲《てつ》也《や》

発行者　井　村　寿　人

発行所　株式会社　勁《けい》　草《そう》　書　房

112-0005 東京都文京区水道2-1-1　振替　00150-2-175253
（編集）電話 03-3815-5277／FAX 03-3814-6968
（営業）電話 03-3814-6861／FAX 03-3814-6854
日本フィニッシュ・中永製本所

ISBN978-4-326-10215-0　Printed in Japan

井ノ口哲也　道徳教育と中国思想　A5判　三〇八〇円

陳祖恩　銭・森平訳　上海 記憶の散歩　A5判　二九七〇円

吉川純恵　中国の大国外交への道のり　国際機関への対応をめぐって　A5判　†四四〇〇円

菅野敦志　台湾の国家と文化　「脱日本化」・「中国化」・「本土化」　A5判　五七二〇円

レオ・チン　菅野敦志訳　ビカミング〈ジャパニーズ〉　植民地台湾におけるアイデンティティ形成のポリティクス　A5判　八二五〇円

岸　清香　基礎から学ぶ宗教と宗教文化　A5判　二六四〇円

＊表示価格は二〇二五年三月現在。消費税（一〇％）を含みます。
†はオンデマンド版です。

勁草書房